LÜYOUXUE GAILUN

旅游学概论

主　编：周广涛　徐会吉　赵　华
副主编：张　卉　魏　薇　王明明

中国财经出版传媒集团
经济科学出版社
Economic Science Press
·北 京·

图书在版编目（CIP）数据

旅游学概论／周广涛，徐会吉，赵华主编；张卉，
魏薇，王明明副主编. -- 北京 ： 经济科学出版社，
2024.7. -- ISBN 978 - 7 - 5218 - 6136 - 5

Ⅰ. F590

中国国家版本馆 CIP 数据核字第 2024WL2111 号

责任编辑：卢玥丞　杨金月
责任校对：李　建
责任印制：范　艳

旅游学概论

主　编◎周广涛　徐会吉　赵　华
副主编◎张　卉　魏　薇　王明明
经济科学出版社出版、发行　新华书店经销
社址：北京市海淀区阜成路甲 28 号　邮编：100142
总编部电话：010 - 88191217　发行部电话：010 - 88191522
网址：www. esp. com. cn
电子邮箱：esp@ esp. com. cn
天猫网店：经济科学出版社旗舰店
网址：http://jjkxcbs. tmall. com
北京季蜂印刷有限公司印装
710 × 1000　16 开　23.5 印张　360000 字
2024 年 7 月第 1 版　2024 年 7 月第 1 次印刷
ISBN 978 - 7 - 5218 - 6136 - 5　定价：65.00 元
（图书出现印装问题，本社负责调换。电话：010 - 88191545）
（版权所有　侵权必究　打击盗版　举报热线：010 - 88191661
QQ：2242791300　营销中心电话：010 - 88191537
电子邮箱：dbts@ esp. com. cn）

《旅游学概论》编委会

主　　编：周广涛　徐会吉　赵　华

副 主 编：张　卉　魏　薇　王明明

参编人员：（按姓氏笔画排序）

于侠章　马小雪　王素琴　王爱鸟　牛　癀

史璐璐（济南易程天下国际旅行社）

刘进军　刘　凯　张孝丽

施　强（山东文旅集团济南泉欣文化交流有限公司）

钱秋芩　徐丽丽　高　强

目录

模块一　旅游与旅游活动　1

项目一　旅游与旅游学认知　3

项目二　旅游的产生与发展　19

项目三　旅游活动　37

模块二　旅游活动要素　59

项目一　旅游者　61

项目二　旅游资源　75

项目三　旅游业　112

模块三　旅游市场　177

项目一　旅游市场概述　179

项目二　旅游市场现状　209

模块四　旅游行业管理　231

项目一　旅游组织　234

项目二　旅游行业管理　258

项目三　旅游政策法规　276

模块五　旅游可持续发展　303

项目一　旅游可持续发展趋势　305

项目二　旅游行业的前沿发展　321

模块一

旅游与旅游活动

学习重点

通过本模块学习，重点掌握以下知识要点：

➢ 了解旅游的定义及相关概念。

➢ 熟悉旅游的发展史。

➢ 掌握旅游活动的类型和特点。

学习内容

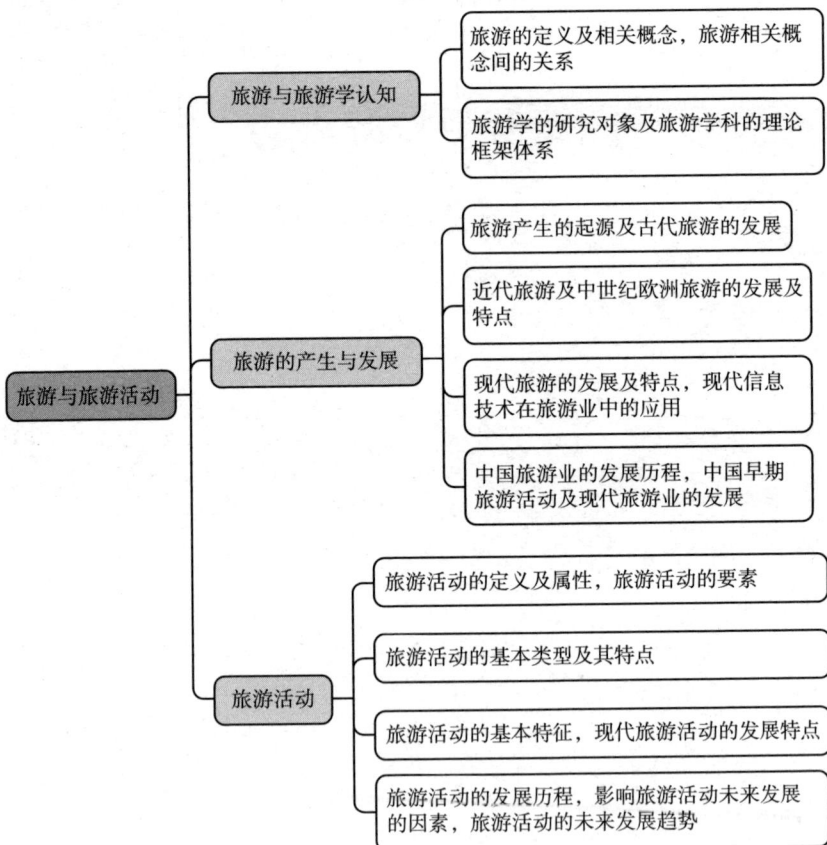

旅游与旅游活动
- 旅游与旅游学认知
  - 旅游的定义及相关概念，旅游相关概念间的关系
  - 旅游学的研究对象及旅游学科的理论框架体系
- 旅游的产生与发展
  - 旅游产生的起源及古代旅游的发展
  - 近代旅游及中世纪欧洲旅游的发展及特点
  - 现代旅游的发展及特点，现代信息技术在旅游业中的应用
  - 中国旅游业的发展历程，中国早期旅游活动及现代旅游业的发展
- 旅游活动
  - 旅游活动的定义及属性，旅游活动的要素
  - 旅游活动的基本类型及其特点
  - 旅游活动的基本特征，现代旅游活动的发展特点
  - 旅游活动的发展历程，影响旅游活动未来发展的因素，旅游活动的未来发展趋势

核心概念

➢ 旅游（tour）

➢ 旅游者（tourist）

➢ 旅游活动（tourism activities）

项目一　旅游与旅游学认知

学习目标

知识目标	★掌握旅游及旅游者的定义及相关概念，能够理解旅游与旅行的区别。 ★了解旅游及其广义背景，明确旅游与接待、休闲、娱乐的关系。 ★熟悉旅游学的研究对象及其相关理论，掌握旅游业及其结构框架
能力目标	★能够对旅游有一定的认知，并建立旅游与接待、休闲、娱乐等行业的结构关系
素质目标	★帮助学生明确专业选择初心，树立职业目标。 ★结合旅游学的研究内容，培养学生的职业敏感性，树立职业自豪感。 ★关注旅游行业的前沿动态，感受当代文旅从业者引领潮流、勇于创造的时代精神，增强创新意识
价值目标	★通过对旅游学的认知，引导学生认可党和国家的领导，热爱祖国的大好河山和灿烂文化，增强文化自信及国家荣誉感和民族自豪感。 ★认同并热爱旅游行业，树立"游客为本，服务至诚"的理念，提升旅游服务意识和职业精神

案例导入

旅游的本质——"三生三世"，十里桃花[①]

用 2017 年热播剧《三生三世，十里桃花》来形容旅游的本质非常合适。旅游就是"三生三世"，十里桃花，"三生"相连，"三世"相通，充

---

① 旅游的本质——"三生三世"，十里桃花［N］. 中国旅游报，2021－03－31.

满诗情画意。

第一是"三生"相连。三生即生态、生产、生活。旅游是在良好生态基础上生产生活化、生活艺术化，也是生活生产化、艺术生活化。这里的"生态"是现代语境下广义的生态，既包括自然生态，也包括人文生态。发展旅游不仅需要优美的自然环境，也需要良好的人文环境。生产生活化是把目的地原有的、特有的一些生产方式变成游客的旅游生活，如体验农业、工业旅游等。生活艺术化是将目的地生活进行包装修饰，进行艺术再现，变成旅游产品，如《宋城千古情》《印象刘三姐》《文成公主》等大型旅游演艺，旅游纪念品开发的包装等。生活生产化是指让游客体验一些生活内容、方式，如到成都郫都区川菜博物馆学炒菜，到眉山泡泡菜，也包括康养、运动休闲类参与性旅游。艺术生活化是指文博旅游等对目的地文化的开发，如让游客练书法、学京剧、画唐卡，把艺术带回家。

第二是"三世"相通。旅游是读"前世"的文化——怀旧；过"今世"的生活——休闲；追求"来世"的超脱——自在。怀旧休闲自在相连，过去现在未来相通。现代社会生产生活的节奏明显加快，很容易造成身心疲惫。走出家门，领略名山大川、名胜古迹、风土民情，与大自然对话、与古人对话、与当地老百姓交流，其乐融融。要深挖传统内涵，做好"老祖宗"这篇文章；突出自然禀赋，做好"老天爷"这篇文章；满足人民美好生活需要，做好"老百姓"这篇文章。

第三是"十里桃花，诗情画意"。旅即旅行，是位移，是交通，是"远方"；游即游览，是娱乐，是美好，是"诗"，是诗情画意。北宋文学家苏东坡说过"游哉，乐也！"旅游从本质上是一种文化消费、精神消费，是欣赏美丽、感受美好，是"诗和远方"的完美组合。无论是"人面桃花"，还是"桃花运""桃花醉"，桃花已成为"生命丰润、美颜理想、诗情画意"的代称。旅游就是"十里桃花"，要有一定规模，有一定环境容量、时间容量，否则很难成为目的地；审美要保持适当的距离，"远方"之所以美，其中一个原因就是"距离产生美"；旅游从"养眼""悦耳"开始，然后"好吃""洗肺"，甚至"净心"、磨炼意志、提升境界；"没有笑脸莫开店"，做旅游眼中一定要有画面、有美感，有浪漫主义情怀，并与现实主义结合起来。

■ 项目设计

"遇见"——旅游之我见

根据自己的具体情况，结合自身的旅游经历，谈一下对旅游的看法，以及旅游带给自己的收获，形成两份报告：

第一份报告的具体内容包括以下几点：

1. 你所经历的这一次旅游中，你做了哪些准备？

2. 旅游中你最难忘的事情是什么？

3. 旅游中你是否遇到了困难？是哪方面的困难？具体是什么？

4. 这次旅游带给你的收获是什么？

第二份报告的具体内容包括以下几点：

1. 你所经历的这一次旅游中，哪些地方你觉得你疏漏了？

2. 如果再经历一次，你会做哪些方面的准备？

3. 简单设计一个旅游的攻略。

4. 你认为旅游是什么？

任务一　走进旅游

一、什么是旅游

（一）旅游的字义

旅游（tour）来源于拉丁语的"tornare"和希腊语的"tornos"，其含义是"车床或圆圈；围绕一个中心点或轴的运动。"这个含义在现代英语中演变为"顺序"。后缀—ism被定义为"一个行动或过程，以及特定行为或特性"，而后缀—ist则意指"从事特定活动的人"。词根tour与后缀—ism和—ist连在一起，指按照圆形轨迹的移动，所以旅游指一种往复的行程，即指离开后再回到起点的活动；完成这个行程的人也就被称为旅游者（tourist）。

"旅游"从字义上很好理解。"旅"是旅行、外出，即为了实现某一目的而在空间上从甲地到乙地的行进过程；"游"是外出游览、观光、娱乐，即为达到这些目的所作的旅行。二者合起来即旅游。所以，旅行偏重于行，旅游不但有"行"，还有观光、娱乐的含义。

（二）旅游的定义

由于人们所处的历史时期不同，各时期社会经济发展水平不一，对旅游认知的角度与方法等存在差异，故而人们对旅游定义的内涵和外延有着不同的理解。将旅游作为一种社会现象，进行较为系统、全面、科学的研究，是在 20 世纪为人们所普遍接受的。瑞士学者汉泽克尔和克拉普夫于1942 年在他们合著的《旅游总论概要》一书中提出旅游的定义，该定义指出，旅游是非定居者的旅行和暂时居留而引起的现象和关系的总和，这些人不会长期定居，并且不从事任何赚钱的活动。这个定义引入了旅游的社会属性，说明旅游不仅是旅游者个人的活动，而且是涉及与之有关的一切关系所构成的综合现象。

■ **知识活页**

"旅游的几种说法"

1. 早期的旅游定义

词典中对旅游的解释：旅游一词最早出现在 1811 年出版的《牛津词典》中，将其解释为离家远行，又回到家里，在此期间参观游览一个或几个地方。这种定义只是对旅游表面现象的描述。

1927 年，在德国以蒙根·罗特为代表出版的《国家科学词典》中将旅游定义为：狭义的理解是那些离开自己的住地，为了满足生活或文化的需求，或个人各种各样的愿望，而作为经济和文化商品的消费者逗留在异地的人的交往。

1981 年，我国商务印书馆出版的《现代汉语词典》中对旅游的解释是：旅行游览。

在这些中外的一般性语言词典中，对旅游一词的解释是指人们因消遣性原因或目的而离家外出旅行的活动，强调其目的的消遣性。

2. 旅游学者、研究机构和旅游组织对旅游的定义

关于旅游的定义众多，目前还没有一个统一的为大家所采用的定义，

不同的旅游学者、研究机构和旅游组织对旅游的定义都有不同。

（1）瑞士学者汉泽克尔（Hunziker）和克拉普夫（Krapf）于 1942 年在他们合著的《普通旅游学纲要》中提出，后来在 20 世纪 70 年代又被"旅游科学专家国际联合会"（international association of scientific experts in tourism）所采用的"埃斯特"（Aiest）定义：旅游是非定居者的旅行和暂时居留而引起的现象和关系的总和。这些人不会导致长期定居，并且不从事任何赚钱的活动。

埃斯特定义中，用"非定居者"强调了旅游活动的异地性，用"不会导致长期定居"强调了旅游活动的暂时性，"不从事任何赚钱的活动"则强调了旅游活动的非就业性，而"现象和关系的总和"强调了旅游活动的综合性。埃斯特定义从消遣性旅游的研究角度，较好地把握了旅游的本质属性，因而在世界各地的旅游学界都有很大影响。

（2）美国参议院领导的一个研究机构认为：旅游是人们出于日常上班工作以外的任何原因，离开其居家所在的地区，到某个或某些地方旅行的行动和活动。

本定义中，"日常上班工作以外的任何原因"强调了旅游活动的业余性，这种业余性兼容了日常工作以外的赚钱活动；"旅行的行动和活动"则强调了旅游活动的综合性。本定义强调了消遣性旅游的特征，而没有排斥商务性旅游。

（3）1972 年，英国萨里大学的伯克特（Burkart）和梅特利克（Medlik）认为：旅游发生于人们前往和逗留在各种旅游地的流动，是人们离开他平时居住地和工作的地方，短期暂时前往一个旅游目的地运动和逗留在该地的各种活动。

（4）英国旅游局（BTA）前执行主任里考瑞什认为：旅游是人的运动，是市场的运动而非一项产业的运动，总之，是流动人口对接待地区及其居民的影响。

（5）1980 年，美国密执安大学的罗伯特·麦金托什在《旅游学：要素、实践、基本原理》一书中指出：旅游是由游客、旅游企业、东道主政府和东道主地区在吸引和接待游客的过程中产生的现象与关系之和。

（6）联合国的"官方旅行机构国际联合会"（AIGTO）认为：旅游是

指到一个国家访问，停留超过 24 小时的短期旅客，其旅游目的属于下列两项之一：①悠逸（包括娱乐、度假、保健、研究、宗教或体育运动）；②业务、出使、会议等。

该定义强调了旅游活动的暂时性、异地性和消遣性，同时也强调了公务旅游、商务旅游和探亲访友等。该定义中强调"停留超过 24 小时"主要是出于方便统计和技术性需要，存在不尽合理的地方，排除了当日往返的旅游活动。

（7）1991 年，世界旅游组织（WTO）在加拿大的渥太华召开的国际旅行与旅游统计大会上将旅游定义为：旅游是指人们为了消遣、商业和其他目的离开通常环境去往他处，时间少于一段指定的时段，主要目的不是在所访问的地区获得经济效益的活动。

该定义中"通常环境"主要是排除在居住地以内的旅行、在住所与工作场所之间频繁或长期的旅行、定期的社区旅行。"少于一段指定的时段"则为了排除长久的移民活动。该定义也强调了异地性、暂时性、非就业性，但更倾向于技术性需要，主要为调查与统计的可操作性。

二、旅游的其他相关概念

（一）旅游者

1963 年，联合国国际旅游大会在罗马召开。这次大会是当时的国际官方旅游组织联盟（英文名字的缩写为 IUOTO，即现在的世界旅游组织，英文缩写为 WTO）发起的。

大会提出应采用"游客"（visitor）这个新词汇。游客是指离开其惯常居住地所在国到其他国家去，且主要目的不是在所访问的国家内获取收入的旅行者。游客包括两类不同的旅行者：

——旅游者（tourist）：在所访问的国家逗留时间超过 24 小时且以休闲、商务、家事、使命或会议为目的的临时性游客。

——短期旅游者（excursionists）：在所访问的目的地停留时间在 24 小时以内，且不过夜的临时性游客（包括游船旅游者）。

从 1963 年开始，绝大多数国家接受了这次联合国大会所提出的游客、旅游者和短期旅游者的定义及以后所作的多次修改。

在 1967 年的日内瓦会议上，联合国统计委员会提议，应该建立一个单独的游客类别。旅游者至少要逗留 24 小时，然而有些游客外出游览但于当日返回了居住地，这些人被称为"短期旅行者（excursionists）"，这类游客包括了不以就业为目的的一日游者、游船乘客和过境游客。短期旅行者很容易与其他游客区分开来，因为他们不在目的地过夜。

1963 年提出的游客（visitor）术语的定义不仅是针对国际旅游而言，它也适用于国民（国内）旅游。

（二）世界旅游日

世界旅游日（world tourism day）是由世界旅游组织确定的旅游工作者和旅游者的节日。1970 年 9 月 27 日，国际官方旅游联盟（世界旅游组织的前身）在墨西哥城召开的特别代表大会上通过了将要成立世界旅游组织的章程。1979 年 9 月，世界旅游组织第三次代表大会正式将 9 月 27 日定为世界旅游日。选定这一天为世界旅游日，一是因为世界旅游组织的前身"国际官方旅游联盟"于 1970 年的这一天在墨西哥城的特别代表大会上通过了世界旅游组织的章程。二是这一天又恰好是北半球的旅游高峰刚过去，南半球的旅游旺季刚到来的相互交接时间。

中国于 1983 年正式成为世界旅游组织成员。自 1985 年起，每年都确定一个省、自治区或直辖市为世界旅游日庆祝活动的主会场。

■ 知识活页

2001～2022 年世界旅游日的主题口号

2001 年："旅游业：和平和不同文明之间对话服务的工具"

2002 年："经济旅游：可持续发展的关键"

2003 年："旅游：消除贫困、创造就业和社会和谐的推动力"

2004 年："旅游拉动就业"

2005 年："旅游与交通——从儒勒·凡尔纳的幻想到 21 世纪的现实"

2006 年："旅游让世界受益"

2007 年："旅游为妇女敞开大门"

2008 年："旅游：应对气候变化挑战"

2009 年："庆祝多样性"

2010 年："旅游与生物多样性"

2011 年："旅游：连接不同文化的纽带"

2012 年："旅游业与可持续能源：为可持续发展提供动力"

2013 年："旅游与水：保护我们共同的未来"

2014 年："快乐旅游，公益惠民"

2015 年："十亿名游客，十亿个机会"

2016 年："人人旅游——促进全面无障碍旅游"

2017 年："可持续旅游业如何促进发展"

2018 年："旅游与数字化转型"

2019 年："旅游业和工作：人人享有美好未来"

2020 年："旅游与乡村发展"

2021 年："旅游促进包容性增长"

2022 年："重新思考旅游业"

三、旅游及其广义背景

（一）旅游和接待的关系

接待可以定义为接见并照料，通常被商业性组织（如饭店）称作为客人服务的行为。接待包括提供餐饮、住宿、娱乐和其他服务。此类服务的对象不仅是远方旅游者，尽管旅游者是顾客的主体，但不构成全部市场。

人们承认接待不是旅游的同义词，但也认为两者有着密切的关系。因为没有接待业的服务和支持，旅游业不可能存在。所以从旅游业的角度来看，接待业是它的分支。

（二）旅游和休闲的关系

休闲研究的对象是一个广泛的领域，许多休闲专家和学术界人士认为旅游是休闲研究的一个分支。休闲有许多定义，旅游专业的学生可以把休闲定义为在空闲时间内的活动。它包括任何时间长度，可以是几个小时，也可以是几个月。许多短时间的休闲活动主要集中在家里（看电视或从事园艺活动）或者社区周围（本地游泳馆、电影院或图书馆等）。因为看电视、从事家庭园艺或者去图书馆都不是旅游活动，所以许多休闲活动不涉及旅游内容。

（三）旅游和娱乐的关系

娱乐是指自愿从事非经济性的有意义的活动，是为了让自己放松、高兴。它可以是任何活动，例如，可以是坐在椅子上听音乐，也可以是登山活动。和休闲概念相似的是，娱乐活动可以在家中发生，也可以在地球上其他任何地方发生。有些娱乐活动包含在旅游活动之内，许多旅游活动内容也是娱乐活动，如去度假村打高尔夫球、到剧场看杂技演出、去黑龙江滑雪、在亚龙湾潜水。

📚 **课堂小测验**

1. 如何理解"旅游是一种生活方式"？
2. 旅游具有何种属性？

任务二　认识旅游学

一、什么是旅游学

旅游学以研究人类的旅游活动为主线，以探究旅游活动三要素（旅游主体、旅游客体、旅游媒介）及其相互关系为核心，通过探讨旅游现象的历史演进，总结旅游发展的基本规律，阐述旅游活动和旅游业的构成要素及它们之间的关系，分析旅游活动对社会、经济、环境的影响，介绍发展旅游的政策和法规，从而展示旅游学科的基础理论框架。

二、旅游学的研究对象

（一）旅游产品

旅游产品，也称旅游服务产品，是指由实物和服务构成，包括旅行商集合景点、交通、食宿、娱乐等设施设备、项目及相应服务出售给旅游者的旅游线路类产品，旅游景区、旅游饭店等单个企业提供给旅游者的活动项目类产品。具有综合性、无形性、生产与消费同时性、不可贮存性、所有权不可转移性等特点，具体如图 1-1 所示。

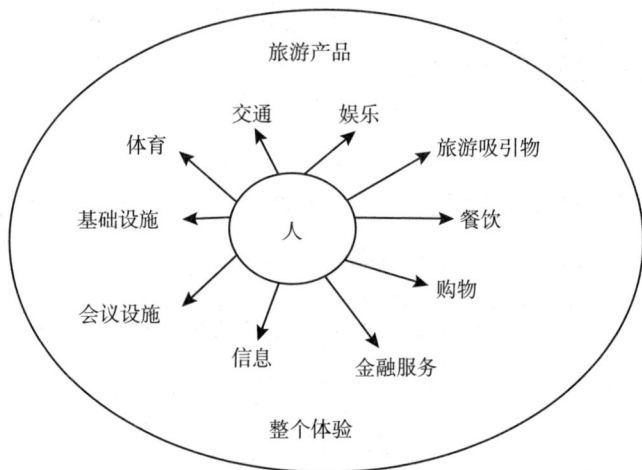

图 1 - 1   旅游产品包含的元素

（二）旅游业及其结构

旅游行业是指一系列与旅游相关行业的总和，因而具有很大的综合性与关联性。由于在国际、国家的经济行业标准分类中，缺乏"旅游行业"类型，因此，许多国家的国民经济统计都没有将"旅游行业"作为一个产业进行统计，我国"国家统计年鉴"中也仅有"国际旅游"这一要素的统计。但在实际中，向旅游消费者提供消费品（服务产品、物质产品、精神产品）的部门构成了一个庞大的行业，正逐渐演变为世界上最大的行业之一，甚至成为区域经济发展的引擎，越来越受到政界、学界、业界的关注。

从统计上说，旅游最好被认为是需求方的活动，是消费者中特殊的一类活动，它包括访问者购买或消费的任何商品。对于供给方不局限于特定的商品或特定的经济活动，例如，可以在以下地点购买服务：机场、饭店、主题公园、景点、娱乐和艺术场地、博物院、历史圣地、咖啡店、饭馆、旅行代理商、零售商。正因为这一点，它不是传统意义上的产业，传统产业包含商业活动，主要从事相似的经济活动，其结构如图 1 - 2 所示。

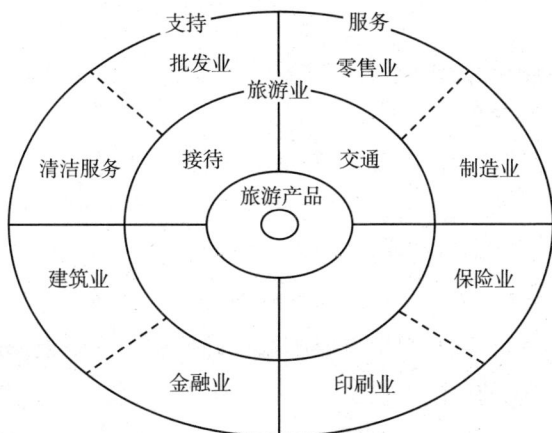

图 1-2 旅游产品结构

小组讨论

你认为和旅游业相关的产业有哪些？他们之间是什么样的关系？如何通过相关产业的发展提升旅游业的发展呢？

（三）旅游系统

如果把旅游当作一个系统而不是一项产业，我们可能更容易理解旅游的含义。尽管旅游是由许多产业或产业部门提供服务的，但这些产业或产业部门都密切相关。若某一个部门瘫痪，将严重影响另一个部门的经营，其系统运行如图 1-3 所示。

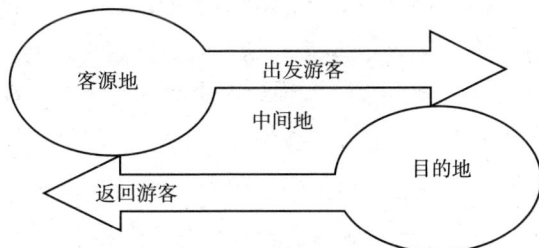

环境：人文、社会文化、经济、技术、地理、政治、法律等

图 1-3 旅游系统运行

13

三、旅游学的相关理论

（一）拥护提倡型理论

拥护提倡型理论最初出现在 20 世纪五六十年代，认为旅游是促进国内和国际经济发展的积极因素，例如，增加收入、创造就业机会及乘数效应等因素都对经济的发展起积极的作用。拥护提倡型理论观也可以称为"旅游鼓吹主义或推动主义"（tourism boosterism）。这种理论认为，旅游是一种广泛的理想活动，不会产生负面影响，即使有一些负面影响，也只对旅游目的地产生极小的负面影响，不会影响大局，因此，各国政府和各个社区都应该尽最大努力吸引和促进旅游活动，最大限度地为旅游活动创造一个自由市场的环境。这种旅游理论观认为，旅游天生就是一种促进社会发展的积极力量，所以不应该对其进行管理和控制，应该顺其自然，任其自由发展。政府部门的作用是通过制定有利于旅游发展的法律和法规，推动旅游业的发展。这种理论观从来不考虑旅游业的潜在消极作用和负面影响，认为旅游和环境保护是两个完全不同的问题和概念，应该分别讨论、分别对待和分别处理，两者不应该混为一谈。

（二）小心谨慎型理论

小心谨慎型理论产生于 20 世纪 60 年代末期，旅游活动的快速发展使人们开始逐渐认识到，发展旅游带来的并不完全是利益，旅游活动所造成的社会文化代价，甚至经济代价是很沉重的；旅游与社会物理环境和社会文化环境之间存在越来越严重的冲突；自由放任的旅游发展所带来的负面影响不断被现实所证实。旅游活动不断向新的旅游环境迅速扩张，尤其是向发展中的第三世界国家迅速延伸和扩张，给这些地区造成了严重的负面影响。因此，旅游学术界不得不重新考虑毫无控制的"大众旅游"的逻辑性是否可行。由此衍生出了小心谨慎型旅游理论观。这种理论观认为，旅游天生就是一种破坏性力量，因此应该对其进行严格的管理和控制，或者应该完全避免旅游活动。除非进行认真的规划和控制，否则旅游活动最终会给旅游目的地带来种种不良后果。与拥护提倡型旅游理论观相反，小心谨慎型旅游理论观的基本特点是要对旅游进行强化的管理和控制。

（三）改变适应型理论

小心谨慎型旅游理论观揭示了伴随旅游业发展而出现的很多消极因

素，因此从 20 世纪 80 年代初开始，人们极力试图寻找有利于东道地社区发展的旅游活动模式，这就导致了改变适应型理论应运而生。这种理论倡导与大众旅游相反的、严格管理的小规模替代性旅游（alternative tourism）模式，用各种替代性旅游代替那些对欠发达地区产生危害的大众旅游。这种理论强调人与环境的协调发展，提倡发展适应环境资源的小规模旅游活动，反对大众旅游时代的那种福特主义模式的大规模、标准化旅游产品。聚集在替代性旅游的旗帜下的各种方式包括生态旅游（ecotourism）、软旅游（soft tourism）、与环境资源相适应的旅游（appropriate tourism）、绿色旅游（green tourism）及负责任旅游（responsible tourism）等。

（四）知识理论

以知识为基础的理论从 20 世纪 80 年代末开始，旅游学研究进入了以知识为基础的理论。这种旅游理论观把知识放在首位，重视旅游学理论的研究。这种旅游理论观认为，在一定程度上，旅游院校的主要作用是发现知识和传授知识；认为旅游管理决策的制定不应该受政治的影响和干扰，也不应该凭感情用事，决策的依据应该是通过科学的研究方法获得的研究成果，即知识。这种理论近年来在旅游学研究方面起主导作用，促进了旅游学研究、旅游理论的创新和旅游学科的发展。

旅游学理论的发展可以分为上述四个阶段，但是事实上，每当一种新的旅游理论问世时，前一种或前几种旅游理论并没有消失，而是与新出现的旅游理论同时存在，同时起作用。即使在今天，上述任何一种旅游理论都完全可以找到其拥护者和市场。然而每一种新旅游理论的诞生都向旅游理论工作者、旅游业界的专业人士和政府决策部门展示了观察旅游的新视角和认识旅游的新观念，有助于人们更进一步、更深刻地认识旅游的机理、旅游与人类社会的活动和社会发展之间的关系。

■ 知识活页

旅游产业的产业链

传统意义上的旅游产业要素就是人们经常提到的"食、住、行、游、购、娱"，旅游行业专家林峰认为，如今的旅游产业要素已扩展为"食、住、行、游、购、娱、体、会（会议）、养（养生）、媒（媒体广告）、组（组织）、配（配套）"，它们相互交织组合，形成了以下九个类别的行业，构成了一个紧密结合的旅游产业链：

1. 游憩行业：包括景区景点、主题公园、休闲体育运动场所、产业集聚区、康疗养生区、旅游村寨、农场乐园等的经营管理和运作的行业；

2. 接待行业：旅行社、酒店、餐饮、会议等；

3. 交通行业：包括旅游区外部的公路客运、铁路客运、航运、水运等，也包括景区内部的索道等小交通；

4. 商业：集购物、观赏、休闲和娱乐等于一体的购物休闲步行街、特色商铺、创意市集等；

5. 建筑行业：园林绿化、生态恢复、设施建造、艺术装饰等；

6. 生产制造业：车船交通工具生产、游乐设施生产、土特产品加工、旅游工艺加工、旅游衍生品加工、信息终端及虚拟旅游等设备制造；

7. 营销行业：旅游商务行业（包括电子商务）、旅游媒介广告行业、展览、节庆等；

8. 金融业：旅行支票、旅行信用卡、旅游投融资、旅游保险、旅游衍生金融产品等；

9. 旅游智业：规划、策划、管理、投融资、景观建筑设计等咨询行业及相关教育培训行业。

一个旅游项目，从最初策划到规划、设计、建设，再到对外营业、游客来游玩，需要以上各个环节系统紧密配合。旅游产业具有跨行业的综合复杂性及多环节配合的服务消费特性，旅游产品之间的相互依赖非常强，需要服务链各个环节的提升与质量保障。因此，旅游产业更多地表现为一种"以旅游业本身所包含的行业为基础，关联第一产业、第二产业及第三产业中的卫生体育、文化艺术、金融、公共服务等相关行业的泛旅游产业结构"。

课堂小测验

判断下列活动哪些是旅游？

➤ 学生异地读书

➢ 农民异地打工

➢ 学者外地参加学术会议

➢ 三峡大移民

➢ 海外华侨、港澳台同胞回大陆定居

➢ 外籍教师来我校任教

➢ 留学生到外国留学

➢ 来到某国家担任外交人员

➢ 外国高层政府代表团来华访问

项目小结

1. 旅行和旅游的区别在于：旅行是在观察身边的景色和事物，行万里路，读万卷书。旅游是指游玩，通常是团体出行，在时间上是很短暂的。旅游就是旅行游览活动，它是一种复杂的社会现象，旅行要涉及社会的政治、经济、文化、历史、地理、法律等各个社会领域。

2. 旅游业：是凭借旅游资源和设施，专门或者主要从事招徕、接待游客，为其提供交通、游览、住宿、餐饮、购物、文娱六个环节的综合性行业。旅游业务主要由三部分构成：旅游业、交通客运业和以饭店为代表的住宿业，它们是旅游业的三大支柱。

3. 旅游系统：旅游系统由旅游客源市场子系统、旅游目的地吸引力子系统、旅游企业子系统及旅游支撑与保障子系统四个部分组成，具有特定的结构、功能和目标的综合体。

思考与练习

1. 你认为旅游最本质的属性是什么？

2. 旅游学的相关理论有哪些？

3. 结合实际情况，谈谈你对我国旅游业发展现状的看法。

📄 **材料分析**

旅游赋予旅游人新的价值追求①

对于旅游人来说，旅游除了是一种生存方式、工作方式之外，同样也是一种生活方式、一种学习和成长方式，它赋予旅游人新的价值追求。

对于游客而言，旅游是抽离当下的另一种生活方式，追求的是轻松愉悦，获得身心自由与心灵感悟。而对于呈现美好旅程的旅游人而言，旅行的策划、统筹、营销、接待等琐碎工作却是繁重和艰辛的。旅游人常年出差奔波，"在路上"往往是一种常态，身心疲惫。唯有热爱，才能坚持。可以说，旅游对于广大游客而言，是一种生活方式、一种学习和成长方式；对于旅游人来说，旅游除了是一种生存方式、工作方式之外，同样也是一种生活方式、一种学习和成长方式，它赋予旅游人新的价值追求。

首先，旅游是旅游人的生活方式。旅游人"售卖"的是一种生活方式。很多旅游人是带着对旅游的热爱步入旅游业的，甚至不少是跨界"闯"入旅游圈的。酷爱游玩的旅游人更容易将旅游作为个人的生活方式，旅游是事业，也是生活，彰显着自己的生活态度和风格品位。他们希望把个人推崇的游玩方式和旅游体验分享给更多的游客。这些有情怀和理念的旅游人不会满足于照搬照抄已有的产品线路，而是将自己热爱的美好生活方式融入旅游策划中，以工匠精神埋头打磨旅游产品，将同质化的线路玩出新花样和新创意，将小众秘境和主题旅游不断推向市场前沿。即使是不为同行所看好的边缘化细分市场，他们也会勇于投入与开拓。正是这些将旅游融入生活的玩家和达人，他们的执着与情怀为旅游市场注入新活力，设计出更有温度和深度的旅游产品，引领了旅游新风尚，也带动了当地的旅游发展。

其次，旅游是旅游人的学习方式。旅游是人们在物质生活获得满足后产生的一种高级的精神追求。为了追赶上游客不断提升的物质与精神需求，旅游产品也必须不断提升与迭代。旅游人需要不断向消费者、向同行

---

① 旅游赋予旅游人新的价值追求［N］. 中国旅游报，2021－11－26.

和市场学习，才能把握并引领旅游潮流。比如，受疫情影响，以往从事出入境业务的旅游人，必须从零学习国内市场的开发与运作，重新了解国内游旅游者的消费特征与偏好。

最后，旅游是旅游人的成长方式。今后越来越多的游客会根据自己的个性、品位和审美来选择旅游产品和服务。要打造真正能满足游客精神需求的旅游产品，旅游人需要不断修炼自身的审美品位、沟通技巧、应变能力、文化底蕴等综合素养。旅游本身在倒逼旅游人不断成长。

问题：

1. 如何理解"旅游是一种生活方式"？

2. 旅游的作用有哪些？

■ 设计展示

"旅游＋"的跨界融合方案设计

培育壮大市场主体，延伸优化产业链条，是我国当前推进精品旅游产业新旧动能转换和高质量发展的重要路径之一。为深入挖掘精品旅游产业的发展，特进行"旅游＋"的跨界融合方案设计，如"旅游＋金融""旅游＋工业""旅游＋农业"等，可以但不限于对上述产业进行融合发展，具体要求如下：

1. 必须是旅游加其他产业，进行跨界融合。

2. 方案设计中需要有具体指向，落实到具体项目，有针对性进行设计。

项目二　旅游的产生与发展

📊 学习目标

知识目标	★掌握旅游活动的起源和发展历程。 ★熟悉古代旅行家及其贡献。 ★了解工业革命对旅游活动的影响及近代旅游业诞生的背景。 ★掌握中国现代旅游活动的发展历程

能力目标	★能够分析人类旅行活动发展的历史规律，总结人类旅行活动的特点和古代旅行的时代特征。 ★能够归纳总结不同时期中国旅游活动发展的特点。 ★能够根据历史背景和市场需求，提出未来旅游创新创业的设想和方向
素质目标	★让学生了解封建社会时期我国旅行活动的发展，培养学生热爱祖国的民族自豪感，树立文化自信。 ★学生根据工业革命后的市场需求情况，提出自己的创业想法，培养学生的创业思维，增强学生适应经济社会发展的创业意识。 ★通过掌握托马斯·库克的创业过程和创业经验，培养敢为人先、勇于创新的精神
价值目标	★培养学生以爱国主义为核心的民族精神，让学生具备"为祖国分忧、为民族争气"的家国情怀，引导学生树立正确的世界观、人生观、价值观，将个人价值与社会价值相结合。 ★坚持党的领导，坚定社会主义理想信念，为建设世界旅游强国不懈奋斗，为实现中华民族伟大复兴的中国梦贡献旅游力量

📊 案例导入

坚定走好独具特色的中国旅游发展之路①

2024 年 5 月召开的全国旅游发展大会是党中央首次以旅游发展为主题召开的重要会议，会上传达了习近平总书记对旅游工作作出的重要指示。习近平总书记指出，改革开放特别是党的十八大以来，我国旅游发展步入快车道，形成全球最大国内旅游市场，成为国际旅游最大客源国和主要目的地，旅游业从小到大、由弱渐强，日益成为新兴的战略性支柱产业和具有显著时代特征的民生产业、幸福产业，成功走出了一条独具特色的中国旅游发展之路。

清华大学文化创意发展研究院副院长张铮表示："独具特色的中国旅游发展之路"是与我国旅游产业发展的自然条件、历史积淀和现实道路紧密相关的，是中国共产党领导全国人民探索的中国式现代化道路的有机构成，其本质和内涵要从以下几个方面理解。

---

① 坚定走好独具特色的中国旅游发展之路［N］. 中国文化报，2024 - 07 - 19.

其一，我国旅游业发展经历了从事业到产业、从观光到多样、从少数到普惠、从数量到质量的过程，已经成为人民群众美好生活的必然要求和幸福感的重要源泉。

其二，我国的旅游是基于广袤的国土面积、多样的区域文化、丰富的地形地貌、悠久的文明历史、多层次的文化遗产发展起来的，是保护与开发并重、娱乐与教育兼具、交流与融通共有的产业。新时代的旅游产业已经成为推动地方经济发展、提振特色消费、促进文化繁荣的重要路径。

其三，我国出台了一系列政策措施来促进旅游产业发展，旅游业发展有明确的发展思路，有近期、中期、长期规划，形成了多元有趣、满足游客多样化需求的新气象。

其四，我国的旅游业是不断接入国际旅游大市场、出境游和入境游同时快速增长的巨大市场。我国通过旅游业的发展持续提升基础设施建设水平，推动城市更新与乡村振兴，不断惠及民生，富民强业。

中国旅游协会副会长王德刚认为："独具特色的中国旅游发展之路"可以从以下几个方面理解：以人民为中心是"独具特色的中国旅游发展之路"的本质属性；充分保障公民的旅游权利是"独具特色的中国旅游发展之路"的基本特征；满足人民群众对美好生活的需求是"独具特色的中国旅游发展之路"的根本目的；坚持社会效益、生态效益、经济效益相统一是"独具特色的中国旅游发展之路"的基本原则；建设旅游强国是"独具特色的中国旅游发展之路"的发展目标。

■ 项目设计

旅游的前世今生

从历史的眼光看，人类的旅游活动大致经历了三个大的发展阶段。一是限定在有闲阶层中的古代旅游，其特征是以游乐为主，规模较小。二是开始普及到中产阶层的近代旅游，它源自人本主义意识和科学技术进步，并直接促成了现代旅游业的出现。三是社会大众共同参与的现代旅游。

学生自行分组，5~6人一组，将旅游从古至今的发展以PPT的形式展现出来，其中可以穿插动画、视频、音乐等，以小组为单位进行设计。

任务一 古代旅游的发展

人类旅游已经有很久的历史了。早期的旅游即摆脱每日繁杂的劳动，挣取丰厚的收入，尽情享受户外旅行。

一、原始社会的迁徙活动

旅游现象是人类社会经济发展到一定程度的产物。对于旅游现象的具体起源时间，有人认为起源于原始社会晚期，有些人则认为是在人类社会跨入文明阶段之后才产生的。

一般人认为，原始社会没有旅游，只有迁徙活动。

迁徙行为是人们出于谋生的目的，或者出于自然原因（如气候、天灾等对生存环境的破坏），或者出于人为原因（如战争）的威胁而被迫离开定居地，在新的定居点定居下来，不再回到原来的定居点。如非洲原始人类向亚洲、欧洲的迁徙；亚洲东北部的爱斯基摩人、印第安人通过北令海峡向美洲大陆迁移，成为那里的原始居民。

迁徙与旅游的区别：（1）目的是求生存而不是消遣游玩。（2）离开原来居住地而不是暂时的。

二、旅游的萌芽——奴隶社会的旅行活动

迁徙和旅行都不是人类纯粹意义上的旅游，旅游是人们处于闲暇状态中在异地进行的游览观赏行为，主要目的是满足精神文化的需求。

分析旅游的产生，与人的本性有关。从本质上说，人是一种天生的追求享受的动物。旅游者是人类社会文明发展到一定程度之后才可能形成的，因为旅游者的形成需要三个基本条件：可自由支配的闲暇时间、可自由支配的收入、出游的动机。

到奴隶社会时期，旅行更加发达，其原因如下所示：一是奴隶制建立，社会各行业分工更加细密，商业更加发达；二是奴隶制统一国家的建立，社会秩序相对稳定，空间移动的条件更加具备，为旅行活动的发展创造了条件。促使人们外出旅行的主要原因是产品交换和易货经商。

人类进入奴隶社会后，有闲阶级形成，旅游产生。在古代西方，古罗马帝国（公元前 30 年至前 476 年）的旅游最具有代表性。其原因如下所示：（1）疆域辽阔。以罗马为中心，最大时北到欧洲中部莱茵河、多瑙河一带，西到大西洋不列颠、西班牙，南据北部非洲，东达西亚两河流域，地跨欧、亚、非三洲，地中海成为帝国的内湖；商旅辐辏，驿站棋布，"条条大道通罗马"是其真实写照。（2）资源吸引力大。典型代表是闻名世界的"七大奇迹"（埃及金字塔、巴比伦空中花园、亚历山大灯塔、罗德港巨人雕像、宙斯神像、阿提密斯神殿、摩索拉斯陵墓），对人们有巨大吸引力。

三、封建社会的旅行活动

（一）中国封建时代旅游的发展

1. 条件

（1）良好的社会环境（政治上的大一统和超稳定、经济上的持续发展、科学技术上的领先水平、一脉相承的灿烂文化、与各国保持友好的传统）。

（2）相对完善的交通体系（水路、陆路）。

2. 常见的旅游类型

（1）帝王巡游。古代帝王巡游的目的：一是饱览风景名胜；二是显示帝王权威，震慑人民，了解民情，有利于巩固统治；三是封禅。封禅地点一般选择名山大川，主要是泰山。山上玉皇顶祭天曰"封"，山下梁父小丘祭地曰"禅"。突出的如秦始皇、隋炀帝、乾隆等。

（2）官吏宦游。中国古代历朝官吏，奉帝王派遣，为执行某种政治、经济、军事任务而进行的旅行活动。如张骞出使西域、郑和七次下西洋等。

（3）买卖商游。例如，春秋时期郑国商人弦高。

（4）文人漫游。例如，春秋时期孔子周游列国、战国时期游说之士的游说活动、西汉司马迁二十壮游、魏晋文人纵情山水游、唐朝的李白、明朝的徐霞客等。

（5）宗教云游。宗教云游是指以朝拜、寻求仙人、求经等为目的而进行的旅行。例如，法显、玄奘、鉴真等。

（6）佳节庆游。在中国古代各族人民的生活习俗和喜庆佳节很多，如汉民族的春节庙会、元宵灯会、清明踏青、端午竞舟、中秋赏月、重阳登高等。蒙古族的那达慕大会、藏族的雪顿节、彝族的火把节、傣族的泼水节、土族的花儿会等。

（二）欧洲的旅游活动

476 年西罗马帝国灭亡后，欧洲经过一段时间的混战和动荡，逐渐进入封建社会。中世纪的欧洲，是欧洲历史上最黑暗的时代。在政治方面，民族纷争，国家林立，大小领主拥有对自己土地上的绝对管理权，相互间攻伐不断，始终没有安宁的环境。在经济方面，封建庄园自给自足，社会缺少需求。在思想文化方面，罗马教会用宗教神学控制人们的思想。

11 世纪之后，欧洲城市开始兴起，西方封建主对财富的追求，促进远航探险热潮，终于在 15 世纪出现哥伦布、麦哲伦等开辟新航路的伟大探险旅行活动。

（三）阿拉伯帝国时期的旅游

7 世纪初，穆罕默德创立伊斯兰教后，建立了阿拉伯国家，8 世纪中期形成地跨亚、非、欧三洲的大帝国（1258 年被蒙古所灭）。辽阔的地域、特殊的地理位置（欧亚之间）及宗教原因（伊斯兰教规定，每个穆斯林一生必须到其宗教圣地麦加朝圣一次），促进了其旅行活动的发展。

历史上地跨三洲的大帝国：罗马帝国、亚历山大帝国、阿拉伯帝国、奥斯曼帝国。

📚 课堂小结

古代社会旅游活动的特点

1. 从参加者看：多为帝王、官僚、贵族等统治阶级及其附庸阶级。他们人数不多，在人口中所占比重很小，因此此时的旅游活动不具有普遍的社会意义。

2. 从旅游类型看：贸易经商旅行仍然占据主导地位。

任务二 近代旅游的发展

近代旅游业开始于 19 世纪中期，促成旅游近代化的主要原因是工业革命（内燃机的出现可以作为近代旅游开端的标志），促成旅游向大众化旅游转化。

一、产业革命对旅游发展的影响

产业革命指资本主义机器大工业代替工场手工业的过程。它始于 18 世纪 60 年代的英国，到 19 世纪 30 年代末基本完成。美国、德国、法国、日本等国也在 19 世纪内先后完成。产业革命使人类社会发生了巨大变化，引起了重大的社会经济变革，也使旅游活动发生了质的转变。

（1）加速了城市化进程，导致居民产生返回大自然去的需要，外出旅游的人数增多。

（2）改变了人们的工作性质。多样性农业劳动为单一性大机器工业劳动所取代，促使人们强烈需要改变工作环境。

（3）带来了阶级关系的新变化。资产阶级的出现，扩大了外出旅游的队伍。

（4）科技的进步，蒸汽技术在交通工具运输中应用，出现蒸汽动力的轮船、火车等新式交通工具，使大规模的人群流动成为可能。

（5）产业革命造就了工业资产阶级，使旅游人数增多，旅游阶层更加广泛，再加上工人阶级要求加薪和带薪假日斗争的不断胜利，广大劳动人民也有可能加入旅游队伍中来。

二、托马斯·库克的活动与近代旅游业的产生

随着大量人口涌入城市，人们工作和生活的重心从农村转移到城市，原来那种忙闲有致的多样性农业劳动开始被单一枯燥的机器工业所取代，这一变化最终导致人们强烈要求假日和外出旅游。

近代工业革命的成功打破了旅行游览活动在历史上一直是以个人为单位的个体消费活动，出现了有组织的旅游活动。英国人托马斯·库克

(1808~1892年) 最先将旅游与运输业直接挂钩, 并于1845年成立了世界上第一家旅行社。此后, 在欧洲各地出现了许多类似的组织, 作为经济行业的旅游业应运而生。

■ 知识活页

托马斯·库克对旅游业的贡献

1841年7月5日, 英国人托马斯·库克利用包租火车的方式, 组织了一次570人规模的团队活动, 从英国中部的莱斯特 (托马斯·库克的家乡是英国德贝郡的墨尔本, 莱斯特是他现在居住的地方) 前往洛赫伯勒去参加禁酒大会。

特点分析: 发起、筹备和组织者, 自始至终随团陪同照顾, 是现代旅行社全程陪同的最早体现。

但是, 这次活动还不能作为旅行社产生的标志。因为: 第一, 活动的根本目的是参加禁酒大会, 不是单纯的消遣旅游; 第二, 托马斯·库克组织这次活动也不是出于商业目的 (只售出1先令的往返车票), 它只是为以后正式创办旅行社打下基础。

三、中世纪欧洲的旅行发展

(一) 古罗马时代的短途游览

古罗马时代的旅行规模宏大。罗马帝国提供了广阔、便利的道路交通网及旅行必需的政治和平与稳定。许多罗马帝国以外的旅行者来到这里, 同样也能感受到古希腊和古埃及的辉煌。

罗马帝国时期兴起了最早的海岸度假地, 如那不勒斯和奥斯提亚。那不勒斯港湾的巴亚气候宜人, 植被茂盛, 还有富含对人体有益的矿物质的温泉。这里很快成为旅行者的天堂, 连西塞罗也爱前往这个快乐的地方。

随着罗马帝国的衰落, 欧洲道路网也失修了, 长途旅行再一次变得危险而艰辛。直到19世纪, 长途交通的状况才和罗马帝国的权力一样慢慢恢复。

(二) 朝圣旅行

第二次旅行浪潮发生在中世纪早期, 最初是由宗教热引发的。当旅行在欧洲再一次变得安全后，教会鼓励教徒到圣地朝圣。朝圣旅途通常遥远而艰辛，并持续数月，甚至几年。耶路撒冷是基督教朝圣的主要圣地，罗马（意大利）、坎特伯雷（英国）、圣地亚哥·德孔波斯特拉（西班牙）也是重要的朝圣地。

沿着既定的路线，教徒在每隔一天旅行路程的地方修建了旅馆。这些宗教住宿房屋是最早的寄宿场所，为教徒提供食物和住宿。夜晚还为人们提供娱乐活动，合唱、讲述圣地故事及朝圣旅途的奇观。旅客客栈也建立起来，在英国至今还保存着中世纪的两个朝圣客栈。在此时期，朝圣旅行逐渐向度假、聚会、观光旅行发展。

（三）健身温泉疗养旅行

旅行者寻找圣坛是为了获取灵感和神灵的恩赐，而寻找温泉疗养场所是为了强身健体。人类很早就对温泉和温泉池感兴趣。古罗马人首先发现了泡温泉的快乐及其有利于强身健体，并建造了一些温泉城，如英国的巴斯和巴克斯顿，德国的巴登巴和威斯巴登，法国的维希。然而，随着罗马帝国的衰落，人们对温泉的概念也模糊了。许多温泉成了小小的圣坛，中世纪的圣坛是许多病人向往的地方，旅行者来此是为了治疗各种身体疾病。例如，英国诺福克的温泉因能治好胃病而闻名，格洛斯特郡的温泉能治皮肤病，弗林特郡的温泉是詹姆斯二世治疗关节炎的地方。温泉城在布局结构上反映了旅游功能。在城中心有水泵房和许多口井，井周围是人行道和花园。游客可以在这些露天场所自由散步，有些城市还设计了专门供骑马的地方。法国的维希等城镇都反映了这些布局特征。

任务三　现代旅游的发展

现代旅游业崛起于第二次世界大战以后，加快发展则从 20 世纪 60 年代开始，它是"后工业化社会"发展最快的行业之一。

一、现代旅游业迅速发展的主要原因

综观现代旅游业蓬勃发展的历程可以看出，决定现代旅游业迅速发展的原因是多方面的，但主要原因不外乎两个方面：一是相对持续和平的国际环境；二是现代科技革命的成功促进了社会生产力的发展。

（一）相对持续和平的国际环境是前提条件

"二战"结束以来的半个多世纪，尽管局部战争时有发生，但就世界范围而言，和平与发展始终占据主要地位，成为各国发展本国经济，促进各国之间友好往来的前提条件和保证。

（二）现代科技革命的成功，极大地推动了社会生产力的发展

现代旅游业迅速崛起成为世界最大产业之一，具体表现为以下方面。

（1）"二战"后世界经济得到迅速恢复和发展，几乎所有国家的国民经济增长速度大大超过战前，人均国民收入迅速增加，为战后旅游大发展提供了坚实的物质基础。

（2）现代科技革命的成功，极大地提高了生产效率，加上工人阶级不懈地斗争，个人闲暇不断增多，大众的带薪假日开始普及，为旅游大发展提供了时间保障。同时，生产、生活的快节奏也使人们的旅游愿望变得十分强烈。

（3）现代科技革命使交通工具日益现代化。

除火车、轮船外，飞机和汽车成了主要交通工具。交通更加高效、便利、快捷，不但相对缩短了旅游的时空距离，也极大地消除了人们的时空心理障碍，促进了现代旅游的发展。

（4）现代科技革命的成功，促进了信息交流手段的现代化。

旅游供求双方的信息交流渠道更加顺畅和多元化，旅行社产业更加兴旺发达，从而带动了现代旅游业的发展。

（5）伴随着世界经济一体化，各国之间的经济往来日益频繁，跨国公司、集团的迅速兴起，商务旅游者不断增加，也使国际旅游普及开来。

（6）现代旅游业大发展与各国政府的大力支持密不可分。

20世纪60年代以来，几乎所有国家的政府都采取了各种有利于旅游业发展的干预政策。如取消出境限制，放宽入境条件，简化手续，方便游客，大大减少了国际、国内的人为障碍。各国政府积极支持旅游资源的开发和旅游市场的开拓，极大地刺激了旅游业的发展。

二、现代旅游发展的特点

现代旅游的主要特点是：旅游主体的大众化、旅游形式和内容的多样

化、旅游空间的扩大化、旅游目的的娱乐化、旅游增长快速、科技含量不断提高、信息化不断发展。

（一）旅游主体的大众化

大众旅游的第一层含义是指旅游活动的参与者范围已经扩大到普通劳动人民。大众旅游的第二层含义是指现代旅游活动开始形成以有组织的团体包价旅游为代表的大众旅游模式，并在普通大众中形成了占主导地位的旅游形式。所谓"普及型"，主要是指旅游者在旅行社的组织和安排下，借助各类旅游企业提供产品和服务，按照规定的时间、路线和活动，有计划地完成整个游览活动。

（二）旅游形式和内容的多样化

观光旅游、度假旅游、商务旅游等依然存在，又产生了乡村旅游、红色旅游、寻根旅游等。

（三）旅游空间的扩大化

科学技术的进步和交通工具的发展，加上人们求知、探秘和猎奇欲望的增长，旅游活动的空间日趋扩大。

（四）旅游目的的娱乐化

娱乐是休闲的本质，旅游产品的休闲设计本质上是指旅游产品的娱乐化设计，即让游客广泛参与休闲活动。比如，杭州宋城的泼水节、火把节，杭州乐园的水上嘉年华、极限挑战，杭州野生动物园的动物嘉年华，都吸引了人们的狂欢和休闲，让这些活动既"美"又"好玩"。

（五）旅游增长快速

世界主要国家经济形势越来越好，各国消费者信心指数持续提升，主要经济体旅游需求稳步增加，跨国旅游基础设施不断完善，旅行成本持续降低，各国签证便利化程度日益提高。在此背景下，全球旅游总人数和全球旅游总收入保持强劲增长势头，成为全球经济增长的重要推动力。

（六）科技含量不断提高

随着游客消费需求逐渐向体验转变，科技在旅游业发展中的重大作用和巨大潜力日益凸显。为了充分发挥旅游业作为第三产业支柱的生机和活力，在激烈的市场竞争中保持稳定、可持续的发展态势，必须积极构建旅游科技创新体系，大力提高旅游业发展的科技含量，最终推动旅游业由资源密集型向科技密集型转型升级。

（七）信息化不断发展

21 世纪是以网络计算为核心的信息时代。数字化、网络化、信息化是这个时代的基本特征。旅游业作为一种对信息和信息技术依赖性很强的行业，如何适应信息革命的挑战，未来旅游业如何发展，都是旅游工作者需要思考的问题。

小组讨论

根据现代旅游的发展现状，你认为未来旅游的发展趋势会呈现什么样的特点？

任务四　中国旅游业的产生和发展

中国旅游资源丰富，自然旅游资源和人文旅游资源在国际旅游市场上都有着许多独特的垄断优势。其突出特点是：历史悠久，旅游资源特别古老；国土辽阔，旅游资源特别齐全；文化灿烂，旅游资源特别珍贵；山河壮丽，旅游资源特别秀美；民族众多，旅游资源特别奇特。丰富的旅游资源是我国旅游业起步及发展的客观基础和重要前提。

中国是具有 5000 多年发展历史的文明古国，也是世界上旅行游览活动兴起最早的国家之一。

一、中国古代旅行的特点

（1）古代旅游多属少数人的个人活动。游者范围主要有帝王、贵族、官僚、地主等及其附庸士大夫阶层。平民百姓仅在佳庆节日到近地出游，如踏青、赶庙会等。

（2）国内旅行家多以学术考察旅行为主，是在古代"读万卷书，行万里路"的思想影响下进行的。

（3）古代旅游活动都和当时的社会政治、经济、文化的发展密切相关。当社会处于安定、强盛的时候，旅游活动就特别活跃，反之便一蹶不振。因此，不同的历史时期，旅游具有不同的时代内容和特点。

（4）国际旅游以政治交往（如互派使者）、宗教求法和经商贸易等形式为主。游程比较艰险，历时比较长。游历的成果多以"游记""见闻"等题材出现。

（5）旅游基本上停留在旅行的阶段，与以获得经济收入为目的的旅游业有本质的不同。但是某些私立旅馆业和观光业，已具有初级旅游业的雏形性质。

■ 知识活页

中国古代的旅行形式

1. 普通百姓的近游

经常看到古代文人墨客的诗词游记赞美名山大川，但实际上古代大多数普通老百姓碍于财力、户籍制度的限制及交通不便等原因，是不怎么远行的，一般都会选择周边游。他们的旅游活动通常是春节庙会、元宵灯市、踏青、端午划龙舟、重阳节登高等。

2. 商人的商务旅游

中国历史上的商务旅游活动开展得很早。史书所载的"肇牵车牛远服贾"就属于商末周初商人的商务旅游活动。战国时期，商务旅行进入了发展阶段。如巨商吕不韦就曾长途跋涉，到赵国邯郸从事经商活动，并结识了秦国公子异人，最后当上了宰相。

3. 文人和士大夫的旅游

从战国时期开始，游学就十分盛行，《史记·春申君列传》载："〔春申君〕游学博闻，事楚襄顷王。"游学的意思是"游异地，从师求学。"游学可以来增长见识，实现自己远大的理想和抱负，还可以很好地推销自己，为日后仕途埋下伏笔。

4. 帝王巡游

统治阶级的旅游和其他人区别甚大。帝王出游规模之宏大、排场之奢华堪称之最。帝王巡游是中国古代旅游的重要现象，是指帝王到其统治地区巡视与游览，其目的或为巡视各地、或为封禅拜祭，是以巩固政权为目的的旅行活动。

二、近代中国旅游的发展特点

近代指1840年鸦片战争以后到中华人民共和国成立以前。

（一）近代中国旅游活动局部存在，未形成产业

（1）与帝国主义的殖民侵略活动紧密联系，西方的商人、传教士、学者和一些冒险家来到中国，在一些通商口岸和风景名胜地区巧取豪夺，建造房舍，供其经商、传教、游览和休憩之用。

（2）民国政府与西方列强建立外交关系，向西方各国派驻使节，不少外交官员考察异域，游历甚为广泛。

（3）不少人民靠出国出卖劳动力谋生，其中也有一些人在谋生之余顺道游览观赏。

（4）为学习西方的科技知识，不少青少年漂洋过海出国留学，尤其是19世纪70年代洋务运动时期，出现"留学热潮"，得以游学欧美。

（二）旅游业及相关行业有一定发展

（1）旅行社：1923年，陈光甫在上海商业银行成立旅行部，即中国旅行社，这是中国第一家旅行社。1927年，更名中国旅行社。

（2）交通：铁路是近代旅游的主要交通工具，中国从1876年起铁路建设有胶济铁路、滇越铁路、广九铁路、中东铁路。近代中国的内河航运、远洋航运、公路运输和民用航空对旅游和旅游业的发展提供了一定的条件。

（3）旅游住宿：近代旅馆从清代末期开始发展。

三、现代中国的旅游（新中国成立后）

（一）新中国成立至1978年改革开放之前："外事接待阶段"

基本特点：旅游接待多为单纯政治接待，不计成本，不讲效益。因此，此时旅游业还是事业，不是产业。（"产业"是某一类企业的总称，其主要业务或产品大体相同。产业必须讲究成本效益，而行政事业单位可以不讲成本效益。）

主要大事：

1. 两大旅行社系统成立

一是 1954 年成立的中国国际旅行社总社及其分、支社，二是 1957 年由各地的华侨服务社组建而成的华侨旅行社（1974 年改名为中国旅行社）总社及其分、支社。① 前者负责接待外国自费旅游者，由国务院及地方政府的外事办公室领导；后者负责接待海外华侨、外籍华人、中国港澳地区及台湾地区同胞，属于政府的侨务系统。体制方面名义上定为"国营企业"，实际运作中都是行政或事业单位而不是企业。②

2. 中国旅行游览事业管理局成立

1964 年，中国旅行游览事业管理局成立，其直接意义是中国旅游事业从此有了专门领导机构。③

（二）改革开放以来：全面振兴时期

1. 1978 年至 20 世纪 80 年代中期：以接待入境旅游为主阶段

基本情况：1978 年 10 月至 1979 年 7 月，邓小平同志 5 次专门讲话，要求尽快发展旅游业。邓小平同志指示："旅游事业大有文章可做，要突出地搞，加快地搞"；"搞旅游要把旅馆盖起来。下决心要快，第一批可以找侨资、外资，然后自己发展。"④ 邓小平同志在旅游业对国家政治经济的积极作用，对改革开放的积极作用，以及旅游管理、旅游开发、旅游促销等一系列旅游业的基本认识、基本规律上作了明确指示。按照邓小平同志指示，国务院成立以主管副总理为首的旅游工作领导小组，各地政府也相继成立领导小组。开放和高层决策人推动了我国旅游业发展的步伐。

但是由于中国旅游设施不完善和其他因素，此时我国旅游业发展的重点是入境旅游（没有采取"先国内，后国外"的常规发展模式，而是优先

---

① 1980 年成立的中国青年旅行社系统，与上述两大旅行社系统共为旅行社三大系统。

② 1979 年以前政府办旅行社主要是为了争取外国人和华侨来访，使他们更好地了解和支持新中国，以扩大中国的对外影响，属于友好接待性质。那时对旅行社的要求主要是取得接待工作的政治效果而不是经济效益；主要根据政治条件选择接待对象，而不是广为招徕；旅行社的体制也是行政或事业单位而不是企业。

③ 1978 年改为直属国务院的"中国旅行游览事业管理总局"，各省直辖市成立旅游局；1982 年改为"中华人民共和国国家旅游局"。

④ 邓小平论旅游［N］. 光明日报，2000 - 03 - 31.

发展入境旅游），对国内旅游则实行"不宣传、不提倡、不反对"的方针。

主要大事：

（1）1979 年 7 月，邓小平到黄山考察。

（2）中国加入世界旅游组织（1983 年）。

世界旅游组织是 1975 年成立的一个政府间的国际性旅游组织，总部设在西班牙的首都马德里。

1983 年 10 月，世界旅游组织的印度新德里会议一致通过接纳中华人民共和国为正式成员国，标志着中国旅游业已跨入世界旅游业的行列。

2. 20 世纪 80 年代中期至 1997 年：入境旅游和国内旅游并行发展阶段

20 世纪 80 年代中期，我国社会经济的发展和人民生活水平的不断提高，国内旅游市场逐步形成。国家有关部门也对国内旅游发展给予重视，提出国家、地方、部门、集体、个人"五个一起上"的方针，形成全社会大办国内旅游业的格局。

主要大事：

（1）1986 年，旅游业的接待人数和创汇收入被正式纳入《中华人民共和国经济和社会发展第七个五年计划（1986—1990）》。

（2）1991 年，《关于国民经济和社会发展十年规划和第八个五年计划纲要》中，正式明确将旅游业的性质定为产业。（说明国家已经真正认识到旅游业的经济作用，包括旅游业对国民经济的直接贡献，以及由于旅游业对其他行业的刺激而对国民经济作出的间接贡献。）

（3）1995 年 5 月 1 日起，我国实行周五工作制，每周有两天的"双休日"。

3. 1997 年至今：入境旅游、国内旅游和出境旅游全面发展阶段

主要大事：

（1）1999 年 5 月 1 日，全国实行五一、国庆七天长假制（加上传统春节，被称为三个旅游"黄金周"），大大促进了国内旅游的发展。

（2）中国出境旅游市场的形成。1997 年 7 月 1 日正式实施了《中国公民自费出国旅游管理暂行办法》，标志中国出境旅游市场的形成。至2005 年 10 月，中国公民自费组团可以前去的旅游目的地国家和地区达到63 个。

课堂小测验

根据所学，思考近代中国的基本国情是什么样的，是否适合旅游活动发展，为什么？

思政元素

行者无疆——中国古代八大旅行家，每一个都令人肃然起敬！

项目小结

1. 古代旅行的特点

（1）古代旅游多属少数人的个人活动。

（2）国内旅行家多以学术考察旅行为主。

（3）古代旅游活动都和当时的社会政治、经济、文化的发展密切相关。

（4）国际旅游以政治交往（如互派使者）、宗教求法和经商贸易等形式为主。

（5）旅游基本上停留在旅行的阶段。

2. 产业革命对旅游发展的影响

（1）加速了城市化进程。

（2）改变了人们的工作性质。

（3）带来了阶级关系的新变化。

（4）科技的进步，使大规模的人群流动成为可能。

（5）产业革命造就了工业资产阶级，使旅游人数增多。

3. 现代旅游的主要特点

旅游主体的大众化、旅游形式和内容的多样化、旅游空间的扩大化、旅游目的的娱乐化、旅游增长快速、科技含量不断提高、信息化不断发展。

4. 我国旅游业的发展历史大体经历以下 6 个阶段

(1) 初创阶段 (1949~1957 年) 两大旅行社系统成立。

(2) 开拓阶段 (1958~1965 年) 中国旅行游览事业管理局成立。

(3) 坎坷阶段 (1966~1977 年)。

(4) 改革开放新局面 (1978~1989 年)。

(5) 20 世纪 90 年代大发展和合理产品结构形成 (1990~2000 年)。

(6) 21 世纪建成世界旅游强国 (2001 年以后)。

思考与练习

1. 中国古代旅游的类型。

2. 产业革命对近代旅游的影响。

3. 托马斯·库克被尊为旅游业先驱的原因。

4. 为什么封建时期是中国古代旅行发展最繁荣的时期？

5. 中国旅游活动的发展历程与世界一致吗？为什么？

材料分析

古代旅行家的故事

要求：

通过旅行家故事的收集，感受旅行前辈们的民族精神和家国情怀，谈谈自己的感受，完成一篇心得体会。

■ **设计展示**

未来旅游

沉浸式旅游、智慧旅游渐渐成为许多地方发展旅游产业的共识，结合所学对你认为的未来旅游的发展前景进行设计，具体要求如下：

1. 结合当下旅游实况及现代高新技术，对未来旅游场景进行规划。
2. 选定一个场景即可，主题突出，重点说明其类型。
3. 设计文稿要具有一定的可行性。搜集资料并选择调查目标。

项目三 旅游活动

📊 **学习目标**

知识目标	★掌握旅游活动常用的分类依据。 ★熟悉现代旅游活动的普及性、成长性和地理集中性。 ★了解现代旅游的季节性特点
能力目标	★能够根据旅游活动的特点对旅游活动进行范畴界定。 ★能够判断旅游活动的类型并根据实际工作需要进行旅游活动分类。 ★能够提出旅游地六要素的开发建议。 ★能够为旅游地提出淡季旅游发展策略
素质目标	★通过旅游活动六要素开发的最新案例，培养学生挖掘文化内涵、开发创意产品的创新精神和创业意识。 ★帮助学生掌握提出问题—分析问题—解决问题的逻辑思路，以家乡旅游六要素开发为主题，引导学生关注行业实践，增强学生的职业精神。通过实践练习提升学生分析和解决实际问题的能力
价值目标	★认同旅游活动能够满足人们追求幸福的高层次心理需要，树立旅游服务美好生活的职业观和价值观，通过旅游从业满足自我价值实现的需要

案例导入

西溪且留下

中国向来不缺名山大川，缺的是文化提炼；中国向来不缺旅游资源，缺的是创意包装。通过文化创意，为传统旅游嵌入新的价值，让资源变成产品，产品变成商品，让商品变成精品，这就是"旅游的2.0时代"。

一部电影——《非诚勿扰》，一句台词——"西溪且留下"让杭州西溪湿地扬名中国，迅速成为新的旅游热点。在《非诚勿扰》中植入式营销西溪，换来是"半城营销"。后期园区的活动步步为营，让西溪从大银幕走进人们的生活。

项目设计

创意"旅游+"

根据旅游活动的相关属性，同学们任意选择所在城市的一处网红打卡地，并以此为对象，融入旅游活动的特色，采用"旅游+"的形式进行特色设计，可以融入文化、红色、生态、低碳、休闲等元素，实现独具一格的风景加活动，打破传统的旅游即游览的概念，赋予旅游更多元素，同时收获更多旅游活动带来的感受。

任务一　旅游活动的概念

旅游不是一种单纯的经济现象，它本质上是一种文化体验活动，同时具有经济、文化和社会等多种属性，是一种综合性的社会活动。

一、旅游活动的定义及属性

（一）旅游活动的定义

世界旅游组织对旅游活动的定义是，人们离开惯常环境并停留在一个地方，连续停留时间不超过1年，以休闲、商务和其他目的为目的的活动。

这个定义可以细分出四个限制性因素：首先，旅游被定义为一种活动，不是一个产业，这是从需求的角度来定义的；其次，旅游活动需要离开其惯常环境并停留在目的地；再次，旅游活动有时间限制，连续停留时间不超过1年；最后，旅游不仅以休闲为目的，以商务为目的的活动也包括在内。

（二）旅游活动的属性

1. 消费属性

（1）旅游是一种消费行为而非生产行为。

生产和消费是人类活动对立统一的两大领域，纯粹地讲，前者是对生活资料的创造和积累，后者则是对生产成果的耗用。在大众旅游活动过程中，必然性地将涉及食、宿、行、游、购、娱等多种要素，每一要素的发生显然都是一种典型的消费行为。旅游在其全过程中既不向社会也不向旅游者个人创造任何外在的可供消费的资料，相反，却吞噬着旅游者以往的积蓄和他人的劳动成果。即使在比较极端的情况下，如仅限于个人流连山水，陶醉于大自然的美景，他也是在消磨本可以用于创造财富的生产时间。当然，由于旅游自身的特征使然，旅游消费与人们的日常消费往往存在着诸多的差异。

（2）旅游消费与日常消费不同。

从时间维度上说，旅游消费是一种"间歇式消费"，两次消费的发生通常相隔较长一段时间；而日常消费是一种"连续性消费"，年复一年、日复一日地重复性发生。从行为方式上说，旅游消费是一种"井喷式消费"，在短短的旅游期间集中消费额度大，无理性消费成分较多；日常消费则是一种"溪流式消费"，理性色彩较为浓烈，凡事表现为精打细算，小进小出。从实际效用上说，旅游消费主要是一种心理体验过程，谋求精神上的欢娱；日常消费则主要是为了维持人们日常生活的必需所做出的购买行为。从实质上看，旅游消费也不可能完全超脱于一般性的日常消费，因为消费导向及意义的不同，旅游消费在某些方面可能表现为对日常消费的畸变。

2. 休闲属性

（1）旅游活动是一种休闲体验。

从主观上来讲，人们外出旅游旨在借助各种休闲活动来调节原有的程式化生活。在旅游观览与体验过程中，自然开放的随意性和畅神自娱的目的性始终占据着主导地位，人们短暂地进入一种相对自由的状态，没有了生活与工作的压力，也无须劳作，真正达到了"身"与"心"的双重休整。旅游是生活的休闲阶段，是多种休闲活动的集合，旅游者在目的地停留期间，除了吃、喝、睡等满足生理需要的活动之外，所有其他活动，如观光、游览、聊天、购物、棋牌、健身等都具有鲜明的休闲性质，旅游还是人们打发闲暇时间的一种积极手段。不同于其他的一些消闲方式，旅游既可以增长见识，又能够扩大社会交往，许多康体性质的旅游活动还有益于生命机体的调适，因而备受人们的青睐。但是，用于旅游的闲暇时间必须具备一定的完整性，因此，人们的旅游行为往往集中于公休假日。

（2）旅游活动多发生在自由时间。

在我国周末双休日和春节、"五一"、"十一"三个黄金周是旅游的高峰期，前者适宜于近程旅游休闲，后者则适合到较远的距离之外去体验异域风情。带薪假期是大规模推动度假旅游的有效措施。工作性质的不同，导致人们带薪假期的存在状态也有所不同。例如，教师的寒暑假就是一种典型的带薪假期形式；国家公务员的带薪假期则是一种福利，通常采取轮流制；而一般公司员工的带薪假期更是具有随机性，取决于公司的效益和工作繁忙程度。传统节假日是人们另一种相对完整的自由时间形态，分布在一年中特定的几个时期，由于一般时间较短，又多有传统的节俗活动内容，在很大程度上限制了人们外出旅游，但随着时代的发展和节俗观念的日益淡化，人们利用传统节假日旅游的趋势明显增加。

3. 社会属性

（1）旅游活动扩展了人们的社会交往范围。

旅游活动加快了人员、信息、物质和资本的流动，在这些人类本身和各种资源的流动过程中，不可避免地会促进不同地区人们之间的相互接触和了解，能增进各地人们之间的社会交往活动。在现代社会，由于生产力和科学技术的迅速发展，新的事物、新的信息层出不穷，人们除了通过各种媒体和渠道进行了解外，也越来越重视社会交往的作用，通过交往拓展了解的途径，结交新友，增长见识，达到思想和感情上的交流。旅游是实现不同地区人们之间相互交往和交流的一种好形式。

（2）旅游活动中的审美活动具有社会性，有鲜明的时代特点。

追求身心愉悦，获取最大的审美享受是每个旅游者的愿望。老子在2000多年前就把"辛美""至乐"即一种超然至上的美感、快感归结为游的最高旨趣，可以说这是至今发现的关于旅游活动审美主题最早的命题。在旅游活动中，自然美、艺术美、生活美、服务美融为一体，审美需求、审美情趣、审美感受贯穿于旅游活动全过程。自然界中的名山大川、峻岭奇石、小桥流水、大漠孤烟、黄昏夕照、松柏竹梅，传统文化中的戏剧绘画、音乐舞蹈、园林建筑乃至各种适应旅游者求新、求奇、求险而出现的娱乐活动，无处不洋溢着美、渗透着美，滋润着旅游者的心灵。就连烹饪，在人们追求美食、美饮中也成为一种艺术。

■ **知识活页**

旅游在不同地区人们之间的价值

首先，通过到异地旅游，人们不仅可以亲身了解其他地区的政治、经济、文化、历史、地理、社会面貌和风俗民情，而且在旅途中可以接触当地不同性别、年龄和职业的居民，通过交往实现情感上的交流。

其次，在旅游中，人们还会接触到不同地域，甚至不同国度的游客，实现同当地居民以外更大范围的交往活动。

最后，这种接触和交往是自由自在的，既不受地域、种族和信仰的限制，又不存有固定的偏见，因而这种交往是自然的、大方的、纯真的，气氛也比较轻松愉快，容易沟通彼此的思想感情，达到相互了解、增进友谊的目的。

4. 经济属性

（1）扩大国家外汇收入。

就接待国际入境旅游者来说，其最明显、最重要的作用是增加接待国的外汇收入。通常情况下，扩大国家的外汇收入有三条途径：一是贸易收入，指商品出口的收入；二是非贸易收入，指有关国际保险、运输、旅游、利息、居民汇款、外交人员费用等方面的外汇收入；三是资本往来收入，指对外投资和贷款方面的外汇收入。旅游外汇收入是非贸易收入的重要组成部分，有其特殊的优越性。因为国际旅游赚取的外汇是由旅游者食、宿、行、游、购、娱等方面的支出构成的，这种通过入境旅游者消费旅游商品而获取外汇的方式实际上是一种就地的"出口贸易"，其换汇成本远低于外汇商品的换汇成本，而且，旅游产品因其无形性和即时消费的特点，出口无须包装、储运和支付保险，也不用办理很多繁杂的进出口手续及长时间等候对方付款。此外，由于国际旅游费的支付手段是外币，旅游发展还起着平衡国际收支、增加外汇储备、弥补贸易逆差的积极作用。

（2）拓宽货币回笼渠道。

就国内旅游而言，其主要影响之一便是拓宽货币回笼渠道、加快货币回笼速度和扩大货币回笼量。国家货币回笼的渠道主要有四条：一是商品回笼，即通过组织生产各种商品投放市场换回货币；二是服务回笼，即通过各种服务行业的收费回笼货币；三是财政回笼，即通过国家征收各种税款来回收货币；四是信用回笼，即通过吸收居民存款、收回农业贷款、发放国库券等手段回笼货币。在经济欠发达的国家和地区，商品投放能力有限，难以及时扩大市场所需商品的投入量，此时，采用服务回笼的方法，转移人们的购买趋向，鼓励人们多消费服务产品，不失为商品回笼的一种有益补充，这样既可以节省大部分物化劳动，又能满足人们的需求。旅游业通过向旅游消费者提供各类旅游商品和服务，可以大量回收货币，其中既有商品回笼的货币，又有服务回笼的货币。

（3）增加国民就业机会。

作为一个重要的社会问题，就业问题不仅关系到每个劳动者的生存发展和享受，而且关系到社会的稳定；作为一个综合性的服务行业，旅游业比其他行业具备更强的就业吸纳能力，不仅能为旅游饭店业、旅行社业和旅游交通运输业提供大量的工作岗位，还可为众多关联行业造就新的工作机会。世界旅游组织资料显示，旅游部门每直接收入1元，相关行业的收入就能增加4.3元；旅游部门每增加1个直接从业人员，社会就能增加5个就业机会。[①] 旅游业是典型的劳动密集型行业，主要表现为从业人员直

---

① 每1元收入带动相关产业4.3元收入 我国旅游高质量发展迈向新台阶［EB/OL］. 人民网，2024－05－18.

接地对客户服务，因而比以资金密集和技术密集为特征的工业企业及高新产业具有更大的就业吸收空间，旅游业中的就业岗位层次众多，很多基层接待服务工作并不需要很高的技术，只需进行较短时间的培训便可胜任，所以可为广大妇女和刚步入社会的青年提供就业机会。

（4）提高区域经济水平。

地区经济的不平衡是制约社会全面进步的一大瓶颈。旅游业的大发展，有利于促进经济发达地区的人流、物流和资金流导向欠发达地区，有利于提高区域经济水平，促进区域间经济的合作和社会的协调发展。由于先天的原因，许多旅游资源赋存丰富的地区同时又是交通不便、产业基础薄弱的贫困地区，在做好规划的前提下投入资金开发这些地区的旅游资源，对于尽快推动当地经济和社会发展，使人民脱贫致富具有显著的作用。除了天赋的"扶贫"功能外，旅游发展推动地区经济发展的价值还体现在对乡村城市化的促进上，在城市边缘的一些乡村旅游区，旅游开发不但帮助该地留住了将要外迁务工的人员，而且将那些寻求工作与发展机会的外来人才也吸引进来，人口数量的增多和基础设施的扩充使这些非城市旅游地渐而初具城镇规模。

二、旅游活动的要素

旅游活动的"六要素说"和"三体说"是旅游学界普遍认同的。在此基础上，国内外学者也提出了不同看法。加拿大学者斯蒂芬·史密斯（2021）认为，旅游是一种人类经历、一种社会行为，是一种地理现象、一种财源、一种商业活动和一种行业。谢彦君（2022）指出，"要素论"以旅游过程为主线，实际上没有抓住主要矛盾，是功利性的。

（一）六要素说

一般认为，游客在旅游过程中的消费可以分为六大要素，即吃、住、行、游、购、娱，从而形成"六要素"理论。从六大要素视角考察游客消费的结构性特征，有助于判断旅游目的地的性质，了解当地旅游发展带来的经济效益的结构性来源，认识旅游业的潜力，从而制定相应的旅游发展政策。

青海省提出的"六色"①

1. 吃有绿色

吃有绿色就是要大力开发绿色食品，让游客吃到高原纯净的美食。青海省是"三江之源"，高原圣地，是目前国内为数不多的无污染区之一。在环境日益恶化的今天，吃无污染的绿色环保食品已成为人们的奢望。因此，我们要努力在绿色食品上创品牌，吸引游客，大打无公害绿色食品这张牌，在深入挖掘种类的同时，不断丰富其内涵，使之成为系列旅游特产。

2. 住有暖色

挖掘各类住宿资源，让游客在温馨舒适的环境中甜美度过每一夜。在搞好硬件建设的同时，还得注重软件服务，牢固树立服务就是品牌，服务就是旅游资源的意识，努力在服务上下功夫，具体地说，就是既要建造现代化的宾馆、饭店，也要大力发展具有民族特色，适合各类游客住宿的接待服务场所，形成特色，形成品牌，扩大影响，满足游客需求。

3. 行有个色

行有个色就是要满足各类旅游者的旅游行程需求。随着人们经济条件的改善，私家车已成为现代都市人代步的工具，进而逐渐成为旅游工具，过去单一地通过乘火车或公共汽车出行旅游的局面正逐渐打破，旅游交通趋于多元化。因此，我们要针对青海地广人稀、旅游资源独特的特点，通过完善基础设施，积极为游客提供便利、便捷的交通服务。

4. 游有绝色

合理开辟旅游线路，向游客充分展示高原独特风貌，游览高原绝美迷人的自然景观。青海省旅游资源总量大，类型多，组合优良，文化内涵丰

---

① 吴梅英. 从旅游"六要素"出发 践行"六色"目标 [J]. 商场现代化，2008（24）：382.

富，许多旅游资源为"中国之最"乃至"世界之最"，是中国旅游业发展向西部转移的一个重要后备资源基地。因此，我们要在合理开发资源的同时，重点挖掘独特的民族民间文化，浓缩精华，打造精品。对自然资源要以保持原貌为主，做辅助性开发，以起到锦上添花和画龙点睛的作用，让游客充分享受大自然带来的乐趣。而对人文资源则以挖掘为主，尽量突出历史文化内涵。

5. 购有特色

购有特色就是通过开发青藏高原独特的旅游商品，让游客购买别具特色的纪念物品，通过特色旅游商品来扩大影响。目前，旅游商品中工艺品、纪念品品种少，附加值低。同时，生产、经营旅游商品的企业少，没有形成规模，这在一定程度上制约着旅游经济的发展。因此，要针对游客的需求来开发旅游商品，结合旅游线路合理设置销售点，努力使"购"与"游"融为一体。当然在商品开发中要注重融入文化内涵，积极开发具有青藏高原特色的"名、优、特、奇、新"产品。

6. 娱有本色

娱有本色就是让游客参与和欣赏原始生态的民俗文化。青海的民族文化十分丰富，尤以省会西宁最为突出，由于民族文化和现代文化在这里交汇融合，形成了独特的高原城市文化，且具有较强的艺术性、参与性和娱乐性，这无疑给中外游客提供了直接参与、学习和了解的空间，如互助土族风情园表演的土族婚礼节目，藏族的锅庄舞等，就是很好的例证。除此之外，还有许多特定的文娱活动，如"国际环青海湖自行车赛""中国青海郁金香节"，既可让游客锻炼身体，又充满情趣，愉悦心情。

（二）三体说

构成旅游活动的"三体"是指：旅游活动的主体——旅游者，旅游活动的客体——旅游资源，旅游活动的媒体——旅游业。要完成任何一种旅游活动，"三体"缺一不可。其相互关系如图1-4所示。

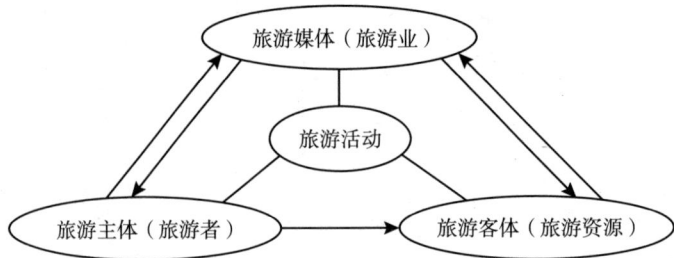

图1-4　旅游活动的"三体"

任务二　旅游活动的类型

一、旅游活动类型及其分类

旅游活动类型是指由于旅游者动机、活动范围、交通工具使用、旅游资源利用、不同的经济条件，以及旅游业经营者组织方式的不一样，而表现出不同形式与类型的旅游活动。根据国内外的资料与实际情况，大致可称之为现实具体旅游活动中所表现出来的若干不同形式，包括旅游活动项目的差异性、多样性、特色性。旅游活动的类型如表1-1所示。

表1-1　　　　　　　　　旅游活动的分类

划分标准		类型
地域范围	国际旅游	跨国旅游、洲际旅游、环球旅游
	国内旅游	地方性旅游、区域性旅游
组织方式	团体旅游	以团队为组织
	散客旅游	自助旅游、半自助旅游
旅行距离	远程旅游、近程旅游	
消费水平	豪华型旅游、标准型旅游、经济型旅游	
停留时间	过夜游、不过夜游	
费用来源	公费旅游、奖励旅游、自费旅游	
旅游动机	观光旅游、文化旅游、度假旅游、商务旅游、宗教旅游、修学旅游、娱乐消遣旅游等	

划分标准	类型
旅游资源性质	海岸带旅游、温泉旅游、森林旅游、名山旅游、江河旅游、农业旅游、乡村旅游、民族风情旅游、美食旅游等
旅行方式	航空旅游、铁路旅游、汽车旅游、游船旅游、自行车旅游、徒步旅游、太空旅游、观光马车旅游等
旅游者年龄身份	青少年旅游、中老年旅游、学生度假旅游、新婚蜜月旅游、干部休假旅游等
住宿设施	豪华宾馆、中等旅馆、一般旅馆、帐篷、旅游民宿等

二、旅游活动基本类型及其特点

（一）观光旅游

观光旅游一般以旅游者对旅游吸引物的静态观赏为主，通过观赏游览异国他乡的自然景观和人文景观，增长见识、开阔视野、陶冶情操，获得新、奇、异、美、特的感受，但是缺乏活动中的参与性和交流性。观光旅游者更喜欢知名度较高的旅游地。与度假旅游相比，其活动空间更大，但在各个游览地逗留时间短。观光旅游者流动性大，实现的消费量不大，旅游者对旅游景点特色和价格比较敏感，花费普遍较少。

（二）度假旅游

度假旅游是满足旅游者逃避日常熟悉的人和事，放松自己的一种旅游方式，以放松、休闲为主，其特点有：（1）滞留时间相对较长；（2）重游率高；（3）服务质量要求高；（4）休闲性强；（5）生态意识逐步增加。

（三）文化旅游

文化旅游的特点有：（1）旅游者具有较高的文化素养和较强的求知欲，渴望通过旅游活动来学习各方面的知识，开阔视野；（2）多数旅游者具有某种专长或特殊兴趣，乐于与人切磋交流，相互启发，提高专业水平；（3）对导游的文化知识有较高的要求，对某方面的专业知识深度有一定要求，对旅游日程安排的周密性和旅游线路的科学性比较敏感。

知识活页

一分钟了解文化旅游

文化旅游简称文旅，是指通过旅游实现感知、了解、体察人类文化具体内容之目的的行为过程。泛指以鉴赏异国异地传统文化、追寻文化名人遗踪或参加当地举办的各种文化活动为目的的旅游。寻求文化享受已成为当前旅游者的一种风尚。

中国文化旅游可分为以下四个层面：

1. 以文物、史记、遗址、古建筑等为代表的历史文化层；

2. 以现代文化、艺术、技术成果为代表的现代文化层；

3. 以居民日常生活习俗、节日庆典、祭祀、婚丧、体育活动和衣着服饰等为代表的民俗文化层；

4. 以人际交流为表象的道德伦理文化层。

在我国，发展旅游业、开展文化旅游是相当重要的，它不仅可以增强产品吸引力，提高经济效益，还可大力弘扬中国文化，让世界了解中国，同时也可改变越来越多的中国人不懂中国文化这一状况。

（四）宗教旅游

宗教是人类文化的瑰宝，对人类的发展有着深远的影响和巨大的推动作用。宗教旅游是一种以宗教朝觐为主要动机的旅游活动，是世界上很古老和稳定的旅游类型。在古代，宗教信徒是较早的旅行者，他们带去了文化的融合与发展，也促进了各国之间的交流与进步。不管是玄奘西行还是鉴真东渡，其意义皆非比寻常。宗教信徒都有朝圣的历史传统，凡宗教创始者的诞生地及其遗迹遗物等，甚至传说"显圣"地及各教派的中心，都可成为教徒们的朝拜圣地。

（五）商务旅游

商务旅游泛指工商界人士因商务目的而去异国他乡的访问活动。其特点是参加者有一定的身份地位，对旅游产品和服务质量要求较高，费用主要为团体的公费开支，支付能力较强，对价格不大敏感，消费较高。因公务在身，他们对旅游目的地和旅游时间没有太多选择余地，一般以就近短途和短时为多，人数相对较少，但出行次数较多，季节性不强。因此，商务旅游是颇有价值的市场，尤其对航空公司、饭店企业等来说更是如此。

（六）保健旅游

保健旅游的特点是：（1）旅游者对自然环境条件有明确的选择。喜欢去气候温和、阳光充足、环境幽雅、空气清新和远离喧嚣的地方。（2）保持健康或恢复健康的欲望较强，对旅游项目中保健、康体、医疗等功能比较敏感。旅游者带有明确的目的性，以身体保健为主，以观光和娱乐为辅，旅游与健身有机结合。（3）参与此类旅游活动的旅游者具有较明显的年龄构成，主要为发达国家的某些旅游者、经济收入较高且有较多闲暇时间的旅游者、参加疗养的中老年旅游者和参加体育旅游的中青年旅游者。（4）旅游者停留时间较长，近距离旅游者居多。

（七）生态旅游/探险旅游

生态旅游这一术语是由世界自然保护联盟于 1983 年提出的，其强调的是对自然景观的保护和可持续发展的旅游。1993 年，国际生态旅游协会将其定义为具有保护自然环境和维护当地人民生活双重责任的旅游活动。或解释为在一定的自然区域中保护环境并提高当地居民福利的一种旅游行为。这种保护自然的理念和行为的终极目的是以人为本，保护人类自己。

（八）新型旅游

新型旅游的特点是：（1）基于自然环境的新型旅游，包括营地旅游业、自然探索游、自驾车式郊游等；（2）基于文化的新型旅游，包括影视游、历史再现游、历史感受游或民族特色游等；（3）基于某种目的的新型旅游业态，包括商务旅游、修学旅游、养生旅游、会展旅游等。

任务三 旅游活动自身的特点

旅游活动是一项内容丰富、形式多样、涉及面广的综合性社会现象，通常把旅游活动的特点概括为普及性、持续性、地缘性和季节性等。

一、普及性

旅游活动的普及性的表现形式主要为大众性旅游。

大众性旅游有两层含义：

（1）旅游活动的大众化，即旅游活动参加者的范围已经扩展到普通的劳动大众。

（2）大众型旅游，即以大规模、有组织的团体包价旅游为代表的大众型旅游模式或旅游活动。采用这种集体活动形式的人也称为大众型旅游者。

二、持续性

现代旅游活动的第二个特点是其增长趋势的持续性。由于"二战"后旅游活动的日益普及和其正在成为人们生活的必要组成部分，自20世纪50年代起，全世界旅游（包括国际旅游和国内旅游）活动的发展持续不衰。改革开放以来，中国旅游业从起步到快速发展，经历了从小众市场到大众市场的转变，奠定了国内旅游市场的地位，成为国际旅游的重要客源国和目的地。中国政府高度重视旅游业发展，通过出台《"十四五"旅游业发展规划》等政策文件，提供了旅游业持续发展的指导原则和行动纲领。中国旅游业积极参与国际交流与合作，通过"一带一路"等倡议，加强与国际社会的互动，提升国际影响力。未来，旅游业将继续发挥其在促进经济增长、提升人民生活水平、加强文化交流等方面的重要作用，成为推动社会进步和人类文明发展的重要力量。

三、地缘性

旅游的地缘性是由区域性旅游表现出来的。在世界旅游发展中，区域旅游一直保持绝对优势。在欧洲，区域性国际旅游者约占80%，北美与亚太地区约占50%。美国与加拿大各自接待对方的旅游者占其接待入境总人数的50%左右，西班牙接待的旅游者中，来自法国、葡萄牙、英国与德国的旅游者达70%以上，如果再加上荷兰、比利时、意大利与瑞士的旅游者，那就超过了80%。[①]

▌ 小组讨论

造成区域性旅游发展的原因有哪些？

---

① 深度评论：世界级旅游目的地助力旅游强国建设［EB/OL］. 品橙旅游，2024-08-18.

四、季节性

所谓季节性，是指旅游活动因受到自然条件和社会文化背景的制约而呈现出淡季、平季、旺季的差异性。如吉林雾凇只是冬季的美景，宗教活动也只在规定时间进行。究其原因，有以下几个方面。

（一）自然条件的影响

主要指那些以自然风光为主体的旅游目的地，因受所处地理位置的制约，其旅游观赏功能的发挥具有明显的季节性。

（二）社会文化因素的主要影响

（1）因某些人文旅游资源诸如传统的民族、民间的节庆活动和某些宗教纪念日都有一定的时间（季节）性。

（2）因受传统习俗的影响，导致人们出游的时间相对集中在一定的季节里。

（3）人们的带薪假期和闲暇时间的分布具有一定的季节性。

■ **经典案例**

某地由于拥有质量上乘的高尔夫球场，每年夏秋时节都会吸引大批的旅游者来访。随着寒冷冬季的到来，高尔夫球场的吸引力消失殆尽。

在旺季时游客门庭若市，而在淡季时则冷冷清清，造成旅游设施的大量闲置，极大地制约了目的地旅游经济的协调均衡发展。

讨论：如何让旅游资源得到充分的利用？

五、脆弱性

旅游活动是一个涉及政治、经济、文化、自然和社会等方面的综合体，它比其他活动更具脆弱性。如自然因素中的地震、恶劣的气候、疾病流行等，政治方面如战争等，经济方面如世界经济危机、某些主要客源国经济衰退，社会时尚的变化都可以导致旅游业的经济萧条境况。

六、综合性

综合性是指旅游是集食、住、行、游、购、娱于一体的社会活动。它意味着一个完美的旅游过程，实质上就是上述各要素之间相辅相成和各个环节环环紧扣的整体运作过程。

七、参与性

就广义而言，参与包括直接参与和间接参与。但是旅游活动却只能直接参与，不能替代。因此，这里所说的"参与性"，是指旅游者在旅游全过程中必须亲临其境、身体力行的不可替代性。

任务四　旅游活动的发展趋势

一、旅游活动的发展历程

现今意义上的旅游活动是由人类早期的旅行活动发展和演进而来的。人类早期的迁徙活动不是真正意义上的自愿旅行，首先，所有这些迁徙活动都是迫于某些自然因素（如气候变化、重大天灾等因素对人类生存环境的影响）或特定人为因素（如战争）的威胁而发生，因而具有被迫性的特点；其次，所有这些迁徙活动的发生都是出于谋求生存的需要，因而具有求生性的特点。

人类最初的旅行是出于现实主义的商贸目的，出于扩大对其他地区的了解与接触的需要，而自发产生的一种经济活动。即商人开创了旅行的通路。奴隶制时代，西方旅行活动的开展基本上都是在本国境内进行，特别是以近距离的旅行为主，跨国经商的长途旅行，大多是贩运粮食、酒、油、铅、锡和陶器等基本商品，还有各地出产的奢侈品。就整个世界而言，人类有意识的自愿外出旅行活动始于原始社会末期，并在奴隶制社会时期得到了快速的发展。但是在奴隶制社会时期，旅行活动多是人们出于外出易货经商的需要而开展的一种经济性活动。总之，是生产力和社会经济的发展推动了产品交换，从而促成了旅行活动的规模发展。

在奴隶制社会时期，生产力发展所带来的劳动剩余大都被奴隶主阶级所占有，这些物质财富主要被用于两个方面：一方面用于祭祀活动；另一方面是供奴隶主阶级生活享用，其中包括供其外出消遣旅游。生产技术和社会经济的进步与繁荣为中国封建社会时期的旅行发展提供了新的物质基础。驿站是封建社会时期历代政府沿陆路和水路设立的馆舍机构。我国最早的文史考察旅行出现在秦汉时期，以西汉历史学家和文学家司马迁的游历活动最为著名；公务旅行的代表是西汉时期张骞出使西域。晋代的法显、唐代的玄奘及元代时期意大利探险家马可·波罗都是沿着丝绸之路完成其著名旅行的。

封建社会时期的欧洲还有温泉旅行和以教育为目的的旅行活动。就整个世界而言，封建时期即 19 世纪以前旅行活动发展的特点：（1）旅行活动的发展与社会的政治经济状况有直接的关系。在国家政治安定、社会经济繁荣的和平时期，旅行活动便会朝向新的广度发展，反之会出现停滞甚至倒退。（2）旅行活动的规模和类型有新的发展和扩大，但商贸旅行仍在其中占主导地位。（3）就非经济目的或消遣性质的旅行而言，参加者多为统治阶级及其附庸阶层，不具有普遍意义。

对旅游活动的发展影响最大的技术因素当属铁路运输的出现，其中的主要优点包括：（1）费用低，使外出旅行和旅游活动的人数得以扩大。（2）速度快，有效缩短了旅途所需的时间。（3）运力大，使大规模的外出旅行或旅游活动的开展成为可能。1841 年创举：托马斯·库克用包租火车的方式，组织了一次从英国中部地区的莱斯特市前往拉夫堡市访问的团体旅游活动。托马斯·库克对这次活动的组织被当时的媒体称为"伟大的创举"，被人们看作是近代旅游业的开端。

汽车在使用上比较灵活，使人们对旅行地点的选择、对旅行时间的把握，以及根据需要而随意行止等方面，能够拥有较大的自由。

20 世纪 50 年代中期，喷气推进技术开始应用于克服人们外出旅行的时间障碍，使旅游客源地与旅游目的地之间的时间距离得以缩短，从而为远程旅游，特别是国际旅游的扩大发展提供了新的方便条件；技术进步、市场竞争使机票价格下降，使更多人在经济条件上有能力搭乘飞机外出旅行，使航空旅行的普及成为可能。

1923 年，上海商业储蓄银行旅行部设立。1927 年，出版《旅行杂志》。1927 年 6 月，更名为中国旅行社。1949 年 11 月，第一家国营旅行社华侨服务社在福建省厦门市诞生。中国国际旅行社总社于 1954 年 4 月 15 日成立。国务院直属机构中国旅行和游览事业管理局于 1964 年成立，标志着我国旅游业的发展步入新的阶段。中国华侨旅行社总社于 1973 年恢复成立，1974 年更名为中国旅行社总社。

改革开放之后，旅游业的发展过程分为三个阶段：（1）以入境旅游为主的发展阶段；（2）入境旅游和国内旅游并行发展阶段；（3）入境旅游、国内旅游和出境旅游全面发展阶段。改革开放之后，中国旅游业发展的归纳：（1）背景环境：以经济建设为主，急需外汇；国民生活质量不断提高。（2）基本任务：拓宽外汇创收渠道，拉动内需。（3）发展类型：慢慢调整为全面发展。（4）企业经营：强调经济效益。（5）产业规模：国民经济新的增长点。（6）政府干预方式：政府主导。

二、影响旅游活动未来发展的因素

影响旅游活动发展的因素有动力因素也有促进因素，动力因素包含三个方面的内容：第一，什么促使人们旅游？第二，什么促使人们到目的地 X，而不是到目的地 Y 或目的地 Z 旅游？第三，什么促使人们参与某项具体的旅游活动？这三个问题是决定是否进行旅游活动的动力来源。

旅游促进因素是指使人能够旅行和旅游的因素。尽管促进因素和动力因素都影响旅游产品的需求，但通常在宏观上，促进因素更能显示需求方式的一般趋势。很明显，社会变量如年龄、职业、教育水平等会影响整个需求。然而，这些变量更容易决定目的地的选择或旅游的类型，而不是是否旅游的决定因素。可支配收入和空闲时间是两个较重要的旅游促进因素，而影响其未来发展的因素主要体现在以下三个方面。

（一）社会文化方面

文明、安定的社会条件促使旅游者产生旅游动机。这里所说的社会条件是指一个旅游景区在国际国内享有的声誉和地位，旅游景区居民的道德素质水平和旅游业进展政策，以及旅游基础设施建设水平。

（二）经济方面

首先，经济状况在很大程度上影响着人们旅游的动机与目的，从而在旅游资源开发和旅游产品开发方面产生积极的影响。其次，通过旅游，人们可以增加收入，改善生活质量。这就要求旅游业者充分发挥自己的专业知识和技能，合理开发资源，为旅游者提供具有经济价值而又独特的休闲服务项目。

（三）科学技术方面

现代科技的进步是产生旅游活动的基础，旅游是在一定的社会经济条件下所产生的，并伴随着社会经济发展而发展的一种综合性社会活动，它是社会进步的产物和标志。"科学技术是第一生产力"表明了现代科技对经济社会发展的重要作用，同时也说明了科学技术对发展现代旅游有推动作用，现代科技是产生旅游活动的基础，是现代旅游产业形成的必备条件之一。

三、旅游活动的未来发展趋势

旅游活动的未来发展趋势将呈现以下几个特点：第一，旅游新业态加速演进，线上化、数字化加速向更多旅游业场景延伸。旅游大数据平台、智慧旅游公共服务、云旅游平台、线上数字化体验、沉浸式旅游场景等加速发展。第二，人民群众对美好生活的品质化、便利化、定制化需求不断提升，旅游与文化、体育、健康、养老等幸福产业进一步融合发展。第三，我国少儿人口和老年人口比重双双上升。在生育政策潜力充分释放的同时，老龄化已成为我国的长期基本国情。研学旅行、亲子旅游、老年旅游、康养旅居等具有广阔市场前景。第四，碳中和催生绿色旅游发展。实现"双碳"目标带来旅游产业的结构调整和发展转型，将促进生态旅游、绿色旅游、低碳旅游等发展。旅游业迈向高质量发展新阶段。

■ **知识活页**

你了解智慧旅游吗？

"智慧旅游"也被称为智能旅游。是一个全新的命题，它是一种以物联网、云计算、通信网络、高性能信息处理、智能数据挖掘等技术在旅游体验、产业发展、行政管理等方面的应用，使旅游物理资源和信息资源得到高度系统化整合和深度开发激活，并服务于公众、企业、政府等的面向未来的全新的旅游形态。

它以融合的通信与信息技术为基础，以游客互动体验为中心，以一体

55

化的行业信息管理为保障，以激励产业创新、促进产业结构升级为特色。智慧旅游，就是利用移动云计算、互联网等新技术，借助便携的终端上网设备，主动感知旅游相关信息，并及时安排和调整旅游计划。简单地说，就是游客与网络实时互动，让游程安排进入触摸时代。

项目小结

1. 旅游活动是人们出于休闲、商务和其他目的，短期（历时不超过一年）离开自己的惯常环境，前往他乡的旅行活动和在该地的停留访问活动。

2. 旅游活动类型是指由于旅游者动机、活动范围、交通工具使用、旅游资源利用、不同的经济条件，以及旅游业经营者组织方式的不同，而表现出不同形式与类型的旅游活动。

3. 游客在旅游过程中的消费可以分为六大要素，即吃、住、行、游、购、娱，从而形成"六要素"理论。

4. 构成旅游活动"三体"是指：旅游活动的主体——旅游者，旅游活动的客体——旅游资源，旅游活动的媒体——旅游业。

5. 旅游活动是一项内容丰富、形式多样、涉及面广的综合性社会现象，通常把旅游活动的特点概括为普及性、持续性、地缘性和季节性等。

6. 影响旅游活动未来发展的因素主要体现在社会文化、经济及科学技术三个方面。

思考与练习

1. 旅游活动的类型和特点。
2. 如何通过旅游活动的六要素进行特色旅游设计？

材料分析

随着经济发展的持续向好，人们的娱乐生活也越来越丰富，我国旅游业的发展也蒸蒸日上，在国民经济中的地位也日益凸显。2014～2022年，我国5A级景区数量持续上涨。一方面，国家政策鼓励旅游业的发展，鼓励各地区开发和建设优质景区；另一方面，国民收入水平的提升，居民出游意愿上涨，使景区旅游的需求增多，也吸引了各地区提升景区品质招揽游客。我国旅游市场的需求火热，推动旅行社数量增多，更好地满足我国消费者的旅游需求。促进我国旅游业的发展，国家陆续出台一系列政策鼓励旅游业以及休闲旅游、近郊旅游、度假旅游等多种形式的旅游业发展。居民收入水平的改善，使人们的旅行意愿增强。国民经济的向好发展，拉动旅游业需求的增长。

试根据上述材料，分析未来五年，我国旅游业大发展将会出现什么样的新局面？

设计展示

调研家乡旅游六要素

目标：

1. 能够通过图书、期刊、网络等途径收集整理各种资料。

2. 能够分析家乡旅游六要素的特色。

步骤：

1. 按生源所在地分小组收集家乡旅游六要素的相关资料。

2. 分析家乡旅游六要素的基本情况。

3. 以小组为单位撰写家乡旅游六要素调研报告。

模块二

旅游活动要素

学习重点

通过本模块学习，重点掌握以下知识要点：

➢ 旅游者的界定标准。

➢ 旅游动机的内涵和基本类型。

➢ 旅游资源的分类。

➢ 旅游资源的保护与开发。

➢ 旅游业的基本构成和性质特点。

➢ 旅游产品的概念和创新。

学习内容

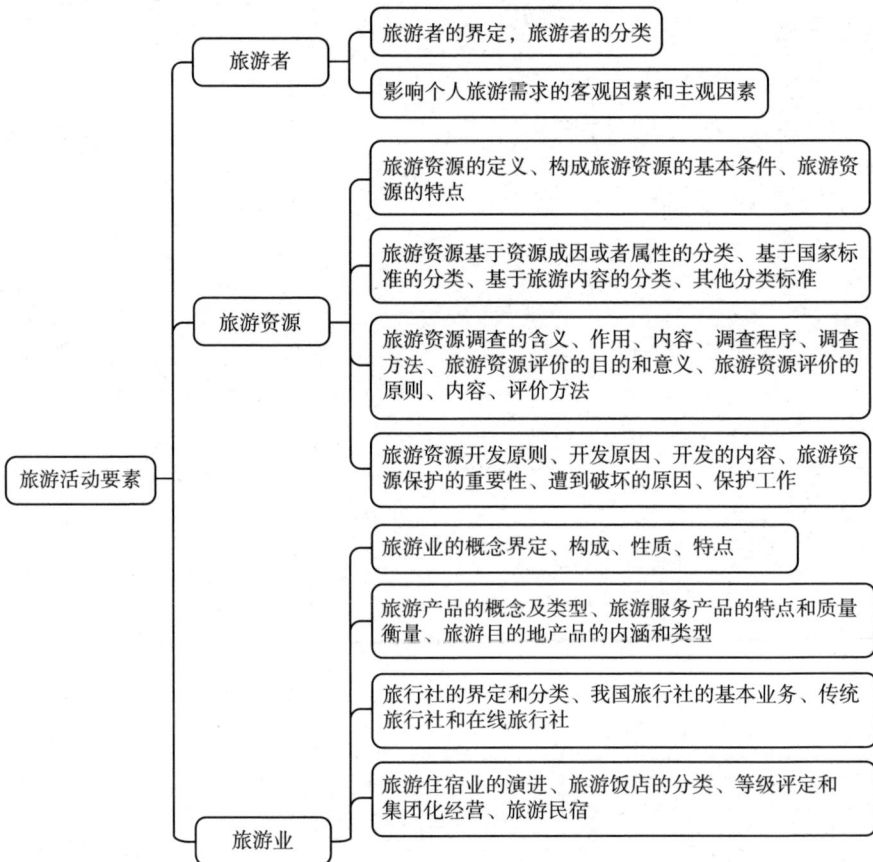

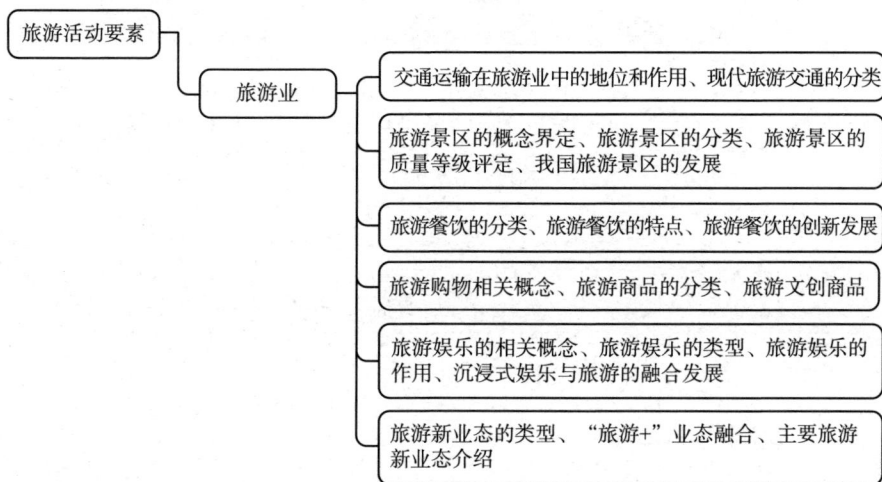

```
┌─────────────┐
│ 旅游活动要素 │──┐
└─────────────┘  │   ┌───────┐   ┌──────────────────────────────────────────┐
                 └───│ 旅游业 │───│ 交通运输在旅游业中的地位和作用、现代旅游交通的分类 │
                     └───────┘   └──────────────────────────────────────────┘
                                 ┌──────────────────────────────────────────┐
                                 │ 旅游景区的概念界定、旅游景区的分类、旅游景区的    │
                                 │ 质量等级评定、我国旅游景区的发展               │
                                 └──────────────────────────────────────────┘
                                 ┌──────────────────────────────────────────┐
                                 │ 旅游餐饮的分类、旅游餐饮的特点、旅游餐饮的创新发展 │
                                 └──────────────────────────────────────────┘
                                 ┌──────────────────────────────────────────┐
                                 │ 旅游购物相关概念、旅游商品的分类、旅游文创商品    │
                                 └──────────────────────────────────────────┘
                                 ┌──────────────────────────────────────────┐
                                 │ 旅游娱乐的相关概念、旅游娱乐的类型、旅游娱乐的    │
                                 │ 作用、沉浸式娱乐与旅游的融合发展               │
                                 └──────────────────────────────────────────┘
                                 ┌──────────────────────────────────────────┐
                                 │ 旅游新业态的类型、"旅游+"业态融合、主要旅游     │
                                 │ 新业态介绍                                   │
                                 └──────────────────────────────────────────┘
```

核心概念

➤ 旅游者（tourist）

➤ 旅游动机（tourism motivation）

➤ 旅游资源（tourism resources）

➤ 旅游业（tourism industry）

➤ 旅游产品（tourism product）

项目一　旅　游　者

学习目标

知识目标	★掌握旅游者的基本概念和界定标准。 ★熟悉旅游者的类型及特点。 ★了解影响个人旅游需求的客观因素和主观因素
能力目标	★能够在实践中调查并激发旅游动机。 ★能够根据实际工作需要，选择合适的标准对旅游者进行分类

续表

素质目标	★通过学习影响旅游需求的客观因素和主观因素，认识各因素之间的相关关系和因果关系，建立科学的逻辑思维。 ★理解动机是旅游活动的内在驱动力，内因是事物发展的根本原因，正确认识事物发展的客观规律，明白任何事物的发展都受内外条件的共同作用这一辩证发展原理。 ★探讨人的高层次需求就是追求幸福和实现自我价值，进而感受习近平总书记提出的"中国共产党人的初心和使命，就是为中国人民谋幸福，为中华民族谋复兴"①这一重要理念
价值目标	★认同旅游活动能够满足人们追求幸福的高层次心理需要，树立旅游服务美好生活的职业观和价值观，通过旅游从业满足自我价值实现的需要

案例导入②

近年来，全国各地涌现出不少网红打卡地。上海的武康大楼、哥伦比亚公园、迪士尼公园；广州的"小蛮腰"、长隆野生动物世界、北京路步行街；成都的大熊猫繁育研究基地、宽窄巷子、太古里；杭州的西溪湿地、灵隐寺、图书馆……既有传统知名景区，也不乏现代化的百货商场和科技感十足的体验类场景。"网红"何以为网红？打卡网红景点的行为折射出旅游者怎样的心理？人们为什么外出旅游，又为什么会产生纷繁复杂、各式各样的旅游行为？要回答这些问题，就有必要了解旅游者的心理需求和影响因素。

项目设计

网红打卡地旅游动机的调查与分析

请同学们任意选择所在城市的一处网红打卡地，并以此为对象，采用实地调研、问卷调查等方法，同时借助 SPSS 统计软件，对数据进行统计与分析，尝试探究网红打卡地旅游者的动机类型和不同人口统计学特征的旅游者在出游动机上的差异和影响。

---

① 习近平在中国共产党第十九次全国代表大会上的报告 [EB/OL]. 新华网，2017 - 10 - 27.
② 适合亲子出游、拍照打卡，满足消费者求新求异心理——网红打卡地如何长"红"？[EB/OL]. 人民网，2021 - 02 - 18.

任务一　旅游者的界定及分类

　　旅游者是旅游活动的主体，在旅游研究中，旅游者的界定也是非常重要的概念，它既是旅游理论的基础，也是旅游实践的核心。

一、旅游者的界定

　　旅游者的定义分为概念性定义和技术性定义。所谓概念性定义，旅游者一般是指出于休闲、观光、度假等目的，暂时离开常住地到异国他乡旅行游览的人。然而，在旅游经营管理实务中，特别是在旅游统计工作中，需要将一些能够测量或者可以借以区别的限定性标准纳入，这就是所谓的技术性定义。不同国家和地区，在不同的历史时期，出于旅游管理的实际需要，对旅游者的技术性定义并不统一。

（一）关于国际旅游者的界定

　　国际联盟曾于 1937 年对"国际旅游者"的解释为：到一个不是自己惯常居住的国家去访问，并在该国停留至少 24 小时的人。1963 年，意大利罗马会议提出：凡纳入旅游统计中的入境来访人员统称为"游客"，分为在所到访的国家做过夜滞留的游客和所到在访的国家未做过夜滞留当日离去的游客。世界旅游组织的现行规范中，游客可划分为国际游客和国内游客，这两者都可进一步划分为（停留过夜的）"旅游者"和（停留不过夜的）"一日游游客"。关于国际旅游者统计中的术语与规范界定如表 2 – 1 所示。

表 2 – 1　　　　　　　　国际旅游者统计中的术语与规范界定

旅游统计中的术语	术语界定
居民 （resident）	在短期（历时不超过一年）出访他国之前已经在本国连续居住至少 12 个月的人
国际游客 （international visitor）	到一个不是自己惯常居住的国家去旅行，连续停留时间不超过一年，主要访问目的不是去从事所到访国家获取报酬的活动的人

续表

旅游统计中的术语	术语界定
国际旅游者 （international tourist）	到一个不是自己惯常居住的国家去旅行，停留时间至少 24 小时，但至多不超过一年，主要访问目的不是去从事某种从所到访国家获取报酬的活动的游客
国际一日游游客 （international same day visitor）	到一个不是自己惯常居住的国家去旅行，停留时间不超过 24 小时并且未在所到访国家的住宿设施内过夜，主要访问目的不是去从事从所到访国家去获取报酬活动的游客

我国的入境旅游统计口径为，凡纳入我国旅游统计的来华旅游入境人员统称为入境游客，也称海外游客。对入境游客的具体界定是：因观光、度假、探亲访友、就医疗养、购物、参加会议或从事经济、文化、体育、宗教交流活动等原因或目的，离开惯常居住国（或地区）而到我国大陆访问，连续停留时间不超过 12 个月，并且不是通过所从事的活动获取报酬的外国人、华侨、港澳台同胞。我国入境游客又分为两类：

（1）入境旅游者：在我国大陆住宿设施内停留至少一夜的入境游客。

（2）入境一日游游客：未在我国大陆住宿设施内停留过夜，而当日离境的入境游客。

此外，我国旅游统计中还规定，海外游客中不包括下列人员：

（1）应邀来华访问的外国政府部长以上官员及其随行人员。

（2）外国驻华使领馆官员、外交人员，以及随行的家庭服务人员和受赡养者。

（3）在我国驻期已达一年以上的外国专家、留学生、记者、商务机构人员等。

（4）乘坐国际航班过境，不需要通过护照检查进入我国口岸的中转旅客。

（5）边境地区（因日常工作和生活而出入境）往来的边民。

（6）在我国大陆定居的华侨、港澳台同胞。

（7）已在我国大陆定居的外国人和原已出境又返回我国大陆定居的外国侨民。

（8）归国的我国出国人员。

（二）关于国内旅游者的界定

世界旅游组织对国内旅游者的界定采用与国际旅游者界定相同的体系。关于国内旅游者统计中的术语与规范界定如表 2 - 2 所示。

表 2 - 2　　　　　　　国内旅游者统计中的术语与规范界定

旅游统计中的术语	术语界定
居民 （resident）	在前往本国境内其他地方旅行和访问之前，已经在目前所在地连续居住了至少 6 个月的人
国内游客 （domestic visitor）	身为本国居民，离开自己的惯常居住环境前往本国境内的其他地方旅行和访问，连续停留时间不超过 6 个月，并且主要访问目的不是去从事从所到访地区获取报酬的活动的人
国内旅游者 （domestic tourist）	身为本国居民，离开自己的惯常居住环境前往本国境内的其他地方旅行和访问，停留时间至少一夜，但至多不超过 6 个月，并且主要访问目的不是去从事从所到访地区获取报酬的活动的游客
国内一日游游客 （domestic same day visitor）	身为本国居民，离开自己的惯常居住环境前往本国境内的其他地方旅行和访问，停留时间不超过 24 小时即并未在所到访地区停留过夜，并且主要访问目的不是去从事从所到访地区获取报酬的活动的游客

虽然世界旅游组织对国内旅游者进行了标准化界定，但很多国家并未以此进行旅游统计，而是根据实际管理需要，采用了不同的界定标准。例如：

（1）加拿大：国内旅游者是指"到离开其所居社区边界至少 50 英里以外的地方去旅行的人"。

（2）美国："一个人外出到某地，其往返路程至少为 100 英里"。美国旅游资料中心在其国内旅游调研工作中也使用了外出往返距离至少 100 英里这一规定。

（3）法国：国内旅游者是"出于消遣、保健、会议、商务、修学等目的，离开其主要居住场所，外出旅行超过 24 小时但不足 4 个月的人"。

（4）英国：国内旅游者是"基于上下班以外的原因，离开居住地外出旅行过夜至少一次的人"。

（5）澳大利亚：离开自己的惯常居住地，到至少 40 英里以外的某地区访问的人，在该地至少停留 24 小时，但最多不超过 12 个月。

小组讨论

北美国家和欧洲国家在界定国内旅游者时分别采用了哪些标准？为何会出现这种差别？

在我国的旅游统计中，对纳入国内旅游统计范围的人员统称为国内游客。国内游客是指任何因休闲、娱乐、度假、探亲访友、就医疗养、购物、参加会议或从事经济、文化、体育、宗教活动而离开常住地，到我国境内其他地方访问，连续停留时间不超过 6 个月，并且访问目的不是通过所从事的活动获取报酬的人。我国国内游客也分为以下两类。

（1）国内旅游者：我国大陆居民离开惯常居住地，去我国大陆境内其他地方旅行和访问，并在到访之地的住宿设施内停留一夜，最长时间不超过 6 个月的国内游客。

（2）国内一日游游客：指我国大陆居民离开惯常居住地，去我国大陆境内 10 千米以外的其他地方旅行和访问，出游时间超过 6 小时但不足 24 小时，并未在我国大陆境内其他地方的旅游住宿设施内过夜的国内游客。

此外，我国还规定国内游客统计范围不包括下列人员：

（1）到各地巡视工作的部级以上的领导干部。

（2）驻外地办事机构的临时工作人员。

（3）调遣的武装人员。

（4）到外地入学就读的学生。

（5）到外地基层锻炼的干部。

（6）其他地区的定居人员。

（7）无固定居住地的无业游民。

二、旅游者的分类

由于研究角度和研究目的不同，旅游者的分类也有不同的方式。比如，根据停留时间，旅游者可分为过夜旅游者和不过夜的一日旅游者；根据来源地域，可分为国内旅游者与国际旅游者；根据组织或活动方式，可分为团队旅游者和散客旅游者。另外，依据旅游者的出游目的和出游动机，可以划分为以下六种类型。

（一）观光型旅游者

这类旅游者以欣赏游览异国他乡的名胜古迹、风土人情等为主要目的，同时还可以与购物、文娱、调查、公务等相结合，是世界上最常见、最根本的旅游者类型，也是我国旅游者类型的主体。观光型旅游者的特点：

（1）希望通过欣赏游览异国他乡的自然景观和人文景观，增长见识、开阔视野、陶冶情操，取得新、奇、异、美、特的感受。

（2）在旅游地逗留时间短、重游率低、消费较少，对旅游景点特征和价钱比较敏感。

（二）文娱消遣型旅游者

这类旅游者以松弛精神、享用暂时变换环境所带来的欢娱为主要目的。由于文娱消遣型旅游可以调理人们的生活节拍，摆脱日常工作带来的懊恼，该类型的旅游者日趋增多。在兴旺国家的一切旅游者中，文娱消遣型旅游者所占比重最大。文娱消遣型旅游者的特点：

（1）追求文娱、参与、消遣、刺激和享用；对旅游产品的质量、旅游安全和价钱比较敏感。

（2）外出时节性较强，一般都会选择旅游目的地最好的时节，应用带薪假期外出旅游。

（3）对旅游目的地和旅行方式的选择自由度大。

（4）重游率较高，出游和停留时间较长。

（三）公务型旅游者

这类旅游者是依据任务需求，以贸易协作、商务洽谈、出席会议、举行展览、科学文化交流等为主要目的，在完成公务的前提下进行参观游览等活动的旅游者。公务型旅游者的特点：

（1）有一定的身份地位，对旅游产品和服务质量要求较高。

（2）费用主要由团体的公费开支，支付能力较强，对价钱不太敏感，消费较高。

（3）由于公务在身，对旅游目的地和旅游时间没有太多选择余地，一般以就近短途和短时为多。

（4）人数相对较少，但出行次数较多，季节性不强。

（四）个人及家庭事务型旅游者

这类旅游者的需求比较复杂。他们在需求方面区别于消遣型和公务型，但又兼具两者的某些特点。例如，在出游时间上，小部分旅游者会带薪假期探亲访友，大部分旅游者会选择传统节假日外出探亲，而各国传统节假日又不尽统一。此外，很多家庭及个人事务，如出席婚礼、参加开学仪式等日期限制较紧。个人及家庭事务型旅游者的特点：

（1）出行季节性较差。

（2）对旅游价钱比较敏感。

（3）没有选择旅游目的地的自由。

（五）医疗保健型旅游者

这类旅游者主要有疗养旅游、休闲度假旅游、温泉旅游、森林旅游、体育保健旅游、气功专修旅游等形式。医疗保健型旅游者的主要目的是通过参加有益于身心健康的旅游活动，医治某些慢性疾病、消弭日常任务疲劳。医疗保健型旅游者的特点：

（1）有较高的收入、较多的空闲时间。

（2）保持健康或恢复健康的愿望较强。

（3）对旅游项目中保健、康体、医疗等功用比较敏感。

（4）中老年人比重较大，停留时间较长；近间隔旅游者居多。

（六）文化知识型旅游者

文化知识型旅游是一种旨在察看社会、体验民族民俗民风、丰厚历史文化积聚、增长知识的旅游形式。文化知识型旅游者的主要目的是通过文化知识旅游达到积极的休息和文娱，同时取得知识的启迪和充实。文化知识型旅游者的特点：

（1）具有较高的文化素养，较强的求知欲。

（2）具有某种特长或兴趣爱好，乐于与人商讨交流。

（3）对导游的文化知识根底有较高的要求，对旅游日程安排的缜密性和旅游线路的科学性比较敏感。

任务二　旅游需求影响因素

个人旅游需求的产生和实现，既要具备能够成为旅游者的客观条件，也要具备愿意成为旅游者的主观动机，两者共同影响着人们的旅游需求。

一、影响个人旅游需求的客观因素

（一）足够的支付能力

根据历年来的旅游统计不难发现，不管是国际还是国内的旅游客源，大都来自那些人均收入较高的经济发达地区。一个人的收入水平和富足程度，不仅决定着他能否产生和实现旅游需求，也决定着他在旅游过程中的消费水平。但对于个人和家庭而言，其收入并非全部都可用于旅游消费。所以，影响旅游需求的支付能力，实际上指的是个人和家庭的可支配收入水平，更确切地说，是个人和家庭可随意支配收入的水平。

（1）可支配收入（disposable income）：个人或家庭的收入中扣除全部应纳所得税之后的剩余部分。

（2）可随意支配收入（discretionary income）：亦称可自由支配收入，指个人或家庭收入中，扣除应纳所得税、社会保障性消费、日常生活必须消费部分之后的收入部分。

（二）足够的闲暇时间

闲暇时间指的是人们日常工作、学习、生活及其他的必须占用时间之外，可由个人随意支配、用于消遣娱乐或自己所乐于从事的其他事情的自由时间。闲暇时间可分为每日闲暇、周末闲暇、公共节假日、带薪假期等。对闲暇时间的拥有量不仅决定着一个人能否实现外出旅游，而且会影响对出游目的地的选择，以及在旅游目的地停留时间的长短，但并不是所有的闲暇时间都可用于旅游活动。

📚 **课堂小测验**

你最近一次旅游活动是什么时间，属于哪一类闲暇时间？周末闲暇、公共节假日、带薪假期等闲暇时间分别能够开展哪种类型的旅游活动？

（三）其他方面的客观因素

足够的可随意支配收入和足够的闲暇时间是实现个人旅游需求必备的

两项重要条件，除此之外，一个人能否成为现实的旅游者，还受到很多其他客观因素的影响和制约。比如，一个人的年龄和身体健康状况、所处的家庭生命周期阶段，以及职业、性别等因素都会对个人旅游需求产生影响。

二、影响个人旅游需求的主观因素

（一）旅游需要

需要是指个体在生活中感到某种缺乏而力求获得心理满足的一种心理状态。美国心理学家马斯洛将人的需要归纳为五个层次，由高到低依次是生理的需要、安全的需要、社会的需要、尊重的需要和自我实现的需要。旅游需要是指旅游者或潜在旅游者感到某种缺乏而力求获得心理满足而产生的一种心理状态，即对旅游的愿望和要求。也就是说，旅游需要是个体的一种主观上的愿望和要求，会受到社会经济条件的限制。例如，某个人想在冬天去海南旅游，这个需要是他个人的一种主观愿望，但这个愿望并不是凭空产生的，可能是因为冬季的寒冷促使他想找一个温暖的地方度假，寒假的闲暇时间和经济条件更进一步促使他产生这一需要。内在生理条件和外在社会条件对人共同刺激，最终产生了旅游需要。

（二）旅游动机

旅游动机是指引发、维持旅游者的旅游活动，并使该活动朝向特定目标的心理过程或内部动力。旅游作为人的一种实践活动，是一种外在行为，总是需要某种力量的激发才会产生。人的旅游行为就是在旅游动机这一内部力量的推动下产生的。一个人一旦产生旅游需要之后，动机就推动其为满足旅游需要而进行种种努力，把行为指向特定的方面，即作出旅游决策，开始旅游活动，维持旅游活动的进行并达到目的，满足需要，最终消除心理紧张。旅游动机具有多样性和复杂性。约翰·托马斯（美国）将旅游动机分为八类，分别是健康动机、好奇动机、体育动机、寻找乐趣、宗教动机、公务商务、探亲访友及寻根、自我炫耀。田中喜一（日本）将旅游动机分为以下四类。

（1）心情的动机。这类动机的需要或心理主要包括思乡心、交友心和信仰心等。

（2）身体的动机。这类动机的需要或心理主要包括治疗需要、保养需要和运动需要等。

（3）精神的动机。这类动机的需要或心理主要包括知识需要、见闻需要和欢乐需要等。

（4）经济的动机。这类动机的需要或心理主要包括购物目的和商业目的等。

罗伯特·麦金托什（美国）和沙西肯特·格普特（美国）将所有人的旅游动机分为以下四类。

（1）身体健康的动机。这个动机的特点是以身体的活动来消除紧张和不安。它包括休息、运动、游戏、治疗等动机。

（2）文化动机。这类动机表达了一种求知的欲望。它包括了解和欣赏异地文化、艺术、风格、语言和宗教等动机。

（3）交际动机。这类动机表现为对熟悉的东西的一种反感和厌倦，出于一种逃避现实和免除压力的欲望。它包括在异地结识新的朋友，探亲访友，摆脱日常工作、家庭事务等动机。

（4）地位与声望的动机。这类动机表现为在旅游活动交往中搞好人际关系，满足旅游者的自尊。它包括考察、交流、会议，以及满足个人兴趣所进行的研究等。

■ 小组讨论

通过访谈交流了解小组成员目前最主要的旅游需要和旅游动机，以自己的家乡为例，为小组成员推荐合适的景点或者旅游线路，激发旅游动机、促进旅游行为的达成。

旅游动机是旅游者旅游行为产生、实施的原动力，对旅游者旅游行为、旅游地旅游策划、旅游开发、旅游形象等有重要的影响。因此，有必要通过科学的调查和分析，了解旅游者的旅游动机，为针对性开发旅游产品、制定旅游营销策略、刺激旅游消费提供依据。旅游动机调查分析的方法很多，定量研究可以利用问卷调查法，同时借助 SPSS 数据分析软件完成研究，定性研究可以通过网络信息检索或者访谈调查法获取关于旅游动机的描述性文本内容，借助 NVivo 质性分析软件对文本内容进行分析与归纳。

■ 经典案例

体育赛事旅游者观赛动机的实证研究

📱 项目小结

1. 我国对入境游客的界定是：因观光、度假、探亲访友、就医疗养、购物、参加会议或从事经济、文化、体育、宗教交流活动等原因或目的，离开惯常居住国（或地区）而到我国大陆访问，连续停留时间不超过 12 个月，并且不是通过所从事的活动获取报酬的外国人、华侨、港澳台同胞。

2. 我国对国内游客的界定是：任何因休闲、娱乐、度假、探亲访友、就医疗养、购物、参加会议或从事经济、文化、体育、宗教活动而离开常住地，到我国境内其他地方访问，连续停留时间不超过 6 个月，并且访问目的不是通过所从事的活动获取报酬的人。

3. 依据出游目的和出游动机，旅游者可以划分为六种类型：观光型、文娱消遣型、公务型、个人及家庭事务型、医疗保健型、文化知识型。

4. 影响个人旅游需求的客观因素包括支付能力、闲暇时间，以及家庭生命周期、个人身体状况等其他因素。

5. 影响个人旅游需求的主观因素主要指旅游需要和旅游动机。

6. 旅游动机是旅游者旅游行为产生、实施的原动力，通过科学的方法调查和分析旅游动机，对旅游业经营有重要的意义。

✦ 思考与练习

1. 我国在旅游统计中对入境旅游者是如何界定和分类的？

2. 我国在旅游统计中对国内旅游者是如何界定和分类的？

3. 根据旅游者的出游目的，可将其划分为哪些类型？不同类型的旅游者分别具有哪些特点？认识这些特点有何实际意义？

4. 个人旅游需求的实现受到哪些因素的影响？

5. 简要概述旅游者的旅游动机有哪些基本类型。

6. 结合实际情况，举例说明如何激发旅游者的旅游动机。

材料分析

中国成年子女带父母旅游的动机调查[①]

成年子女带父母出游是家庭旅游的一种特殊形式。这种旅游形式同时符合两代人对陪伴和家庭团聚的需求，正在成为一个日益增长的新兴消费市场。然而，现有研究大多关注西方核心家庭，对于其他文化背景家庭和拓展家庭的关注很少。儒家文化和集体文化导向的中国家庭呈现出与西方核心家庭相区别的许多显著特征，比如，强调家庭责任、人际和谐、父母与子女的紧密联系。在这种文化背景下成长起来的年轻一代，往往有着更为强烈的回馈父母、维持和增强家庭纽带的意识，也有着更强的带父母出游的意愿。

王等（Wang et al.，2018）的文章采用网络志的研究方式，在马蜂窝平台上搜集到于 2014～2017 年发表的相关博客共 750 条，最终筛选整理出有效博客 158 条。该研究采用扎根理论的编码方式探究了中国成年子女带父母出游的动机。具体而言，研究将成年子女带父母出游的动机分为三类，包括父母导向（parents-oriented）、家庭导向（family-oriented）和自我导向（self-oriented）的动机。其中，父母导向的动机包括健康与恢复、新奇与知识、纪念与庆祝、实现梦想；家庭导向的动机包括家庭和睦和家庭关系、补偿与回报、表达孝意；自我导向的动机包括逃离与放松、寻求享乐。基于旅游动机和人口统计变量的交叉列联表分析表明，有孩子的成年

---

① Wang W., Yi L., Wu M. Y., et al. Examining Chinese adult children's motivations for traveling with their parents [J]. Tourism Management, 2018, 69: 422–433.

子女表达孝意的动机更强；已婚的成年子女有更显著的家庭团聚动机；相较于短途旅行而言，长途旅行与逃离和放松的动机联系更为紧密；年龄更大的旅游者更少展现出寻求享乐的动机。

三种不同层面的动机始终处于相互关联的状态。当代社会对于平等家庭关系的推崇、人员流动性的增强和快节奏的生活方式等因素需要成年子女兼顾不同层面的动机；而传统社会对于权力和秩序的强调、集体精神和利他主义、儒家伦理和家庭义务等则促使成年子女在不同动机相互冲突时做出妥协，压抑自身以迎合父母的需求。这三类动机也表明了家庭旅游区别于独自旅游的独特性，即家庭旅游者需要努力平衡家庭、父母和自我三方面的差异化需求。

问题：

1. 成年子女带父母出游的动机有哪些？

2. 从产品开发和营销的角度，举例说明实践中我们应该如何激发成年子女带父母出游的旅游动机？

设计展示

网红打卡地旅游动机的调查与分析

本项目要求同学们立足于旅游景区和目的地的角度，尝试对旅游者的旅游动机进行调查分析，熟悉旅游动机的调查分析方法。以网红打卡地为研究对象是为了激发学习兴趣，同学们也可以根据实际情况，自由选择便于开展实地调研和问卷调查的景区或者旅游目的地。具体步骤如下：

1. 收集资料并选择调查目标。根据网络热度，选择当地一处知名的网红打卡地，并收集调查地相关资料。

2. 选择量表并设计问卷。根据相关文献选择量表，设计调查问卷，并制作成电子问卷。

3. 开展现场调查。前往目标网红打卡地进行实地调研，并针对打卡旅游者发放电子问卷（问卷数量≥100份）。

4. 检验问卷信效度。将问卷数据输入 SPSS 软件，对问卷进行信度和效度分析，以检验调查结果的可信性和有效性。

5. 样本人口特征描述性分析。对样本的性别、年龄、受教育程度、月收入水平和职业状态等进行特征描述分析。

6. 旅游者动机变量描述性分析。从样本描述性变量统计的平均值角度，对不同的网络打卡动机维度进行特征描述分析。

7. 基于人口社会学特征的旅游动机差异分析。分别采用独立样本T检验和单因素方差分析，比较不同的人口统计学特征在样本网红打卡旅游动机维度上的差异，以发现差异化的网红打卡旅游动机特征。

8. 分析总结。总结上述分析结果，尝试提出激发旅游动机的对策，为目标网红打卡地的开发管理提出自己的看法。

参考设计：济南市芙蓉街网红打卡地旅游动机调查问卷

项目二　旅 游 资 源

📊 学习目标

知识目标	★掌握旅游资源的内涵、特点和分类，掌握旅游资源调查的内容和旅游资源开发的内容。 ★熟悉旅游资源调查程序、调查方法、评价方法。 ★了解旅游资源的内涵、旅游资源调查报告内容、旅游资源开发原因和保护工作
能力目标	★能够利用旅游资源调查方法对旅游资源进行调查和分类，形成旅游资源调查报告。 ★能够在旅游资源调查和评价的基础上，提出旅游资源开发的创意和思路
素质目标	★关注旅游资源发展趋势，感受旅游资源开发中的文化创意和创造精神，引领文旅新潮流的创造精神，增强创新意识。 ★树立环境保护和旅游可持续发展理念，培养良好的保护意识
价值目标	★引导学生感受旅游资源中蕴含的人文精神和民族精神，引导学生了解旅游开发在乡村振兴中的重要作用，以及新时代旅游资源开发的创新做法，提升文旅从业者的时代追求和社会责任感

📊 **案例导入**

文旅部：开展首批中国特品级旅游资源名录建设工作①

2023年1月，文化和旅游部发布通知，决定开展首批中国特品级旅游资源名录建设工作，梳理好、挖掘好、开发好优质旅游资源，推出更多有内涵、有特色、有品位的优质旅游产品，推动旅游业高质量发展，为建设世界旅游强国奠定坚实基础，为建设社会主义文化强国作出积极贡献。根据要求，各省（区、市）推荐资源原则上不超过50项。

中国特品级旅游资源是指在空间上相对独立，富有文化底蕴，具有较强旅游吸引力和较高旅游价值，在全国范围内具有代表性或独特性的优质旅游资源。中国特品级旅游资源名录建设以各省（区、市）（含新疆生产建设兵团）旅游资源普查成果为基础，通过梳理筛选代表中国形象、体现地方特色的旅游资源，系统呈现中国文化之美、自然之美。

中国特品级旅游资源代表着我国最优质的旅游资源。文化和旅游部将根据各地旅游资源普查推进情况，适时开展若干批次中国特品级旅游资源名录建设工作。未完成旅游资源普查工作的省（区、市），在加快旅游资源普查工作进度的同时，提前做好旅游资源梳理整合等申报基础工作。根据《中国特品级旅游资源推荐指引及示例》，推荐名单示例涵盖了地文景观、水域景观、生物景观、天象与气候景观、建筑与设施、历史遗迹、旅游购品、人文活动等多种类型。

根据通知，文化和旅游部将组织专家对各省（区、市）推荐名单进行评审，突出全国统筹、横向比较，择优确定第一批中国特品级旅游资源名录，经公示无异议后予以发布。通过多种方式对纳入名录的中国特品级旅游资源广泛开展推介，扩大影响力和知名度；同时在高等级旅游景区、度假区等旅游产品建设中作为重要依据，促进中国特品级旅游资源向高等级旅游产品转化。对出现重大安全事故、资源环境恶化、开发利用违规、资源自然消失等现象的，及时调整出中国特品级旅游资源名录。

---

① 文化和旅游部办公厅关于组织开展第一批中国特品级旅游资源名录建设工作的通知［EB/OL］.中华人民共和国文化和旅游部，2023－01－05.

■ 项目设计

旅游资源调查与开发

按照国家旅游局（现文化和旅游部）2017 年颁布的《旅游资源分类、调查、评价》，挑选某地（如自己的家乡），对其旅游资源进行分类、评价，并尝试提出开发建议。

任务一　旅游资源的概述

一、旅游资源的内涵

（一）旅游资源的定义

旅游资源是发展旅游业的基本条件之一。对旅游资源的认识，是随着旅游业的兴起而出现和不断深化的。由于旅游业是一项新兴产业，而旅游资源相对于其他单一的传统资源，在内容和构成上都要复杂得多，因此对旅游资源的确切定义，目前国内外尚未形成统一的表述。

国家旅游局（现文化和旅游部）和中国科学院地理研究所制定的《中国旅游资源普查规范（试行稿)》对旅游资源的定义比较确切和规范："所谓旅游资源是指自然界和人类社会，凡能对旅游者有吸引力、能激发旅游者的旅游动机，具备一定旅游功能和价值，可以为旅游业开发利用，并能产生经济效益、社会效益和环境效益的事物和因素"。

2017 年，《旅游资源分类、调查与评价》国家标准修订，更加突出实际操作，对旅游资源分类层次和类型进行了简化。《旅游资源分类、调查与评价》明确，旅游资源是指自然界和人类社会凡能对旅游者产生吸引力，可以为旅游业开发利用，并可产生经济效益、社会效益和环境效益的各种事物和现象。

（二）构成旅游资源的基本条件

一般认为，旅游资源是旅游业赖以生存和发展的前提条件，是旅游业产生的物质基础，是旅游的客体，是旅游产品和旅游活动的基本要素之一。构成旅游资源的基本条件：一是对旅游者有吸引力，能激发人们的旅游动机；二是具有可利用性，随着旅游者旅游爱好和习惯的改变，旅游资源的包容范畴不断扩大；三是资源的开发能产生不同的经济效益、社会效益和环境效益。

小组讨论

说一说对旅游资源含义的理解？

课堂小测验

海市蜃楼、自然灾害遗迹、古民居、龙舟竞渡、神话传说、台风是否为旅游资源？

知识活页

旅游资源的概念

旅游资源是发展旅游业的基础和重要组成部分。一个国家或地区旅游事业发展的成功与否，从根本上说，取决于这个地区旅游资源的特色和丰度，取决于能否对旅游资源进行恰当的评价和合理开发，以及能否妥善处理好开发旅游资源与保护环境的关系。从我国现代旅游业兴起的角度来看，研究者对旅游资源作出了相当多的定义，各方对旅游资源的内涵理解存在着共同性，也有差异。

旅游资源是旅游业发展的前提，是旅游业的基础。凡是能对旅游者产生吸引力，并具备一定功能和价值的自然和人文因素的原材料，统称为旅游资源。

中外学者们对于旅游资源的定义一直无法统一，较有代表性的如郭来喜（1982）认为，凡是为旅游者提供观赏、知识乐趣、度假疗养、娱乐休息、探险猎奇、考察研究，以及友好往来和消磨闲暇时间的客体和劳务，均可被称为旅游资源。

陈传庚和刘振礼（1990）认为，旅游资源是在现实条件下，能够吸引人们产生旅游动机并进行旅游活动的各种因素的总和，它是旅游业产生和发展的基础。李天元和王连义（1991）认为，凡是能够造就对旅游者具有吸引力环境的自然因素、社会因素和其他任何因素，都可构成旅游资源。保继刚（1999）认为，旅游资源是指对旅游者具有吸引力的自然存在和历史文化遗产，以及直接用于旅游目的地的人工创造物。王兴斌（2000）认为，广义的旅游资源是指凡是能为旅游活动提供支撑和保障的一切物质和非物质的资源，包括旅游景观资源、资金资源、设施资源、商品资源、人力资源、智力资源、信息资源和环境资源等；狭义的旅游资源仅指旅游景观和环境资源。目前国内大多采用国家旅游局（现文化和旅游部）2003年颁布的《旅游规划通则》中对旅游资源的定义，即自然界和人类社会凡能对旅游者产生吸引力，可以为旅游业开发利用，并可产生经济效益、社会效益和环境效益的各种事物和因素，均称为旅游资源。

与中国不同的是，西方国家将旅游资源称为旅游吸引物，它不仅包括旅游目的地的旅游资源，而且包括接待设施和优良的服务因素，甚至还包括舒适便捷的交通条件。

二、旅游资源的特点

旅游资源不同于传统的土地、水和矿产等资源，它具有以下特点。

（一）观赏性和体验性

旅游资源与一般资源最主要的差别，就是它有美学特征，具有观赏价值，其作为资源所共有的经济性，在很大程度上也是通过观赏性来实现的。尽管旅游动机因人而异，旅游内容与形式多种多样，但观赏活动几乎是所有旅游过程都不可缺少的。没有观赏性，也就不构成旅游资源，旅游资源的观赏性越强，对旅游者的吸引力就越大。同时，体验性也是旅游资源区别于其他资源的又一特性，许多民俗旅游资源，如民族歌舞、民族婚庆等表现出的可参与性对异质文化区域的旅游者具有相当大的吸引力。

（二）时限性和区域性

时限性和区域性是旅游资源在时间和空间方面的特点。旅游资源的时限性是由所在地的纬度、地势和气候等因素所决定的，这些因素造成的自然景观的季节变化使旅游业的发展在一年之中会出现明显的淡旺季之分。由于许多特色旅游资源只有在某些特定时段内才能被开发利用，所以不同类型旅游资源的组合，能有效延长旅游地可开发利用的时限。另外，旅游资源是地理环境的重要构成要素，地理环境的区域分异必然导致其各地域赋存资源的差异化，故而旅游资源的区域差异是客观存在的。这种区域差异反映到旅游资源上便形成独具一格的地方特色。

（三）多样性和综合性

由旅游资源的定义可知，它是一个集合概念，任何能够对旅游者产生吸引力的因素都可以转化为旅游资源。这些因素的共同作用，使旅游资源存在于自然和社会的各方面，其多样性和广泛性为其他资源所不及。此外，旅游资源各要素间处在相互联系、相互作用、相互制约的环境中，共同形成和谐的有机整体。区域旅游资源的构成要素种类越丰富、联系越紧密，其生命力就越强，就越能吸引旅游者。旅游资源的综合性特点使其能满足旅游者的多元化需求，成为旅游开发的优势所在。

（四）垄断性和不可迁移性

旅游资源的可模仿性差，难以移植或复制，历史文化遗产和自然旅游资源都因为地理上的不可移动性而具有垄断性的特点。如我国的长江三峡、桂林山水、九寨沟黄龙的彩池群等，均无法用人工力量来搬迁或异地再现。尽管许多主题公园仿制了逼真的诸如竹楼、蒙古包等少数民族的村寨或居室，但它缺乏地域背景、周边环境与民族习俗的依托，在游客的视域中，真假分明，从而失去了原有的意义和魅力。那些历史感强烈的资源，更无法离开特定的地理环境和历史背景，否则其历史价值与观赏价值难以体现。

（五）永续性和不可再生性

永续性是指旅游资源具有可重复使用的特点。与矿产、森林等自然资源随着人类的不断开采会发生损耗不同，旅游者的参观游览所带走的只是印象和观感，而非旅游资源本身。

因此，从理论上讲，旅游资源可以长期甚至永远地重复使用下去。但是，实践证明，旅游资源如果利用和保护不当也会遭到破坏。一种使用过度的有形旅游资源可能被毁坏，甚至不可再生；一种维护不当的无形旅游资源一旦遭到破坏，也是短期内难以修复的。这就要求旅游资源的开发工作必须与保护和管理相结合，必须以科学可行的旅游规划为依据，有序、有度地进行。

（六）变异性和民族性

某些事物在其存在之初并没有被作为旅游资源，但是随着旅游者需求的变化，它成了具有吸引力的旅游资源。我国历史悠久，幅员辽阔，民族众多。各民族地理位置、自然环境、历史背景、经济状况不同，所以他们的生活方式、风土人情、住宅建筑、风味小吃等也不同，带有浓郁的民族色彩。如西南地区的吊脚楼、北方的四合院、傣族的泼水节等。

课堂小测验

举例说明旅游资源的特点。

思政元素

"红色"文化与"绿色"生态资源整合！"红绿"融合擦亮泉城旅游金字招牌

任务二　旅游资源分类

旅游资源是旅游业发展的物质基础，是旅游开发的依据。在一定条件下旅游资源的类型、规模、品质及其所处的区位条件是一个地区旅游业发展的关键，往往决定着地方旅游发展的方向、速度和规模。

一、基于资源成因或者属性的分类

学术界按旅游资源的成因或其属性分类，常用的分类方法有"二分法"和"三分法"两种。"二分法"将旅游资源分为自然旅游资源和人文旅游资源两大类型，是一种最基本的分类方法。前者是指地貌、水体、气候、动植物等自然地理要素所构成的、吸引人们前往进行旅游活动的天然景观，具有明显的天赋性质；后者内容广泛、类型多样，包括各种历史古迹、古今伟大建筑、民族风俗等，是人类活动的艺术结晶和文化成就。

"二分法"共包括 2 个大类、14 个基本类型、63 个类别，如表 2 - 3 所示。

表 2 - 3　　　　　　　　　旅游资源分类（1）

大类	基本类型	类型
自然旅游资源	地质	岩石、化石、地层、构造遗迹、地震灾害遗迹
	地貌	山地、峡谷、喀斯特、风蚀风积景观、遗迹、火山熔岩、黄土景观、丹霞地貌、海岸与岛礁、其他地貌
	水体	河川、湖泊、瀑布、泉、海洋、其他水体
	气象气候与天象	气象、气候、天象
	动植物	植物、动物、动植物园
	综合景观	自然保护区、田园风光、其他综合景观
人文旅游资源	历史古迹	古人类遗址、古战场遗址、名人遗址、重要史迹、其他古迹
	古建筑	防御工程、水利工程、起居建筑、宫殿、交通工程、其他建筑、瞭望观赏建筑
	陵墓	帝王陵墓、其他陵墓、名人陵墓
	园林	皇家园林、私家园林、寺观园林、公共游憩园林
	宗教文化	佛教文化、道教文化、伊斯兰文化、基督教文化
	城镇	历史文化名城、特色城镇、现代都市
	社会风情	民俗、购物
	文学艺术	游记诗词、神话传说、书法绘画、楹联题刻、影视戏曲

"三分法"也是各国普遍的做法，将旅游资源分为三类：自然旅游资源、人文旅游资源和社会旅游资源。

二、基于国家标准的分类

按资源性状如旅游资源的现存状况、形态、特性、特征来划分，可分为地文景观、水域风光、生物景观、天象与气候景观、遗址遗迹、建筑与设施、旅游商品、人类活动等。全国旅游标准化委员会颁发的《旅游资源分类、调查与评价》中所采用的就是这种分类方案，它将旅游资源分为主类、亚类和基本类型三个层次，主类按照旅游资源的成因将自然旅游资源分为地文景观、水域景观、生物景观、天象与气候景观这四大主类，将人文旅游资源分为建筑与设施、历史遗迹、旅游购品和人文活动这四大主类，共形成8个主类、23个亚类、110个基本类型，如表2-4所示。

表 2-4　　　　　　　　　　　　　旅游资源分类（2）

主类	亚类	基本类型
A 地文景观	AA 自然景观综合体	AAA 山丘型景观、AAB 台地型景观、AAC 沟谷型景观、AAD 滩地型景观
	AB 地质与构造形迹	ABA 断裂景观、ABB 褶曲景观、ABC 地层剖面、ABD 生物化石点
	AC 地表形态	ACA 台丘状地景、ACB 峰柱状地景、ACC 垄岗状地景、ACD 沟壑与洞穴、ACE 奇特与象形山石、ACF 岩土圈灾变遗迹
	AD 自然标记与自然现象	ADA 奇异自然现象、ADB 自然标志地、ADC 垂直自然带
B 水域景观	BA 河系	BAA 游憩河段、BAB 瀑布、BAC 古河道段落
	BB 湖沼	BBA 游憩湖区、BBB 潭池、BBC 湿地
	BC 地下水	BCA 泉、BCB 埋藏水体
	BD 冰雪地	BDA 积雪地、BDB 现代冰川
	BE 海面	BEA 游憩海域、BEB 涌潮与击浪现象、BEC 小型岛礁
C 生物景观	CA 植被景观	CAA 林地、CAB 独树与丛树、CAC 草地、CAD 花卉地
	CB 野生动物栖息地	CBA 水生动物栖息地、CBB 陆地动物栖息地、CBC 鸟类栖息地、CBD 蝶类栖息地
D 天象与气候景观	DA 天象景观	DAA 太空景象观赏地、DAB 地表光现象
	DB 天气与气候现象	DBA 云雾多发区、DBB 极端与特殊气候显示地、DBC 物候景象

主类	亚类	基本类型
E 建筑与设施	EA 人文景观综合体	EAA 社会与商贸活动场所、EAB 军事遗址与古战场、EAC 教学科研实验场所、EAD 建筑工程与生产地、EAE 文化活动场所、EAF 康体游乐休闲度假地、EAG 宗教与祭祀活动场所、EAH 交通运输场站、EAI 纪念地与纪念活动场所
	EB 实用建筑与核心建设	EBA 特色街区、EBB 特性屋舍、EBC 独立厅、室、馆、EBD 独立场所、EBE 桥梁、EBF 渠道、运河段落、EBG 堤坝段落、EBH 港口、渡口与码头、EBI 洞窟、EBJ 陵墓、EBK 景观农田、EBL 景观牧场、EBM 景观林场、EBN 景观养殖场、EBO 特色店铺、EBP 特色市场
	EC 景观与小品建筑	ECA 形象标志物、ECB 观景点、ECC 亭、台、楼、阁、ECD 书画作、ECE 雕塑、ECF 碑碣、碑林、经幢、ECG 牌坊牌楼、影壁、ECH 门廊、廊道、ECI 塔形建筑、ECJ 景观步道、甬路、ECK 花草坪、ECL 水井、ECM 喷泉、ECN 堆石
F 历史遗迹	FA 物质类文化遗存	FAA 建筑遗迹、FAB 可移动文物
	FB 非物质类文化遗存	FBA 民间文学艺术、FBB 地方习俗、FBC 传统服饰装饰、FBD 传统演艺、FBE 传统医药、FBF 传统体育赛事
G 旅游购品	GA 农业产品	GAA 种植业产品及制品、GAB 林业产品与制品、GAC 畜牧业产品与制品、GAD 水产品及制品、GAE 养殖业产品与制品
	GB 工业产品	GBA 日用工业品、GBB 旅游装备产品
	GC 手工工艺品	GCA 文房用品、GCB 织品、染织、GCC 家具、GCD 陶瓷、GCE 金石雕刻、雕塑制品、GCF 金石器、GCG 纸艺与灯艺、GCH 画作
H 人文活动	HA 人事活动记录	HAA 地方人物、HAB 地方事件
	HB 岁时节令	HBA 宗教活动与庙会、HBB 农时节日、HBC 现代节庆
数量统计		
8 个主类	23 个亚类	110 个基本类型

注：如果发现本分类没有包括的基本类型时，使用者可自行增加。增加的基本类型可归入相应亚类，置于最后，最多可增加 2 个。编号方式为：增加第 1 个基本类型时，该亚类 2 位汉语拼音字母 + Z；增加第 2 个基本类型时，该亚类 2 位汉语拼音字母 + Y。

课堂小测验

1. "三分法"将旅游资源分为哪三类？举例说明？
2. 简述《旅游资源分类、调查与评价》的分类方案。

三、基于旅游内容的分类

（1）游览鉴赏型：以优美的自然风光、著名古代建筑、遗址及园林、现代城镇景观、山水田园、以览胜祈福为目的的宗教寺庙等为主。

（2）知识型：以文物古迹、博物展览、科学技术、自然奇观、精湛的文学艺术作品等为主。

（3）体验型：以民风民俗、社会时尚、节庆活动、风味饮食、宗教仪式等为主。

（4）康乐型：以文体活动、度假疗养、康复保健、人造乐园等为主。

四、其他分类标准

（1）按传统旅游资源观分类，我国旅游资源包括自然景观资源、人文景观资源、民俗风情资源、传统饮食资源、文化资源和工艺品资源，以及都市和田园风光资源等。

（2）按现代旅游产业资源观分类，中国旅游资源包括观光型旅游资源、度假型旅游资源、生态旅游资源和滑雪、登山、探险、狩猎等特种旅游资源，以及美食、研学、医疗保健等专项旅游资源。

（3）按照旅游资源的等级及管理范围分类。

①世界级旅游资源。这类资源在国内外知名度高，能吸引国内外游客，具有重要的观赏价值。例如，纳入《世界遗产名录》的旅游资源、纳入世界生物圈保护区网络的旅游资源、纳入世界地质公园名录的旅游资源。

②国家级旅游资源。这类资源在国内外知名度较高，能吸引国内外游客。例如，国家级风景名胜区、国家级森林公园、国家级自然保护区、全国重点文物保护单位、国家地质公园。

③省、市级中型旅游资源。这类资源具有地方特色，在省内外有一定

的知名度，具有较重要的欣赏、历史和科学价值。例如，省级风景名胜区、森林公园、自然保护区、文物保护单位。

④县级以下小型旅游资源。旅游资源等级较低，在县级以下的区域内具有较高的知名度和美誉度，客源几乎均为本地居民，通常被作为本地居民和周边地区居民平时及周末的休闲旅游场所。

课堂小测验

按照旅游资源的等级及管理范围分类举例旅游资源。

任务三　旅游资源调查与评价

一、旅游资源的调查

（一）旅游资源调查的含义

旅游资源调查是指运用科学的方法和手段，有目的、有系统地收集、记录、整理、分析和总结旅游资源及其相关因素的信息与资料，以确定旅游资源的存量状况，并为旅游经营管理者提供客观决策依据的活动。

（1）旅游资源调查必须采用科学的方法和手段。

（2）旅游资源调查的范围，既包括旅游资源本身，又包括相关的影响因素。

（3）旅游资源调查过程，收集、记录、整理、分析和总结旅游资源信息资料。

（4）旅游资源调查现实的目的就是确定某一区域旅游资源的存量状况，最终为旅游经营、管理、规划、开发、决策提供客观科学的依据。

（二）旅游资源调查的作用

1. 描述作用

对旅游资源的类型、数量、等级等的调查，可以让旅游资源的开发者对旅游资源的状况有更清晰的认识，对于区域内旅游资源的开发规划和保护都具有十分重要的意义。

2. 诊断作用

旅游资源是一个很复杂、很宽泛的概念，其内涵、外延都在随着社会的发展而不断变化，通过旅游资源的调查，可以弄清楚旅游资源的现状，根据目前旅游者的需求和需求的变化趋势，来选择重点或优先开发的旅游资源。

3. 预测作用

通过对旅游资源的调查，可以不断地完善旅游资源信息，为旅游预测、决策奠定良好的基础。通过对旅游资源的调查，清晰了解了旅游资源的现状后，就可以预测未来的旅游资源开发状况。

4. 管理作用

可以比较全面地掌握旅游资源开发、利用和保护的现状，有利于推动区域旅游资源的管理工作，从而制定切实可行的旅游资源保护措施。

5. 效益作用

旅游资源调查过程本身就是旅游资源效益功能的体现，能够清晰了解旅游资源产生的经济效益、社会效益和生态效益。

（三）旅游资源调查的内容

1. 旅游资源环境调查

主要是指当地旅游资源所依托的自然和人文环境。自然环境包括：

（1）调查区概况：被调查区的名称、地域范围、面积、所在的行政区划及其中心位置与依托的城市。

（2）地质地貌要素：调查记载调查区岩石、地层、地质构造、地形地貌的分布特征、发育规律和活动强度，对调查范围的总体地质地貌特征有全面的概括了解。

（3）水体要素：调查地表水与地下水的类型和分布，季节性水量变化规律和特征，可供开采的水资源，已发生和可能发生的洪水灾害及其对旅游资源的不利影响等。

（4）气象气候要素：调查区的年降水量及其分布，气温、光照、湿度及其变化，大气成分及其污染情况，气候类型、特色及其变化规律等。

（5）动植物要素：调查区动物和植物的特征与分布，具有观赏价值的动物和植物的类型和数量，特定生存环境下存在的珍稀动物和植物，调查其分布数量、生长特性和活动规律，可供游人观赏的客观条件和防护措施等。

旅游资源的人文环境调查主要包括：

（1）历史沿革。历史脉络、社会变迁等。

（2）经济环境。地区经济政策的连续性与稳定性，社会经济发展规划等。

（3）社会文化环境。人口、民族构成、宗教信仰、风俗习惯等。

（4）政策法规环境调查。主要了解调查区内影响和制约旅游资源开发、管理的有关方针、政策。如对外政策的调整变化，旅游机构的设置变动，以及资源法、旅游法、环境保护法、旅游管理条例和旅游管理措施等的执行情况。

2. 旅游资源存量调查

主要包括：

（1）类型调查：按一定的分类标准，将调查区内的旅游资源分类归并，以便更加明晰地认识旅游资源。

（2）特征调查：对各类旅游资源特征调查，对我国现行国家标准的110个基本类型的调查。

（3）成因调查：调查区内各种不同类型的旅游资源，尤其是富有当地特色的旅游资源，在开展资源调查时，要了解其形成原因、发展历史、存在时限、利用的可能价值，自然与人文相互依存的因果关系。

（4）规模调查：调查包括资源类型的数量、分布范围和面积、各级风景名胜区、文物保护单位、自然保护区、森林公园等。

（5）组合结构调查：了解调查区旅游资源的组合结构，包括自然景观与人文景观的组合、自然景观内部的组合、人文景观内部的组合。

（6）开发现状调查：旅游资源包含已开发态、待开发态和潜在态三种形态。调查开发现状包括：旅游资源现在的开发状况、项目、类型、时间、季节、旅游人次、旅游收入、消费水平，以及周边地区同类旅游资源的开发比较、开发计划等。

3. 旅游要素调查

（1）交通调查。

交通调查包括公路、铁路、水路、航空交通状况，旅游汽车、出租车、景点缆车、高架索道、观光游船等设施，车站、码头、港口的数量和质量，交通工具与景区的距离、行程时间、路面质量、运输承受能力等。

（2）住宿调查。

住宿调查包括饭店、旅馆、汽车旅馆、供膳寄宿旅馆、别墅、农舍式小屋、度假村、野营帐篷、游船旅馆等多种住宿设施的规模、数量、档次、功能、分布情况、接待能力、床位数、房间数、客房出租率、营业收入、固定资产、利润总额等。

（3）餐饮调查。

餐饮调查包括餐馆的规模、数量、档次、分布情况、名特小吃、特色菜品、卫生状况和服务质量等。

（4）其他服务设施的调查。

4. 旅游客源市场调查

（1）旅游者数量调查。

调查外国人、华侨、港澳台同胞、国内本土游客和外地游客的数量、国籍、年龄、性别、职业、入境方式、分布地区与民族类别等。了解最大和最小日客流量、月客流量、季客流量和年游客数量。了解游客滞留时间、过夜人数、自费与公务旅游的比例、团队与散客旅游的比例等。

（2）旅游收入调查。

调查统计旅游者在吃、住、行、游、购、娱等方面的消费构成，人均日消费，最高与最低消费比例，调查日、月、季、年的旅游收入，海外游客创汇收入，国内游客旅游收入，以及旅游收入在当地国民经济中的比重、产生的社会贡献率等。

（3）旅游动机调查。

调查包括健康运动消除紧张与不安的欲求，满足求知欲望的文化动机，探亲访友的交际动机，体现自尊、获取个人成就和为人类贡献的地位和声望动机等。

（4）旅游周边状况调查。

了解本地旅游资源与邻近旅游资源的相互关系，分析周边旅游资源对本地旅游资源开发所产生的积极和消极影响，有利于促进本地区与周边地区之间的竞争与合作。

（四）旅游资源调查程序

1. 调查准备阶段

明确调查问题→确定调查目标→调查方案设计→制订调查工作计划

2. 调查实施阶段

收集第二手资料：第二手资料是指为其他目的和用途而制作、收集的证据、数字、图件和其他现成的信息资料，但能为目前的旅游调查项目所利用。

收集第一手资料（实地调查资料）：包括概略调查、系统调查、详细勘查。

📚 课堂小测验

收集旅游资源二手资料的途径有哪些？

3. 旅游资源调查整理分析阶段

整理资料：对资料进行鉴别、核对和修正，审查资料的适用性和准确性，剔除有错误的资料，并补充、修正资料，使其达到完整、准确、客观、前后一致；应用科学的编码、分类方法对资料进行编码与分类，以便于分析利用；采用常规的资料储存方法或计算机储存方法，将资料归卷存储，以利于今后查阅和再利用。

分析资料：经过整理后的资料、数据和图件，应能表示某种意义，只有通过调查人员的分析解释，才能对资源调查项目产生作用。

4. 编写旅游资源调查报告

由标题、目录、概要、正文、结论与建议、附件六个部分组成。

二、旅游资源调查方法

（一）资料统计调查方法

几乎所有的调查都可始于收集现有资料，通过收集旅游资源的各种现有信息数据和情报资料，从中选取与资源调查项目有关的内容进行分析研究。这种基本的统计分析资料方法，对确定一个调查区的旅游特色和旅游价值具有重大意义，也是旅游规划和生态环境建设的基本依据。这种方法包括对现有资料的收集、预测和对调查过程中所取得的资料的统计、分析等。该方法适用于调查区资料较多且对于旅游资源分析有价值的区域。

（二）田野调查法

田野调查又叫实地调查或现场研究。对旅游资源的分布位置、变化规律、数量、特色、特点、类型、结构、功能、价值的认知，只有通过现场综合考察，才能核实、获得各种资料，得出相关的旅游资源分析、评价意见。调查人员通过观察、踏勘、测量、填绘、摄像等形式直接接触旅游资源，可以获得宝贵的第一手资料，通过专业人员的感性认识和客观分析，才能得到翔实可靠的结果。

（三）询问调查法

询问调查是旅游资源调查的一种辅助方法，调查者可用访谈询问的方式了解旅游资源的情况。应用这种方法，可以从资源所在地部门、居民及旅游者中及时地了解旅游资源客观事实和难以发现的事物现象。通常可以采用设计调查问卷、调查卡片、调查表等，通过面谈调查、电话调查、邮寄调查、留置问卷调查等形式进行询问访谈，获取需要的资料信息。如果是访问座谈，要求预先精心设计询问或讨论的问题，且调查对象应具有代表性。如果是问卷调查，要求问卷设计合理、分发收回的程序符合问卷调查的规定，以保证其结果的有效、合理性。

（四）现代科学技术法

主要是指调查人员通过采用全球定位系统、遥感技术、地理信息技术等方法对不容易调查到的旅游资源进行考察，其受地面条件限制少，应用较多，获取的信息量大，能完成对旅游资源的定性和定量考察，可以发现新的旅游资源。

按其形态特征、内在属性、美感、吸引性等加以分类，并进行研究调查，与同类型或不同类型的旅游资源区域加以比较、评价，得出该区旅游资源种类、一般特征与独特特征、质量与区内的差异，以便于制定开发规划和建立旅游资源信息库，以及有助于区内各地旅游资源的开发利用。

三、旅游资源的评价

旅游资源评价是在旅游资源调查的基础上，从合理开发利用和保护旅游资源及取得最大的社会、经济、环境效益的角度出发，运用科学方法，对一定区域内旅游资源进行综合分析和评判鉴定的过程。国内外诸多学派的专家和学者从不同角度进行了旅游资源评价研究，都各有长处和不足。

（一）旅游资源评价的目的和意义

（1）确定该旅游资源在一定区域范围内的价值和地位；

（2）为新旅游区的开发计划提供依据；

（3）为已开发和部分开发的老旅游区提供改造、扩大的依据；

（4）为国家和地区进行分级规划和管理提供资料和判断的标准；

（5）有助于明确旅游地的性质，进而拟定未来旅游资源结构和开发计划。

（二）旅游资源评价的原则

1. 客观实际原则

旅游资源是区域资源的一种，是客观存在的事物，其价值、特点、内涵、功能都是不以人的意志为转移的，因此旅游资源评价必须客观地反映旅游资源本来的价值、特点，既不能言过其实，也不能低估旅游资源的价值，力求做到恰如其分。

2. 综合效益原则

从旅游资源的定义可以看出，旅游资源追求的是经济、社会、环境效益的综合，因此在评价旅游资源时，不能只考虑到它潜在的经济价值而忽略了其对社会、环境的影响，而是要全面考察旅游资源潜在的经济、社会、环境效益的综合情况，对旅游资源作出客观公正的评价。

3. 力求定量原则

对旅游资源进行评价时，往往需要一些定量的指标，力求有说服力，也可以减少主观色彩、个性色彩过多带来的认识偏差。旅游资源评价的力求定量原则，要求不同区域的旅游资源的评价应该采取统一的定量评价指标与赋值标准。

4. 动态发展原则

旅游资源是个很复杂、很宽泛的概念，其内涵、外延是随着社会的发展而不断变化的，而旅游者的兴趣、偏好也会随着时间的推移而变化。因此，对旅游资源的评价应该坚持动态发展的原则，以发展的眼光，把握最新的旅游市场的需求状况，对旅游资源进行客观、全面、符合时代的评价。

（三）旅游资源评价的内容

旅游资源评价一般包括旅游资源自身价值评价和旅游资源开发条件评价两个方面。

1. 旅游资源自身价值评价的内容

（1）旅游资源特性和特色。

任何类型的旅游资源都有自己独特的性质，即使完全同类的旅游资源，由于分布的地域环境差异，往往也各具特色。旅游资源特征和特色是该区旅游资源区别于其他地区旅游资源的独到之处，是衡量其对游客吸引力大小的重要因素，也是资源开发可行性的决定条件之一。

（2）旅游资源价值和功能。

旅游资源价值包括美学、历史文化、科学考察等价值，也包括商贸、文化交流等方面的价值。不同类型的旅游资源体现出不同的主体价值，它是资源质量和品位的反映。旅游资源的功能是指旅游资源可供开发利用的特殊功用，它是旅游资源价值的具体体现。对现代旅游业而言，旅游资源可以包括观光、度假、娱乐、健身、体育、商务等多种功能。

（3）旅游资源数量、密度和布局。

旅游资源数量是指旅游区内可供观赏的景观资源的多少。旅游资源密度又称旅游资源丰度，是指在一定地域上旅游资源集中的程度。旅游资源布局则指景观资源的分布和组合特征，它是资源优势和特色的重要表现。景观数量大、相对集中并且布局巧妙、合理的地区是理想的旅游开发区。

（4）旅游资源容量。

旅游资源容量是指在保持旅游资源质量的前提下，一定时间内旅游资源所能容纳的旅游活动量。也就是指满足游人最低游览要求（心理感应气氛）和达到保护风景区环境要求时，旅游资源的特质和空间规模所能连续维持的最高旅游利用水平，又称为旅游承载力或饱和度，一般以容人量或容时量来度量。

2. 旅游资源开发条件评价的内容

（1）区位条件。

即旅游资源所处区域的地理位置、交通条件及旅游资源与其所在区域内的其他旅游资源、周边区域旅游资源的关系等。它决定了旅游资源所在区域游客的可进入性，进而影响到旅游资源开发的时间、规模、层次、市场指向等，这是评价旅游资源开发条件的首位因素。

（2）客源条件。

客源数量是维持旅游经济活动的必要条件，并与旅游经济效益直接相关，是提高旅游资源开发效益的重要因素。因此，它决定着旅游资源的开发规模和开发价值。旅游资源的客源条件可以从空间和时间两个方面，同时与旅游资源的价值、区位条件等因素结合起来进行综合分析和考虑。

（3）环境条件。

包括自然、生态环境和经济、政治、社会、文化环境及投资环境等。自然生态环境是构成旅游资源区整体感知形象的一个因素，是旅游活动的重要外部环境条件之一。良好的自然和生态环境有利于吸引游客和进行资源的开发利用。同时，一个区域旅游资源的开发利用，必须有坚实的经济基础做后盾。此外，政治安定、各民族和睦相处、社会治安良好、人民安居乐业、友善热情、政府给予投资优惠条件等都是发展旅游业的必要条件。

（4）建设施工条件。

旅游资源的开发必须有一定的设施场地。开发旅游资源还要考虑建设施工条件即工程量的大小和难易程度，因为施工场地的地质、地形、气候等自然基础条件和供水、供电、材料等工程建设供应条件影响着施工进度、投资大小及受益早晚。

（四）旅游资源评价方法

旅游资源评价是一项极其复杂而重要的工作，由于评价的目的、资源的赋存条件、开发导向等不同，可采用不同的评价方法，在具体应用时则根据情况采用定性与定量评价相结合的方法比较理想。

1. 定性评价法

定性评价法使用广泛，形式多样，内容丰富，是在旅游资源调查的基础上，根据调查者的印象所做的主观评价，多采用定性描述的方法，评价的结果主要与评价者的经验与水平有关，因此也叫作经验评价法。该方法简单易行，对数据资料和精确度要求不高，但不可避免地存在结论的非精确性和推理过程的相对不确定性。

定性评价法主要有"三三六"评价法和"六字七标准"评价法。

（1）卢云亭的"三三六"评价法。

"三大价值"指旅游资源的历史文化价值、艺术观赏价值、科学考察价值。

"三大效益"指旅游资源开发之后的经济效益、社会效益、环境效益。

"六大开发条件"指旅游资源所在地的地理位置和交通条件、景象地域组合条件、旅游环境容量、旅游客源市场、投资能力、施工难易程度六个方面。

（2）"六字七标准"评价法。

六字：指美、古、名、特、奇、用。"美"是指旅游资源给人的美感；"古"为有悠久的历史；"名"是具有名声或与名人有关的事物；"特"指特有的、别处没有的或少见的稀缺资源；"奇"表示给人新奇之感；"用"是有应用价值。

七项标准：指对旅游资源所处环境，采用季节性、环境污染状况、与其他旅游资源之间的联系性、可进入性、基础结构、社会经济环境、客源市场七个方面进行评价。

课堂小测验

1. 阐述"三三六"评价法。
2. 阐述"六字七标准"评价法。

2. 定量评价法

定量评价法是指评价者在掌握大量数据资料的基础上，运用科学的统计方法和数学评价模型，通过分析、计算，用具体的数量来表示旅游资源及其环境等级的方法，数量化是现代科技发展的趋势。

（1）技术性单因子定量评价法。

在进行旅游资源评价时，针对旅游资源的旅游功能，集中考虑某些起决定作用的典型因素，并对这些关键因子进行适宜性评价或优劣评判。这种评价的基本特点是运用了大量的技术性指标。这种评价一般只限于自然资源评价，对于开展专项旅游活动，如登山、滑雪、游泳等较为适用。目前较为成熟的有旅游湖泊评价、海滩及海水浴场评价、康乐气候评价、溶洞评价、滑雪旅游资源评价、地形适宜性评价等。

（2）综合性多因子定量评价法。

该评价方法是在考虑多因子的基础上，运用数理方法，通过建模分析，对旅游资源进行综合评价。评价的结果为数量指标，便于不同资源评价结果的比较，具有更为客观、准确和全面的优点。这类评价方法非常多，有层次分析法、指数表示法、美学评分法、综合评分法、模糊数学评价法、价值工程法、综合价值评价模型法、观赏型旅游地综合评估模型法等。

■ 知识活页

旅游资源定量评价的方法

1. 单途径多因子评价法：选用一个评价途径的多个指标进行评价的方法即为单途径多因子评价法。此法比较简单，在旅游资源类型单一的情况下有较好的评价效果。

2. 多途径综合评价法：选用两个或两个以上评价途径的指标进行评价的方法即为多途径综合评价法。此法能对旅游资源进行全面的评价，比单因子评价法更能接近实际情况或者说能降低犯错误的概率，因此建议在条件允许的情况下优先选择多因子评价法。

3. 因子综合评价法：该方法首先是给出各个因子的具体指标值；其次，按照各因子的相对重要性赋予不同的权重，求出总的综合指数值；最后，按评价标准划分不同的评价等级。

4. 因子加权加和法：因子加权加和法具有补偿性，个别指标下降会因其他指标上升而使总和不变，故该法仅适用于同类型指标评价。因为如果是进行综合评价或考虑最小限制因子的作用，所有指标中任何一项较低，总评价结果都不可能高，故可采用边乘法来计算。

5. 模糊评价法：该方法是基于模糊数学的理论，给每一个评价因素赋予评语，将该因素与系统的关系用 0 ~ 1 连续值中的某一数值来表示。其具体工作程序是：建立评价因素集—确定模糊关系—分组综合评价—总体综合评价。

6. 层次分析评价法：按照各类因素之间的隶属关系把它们分为从高到低的若干层次，建立不同层次因素之间的相互关系，根据对同一因素相对重要性的相互比较结果，决定层次各因素重要性的先后次序，以此作为决策的依据。

7. 主成分分析评价法：是将多维信息压缩到少量维数上，构成线性组合，并尽可能反映最大信息量，从而以尽可能少的新组合因子（主成分）反映参评因子之间的内在联系和主导作用，从而判定出客观事物的整体特征。

3. 国家标准综合评价法

（1）旅游资源评价赋分标准。

国家旅游局（现文化和旅游部）2017 年颁布的《旅游资源分类、调查与评价》国家标准依据"旅游资源共有因子综合评价系统"赋分和"附加值"赋分。旅游资源共有因子综合评价系统设"评价项目"和"评价因子"两个档次，评价项目为"资源要素价值""资源影响力""附加值"。其中，"资源要素价值"项目中含"观赏游憩使用价值""历史文化科学艺术价值""珍稀奇特程度""规模、丰度与概率""完整性" 5 项评价因子。"资源影响力"项目中含"知名度和影响力""适游期或使用范围" 2 项评价因子。"附加值"含"环境保护与环境安全" 1 项评价因子。

评价项目和评价因子用量值表示。资源要素价值和资源影响力总分值为 100 分，其中"资源要素价值"为 85 分，分配如下："观赏游憩使用价值" 30 分、"历史文化科学艺术价值" 25 分、"珍稀奇特程度" 15 分、"规模、丰度与概率" 10 分、"完整性" 5 分。"资源影响力"为 15 分，其中"知名度和影响力" 10 分、"适游期或使用范围" 5 分。"附加值"中"环境保护与环境安全"分为正分和负分。每一评价因子分为 4 个档次，其因子分值也相应分为 4 档。旅游资源评价赋分标准如表 2 - 5 所示。

表 2 - 5　　　　　　　　　　旅游资源评价赋分标准

评价项目	评价因子	评价依据	赋值（分）
资源要素价值（85分）	观赏游憩使用价值（30分）	全部或其中一项具有极高的观赏价值、游憩价值、使用价值	22～30
		全部或其中一项具有很高的观赏价值、游憩价值、使用价值	13～21
		全部或其中一项具有较高的观赏价值、游憩价值、使用价值	6～12
		全部或其中一项具有一般观赏价值、游憩价值、使用价值	1～5
	历史文化科学艺术价值（25分）	同时或其中一项具有世界意义的历史价值、文化价值、科学价值、艺术价值	20～25
		同时或其中一项具有全国意义的历史价值、文化价值、科学价值、艺术价值	13～19
		同时或其中一项具有省级意义的历史价值、文化价值、科学价值、艺术价值	6～12
		历史价值或文化价值或科学价值或艺术价值具有地区意义	1～5
	珍稀奇特程度（15分）	有大量珍稀物种，或景观异常奇特，或此类现象在其他地区罕见	13～15
		有较多珍稀物种，或景观奇特，或此类现象在其他地区很少见	9～12
		有少量珍稀物种，或景观突出，或此类现象在其他地区少见	4～8
		有个别珍稀物种，或景观比较突出，或此类现象在其他地区较多见	1～3
	规模、丰度与概率（10分）	独立型旅游资源单体规模、体量巨大；集合型旅游资源单体结构完美、疏密度优良级；自然景象和人文活动周期性发生或频率极高	8～10
		独立型旅游资源单体规模、体量较大；集合型旅游资源单体结构很和谐、疏密度良好；自然景象和人文活动周期性发生或频率很高	5～7
		独立型旅游资源单体规模、体量中等；集合型旅游资源单体结构和谐、疏密度较好；自然景象和人文活动周期性发生或频率较高	3～4
		独立型旅游资源单体规模、体量较小；集合型旅游资源单体结构和谐、疏密度一般；自然景象和人文活动周期性发生或频率较小	1～2
	完整性（5分）	形态与结构保持完整	4～5
		形态与结构有少量变化，但不明显	3
		形态与结构有明显变化	2
		形态与结构有重大变化	1

续表

评价项目	评价因子	评价依据	赋值（分）
资源影响力（15分）	知名度和影响力（10分）	在世界范围内知名，或构成世界承认的名牌	8~10
		在全国范围内知名，或构成全国性的名牌	5~7
		在省范围内知名，或构成省内的名牌	3~4
		在本地区范围内知名，或构成本地区名牌	1~2
	适游期或使用范围（5分）	适宜游览的日期每年超过300天，或适宜于所有游客使用和参与	4~5
		适宜游览的日期每年超过250天，或适宜于80%左右游客使用和参与	3
		适宜游览的日期每年超过150天，或适宜于60%左右游客使用和参与	2
		适宜游览的日期每年超过100天，或适宜于40%左右游客使用和参与	1
附加值	环境保护与环境安全	已受到严重污染，或存在严重安全隐患	-5
		已受到中度污染，或存在明显安全隐患	-4
		已受到轻度污染，或存在一定安全隐患	-3
		已有工程保护措施，环境安全得到保证	3

（2）计分与等级划分。

计分方法：根据对旅游资源单体的评价，得出该单体旅游资源共有综合因子评价赋分值。依据旅游资源单体评价总分，将其分为五级，从高级到低级为：五级旅游资源，得分值域≥90分；四级旅游资源，得分值域≥75~89分；三级旅游资源，得分值域≥60~74分；二级旅游资源，得分值域≥45~59分；一级旅游资源，得分值域≥30~44分；此外还有：未获等级旅游资源，得分≤29分。其中，五级、四级、三级旅游资源被通称为"优良级旅游资源"，其中五级旅游资源称为"特品级旅游资源"，四级旅游资源称为"优级旅游资源"，三级旅游资源称为"良级旅游资源"，二级、一级旅游资源被通称为"普通级旅游资源"。

任务四　旅游资源保护与开发

旅游资源开发是指借助现代科学技术手段，把潜在的旅游资源改造成旅游吸引物，并促使旅游活动得以实现的技术、经济活动。旅游资源开发不仅是将旅游资源本身开发成对游客具有吸引力的吸引物，还需要为其提供满足旅游活动需要的其他条件，如交通、住宿、饮食、休息、购物等。

一、旅游资源开发原则

（一）永续利用原则

"永续利用"是时代的产物，它是一种使人类在开发旅游资源时不但顾及当代人的经济需要，而且还顾及不对后代人进一步需要构成威胁和危害的发展策略。尽管它不意味着为后代和将来提供一切，造就一切，但它却通过对经济效益、社会效益、生态效益三者的协调，使当代人用最小的代价获取最大的旅游资源利用，造福子孙后代。

（二）保护性开发原则

要使旅游资源可持续利用，就必须加强对旅游资源的保护。针对生态旅游资源的开发而言，开发和保护的关系应体现的总原则是：开发应服从保护，在保护的前提下进行开发。资源得到妥善保护，开发才能得到收益；开发取得收益，反过来可促进保护工作。但是，一旦开发与保护出现矛盾，保护对开发拥有绝对否决权。

（三）特色性原则

旅游资源贵在稀有，其质量在很大程度上取决于它与众不同的独特程度，即特色。有特色才有吸引力，有特色才有竞争力，特色是旅游资源的灵魂。

（四）协调性原则

生态旅游资源开发必须与整个生态区的环境相协调，既有利于突出各旅游资源的特色，又可以构成集聚旅游资源的整体美，使游客观后感到舒适、自然。

（五）经济效益、社会效益和环境效益相统一的原则

市场经济就是追求效益最大化，生态旅游作为旅游的一种形式，也追

求效益最大化，但这个效益不仅是指经济效益，还包括社会效益和生态效益，三者必须高度地协调统一，必须从属于上述两种效益。实际上，当生态效益和社会效益达到最大化、最优化时，其经济效益肯定也是相当可观的。

小组讨论

讨论旅游资源保护与开发的关系？

二、旅游资源的开发原因

同其他产品一样，旅游资源、旅游产品同样会经历一个由盛到衰的演变过程。这一过程所经历的时间可能很短，也可能很长，视具体情况分析，但演变总会发生。其中涉及旅游研究的重要理论——旅游地生命周期理论，是由加拿大学者巴特勒于1980年提出来的，其主要观点为，一个旅游地的发展变化过程一般要经历六个阶段：探索、参与、发展、巩固、停滞、衰落或复苏，经过复兴以后的旅游地，又重新开始前面某几个阶段的演变。巴特勒还引入了一条"S"形曲线来表述旅游地生命周期的六个阶段，如图2-1所示。

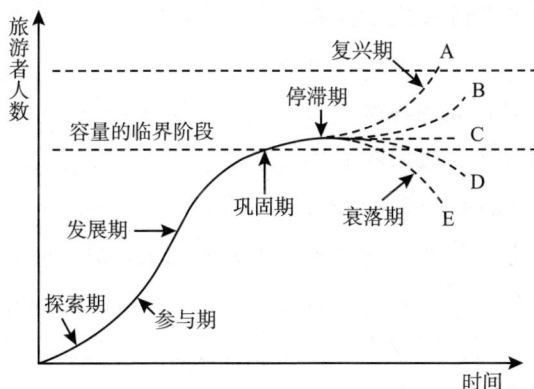

图2-1 旅游地生命周期模型

在旅游资源生命周期的初级阶段（探索、参与阶段），旅游资源得到初步开发，在这个阶段，开发的主要目的是实现旅游资源的可进入性。旅游资源与其他资源一样，要通过开发利用才能实现其功能和价值。旅游资源的现实经济价值，必须经由旅游者的"消费"才能够产生，如果旅游者对旅游资源不知晓，旅游资源对旅游者就不能产生吸引力，或者是旅游资源能够对旅游者产生吸引力，但是旅游者不能够接近或进入旅游资源，不能够得到必需的旅游接待，那么旅游资源的经济价值、社会效益就得不到实现。所以，要对旅游资源进行初始开发，使旅游资源具有可进入性和可利用性，解决旅游地的交通和旅游接待问题。

根据旅游地生命周期理论，当旅游资源具有可进入性，逐渐发展起来后，经巩固阶段，便进入停滞期，这时候就涉及旅游资源的持续性开发。巴特勒（1980）认为，旅游地的衰落往往与接待量超过一定的容量限制或过度商业化有关。再续性开发的目的主要是延长旅游资源的生命周期。在旅游资源进入停滞期时，若对旅游地的再续性开发得当，实施开发新项目、改善旧设施、开拓新市场等有力措施，将会出现复兴阶段。否则，旅游地的游客人次将下降，旅游地步入衰落期。

课堂小测验

简述在生命周期各阶段旅游资源开发的表现。

三、旅游资源开发的内容

旅游资源开发主要包括以下几个方面。

（一）旅游资源由潜在向现实的转化

旅游资源在开发之前，一般都因缺乏现代旅游活动所必需的基本条件而难以开展大规模的旅游接待活动。因此，对旅游资源的开发和建设是客观必要的。不仅指对尚未利用的旅游资源的初次开发，也可以是对已经利用了的景观或旅游吸引物的深度开发。

（二）提高旅游资源所在地的可进入性

在旅游开发中，旅游资源所在地同外界的交通联系及其内部交通条件是非常重要的，不合理的交通往往会成为一个地方旅游业发展的"瓶颈"。因此，保证进出交通的便利、快捷与舒适是旅游开发首要的基础工作。

（三）建设和完善基础设施和配套设施

旅游基础设施指当地居民生活所必需的设施，如供水、供电、邮政、排污、道路、银行、商店、医院、治安等。旅游配套设施指直接为旅游者服务的旅游饭店、旅游商店、游乐场所等。旅游开发要求在建设和完善保障当地居民生活所需的基础设施的基础上，建设和完善为旅游者消费所需要的旅游配套设施。

（四）培训人才完善旅游服务

旅游专业人才是旅游开发的人力资源保障。旅游服务质量的高低在一定程度上会起到增添或减少旅游资源吸引力的作用，因此，要不断加强和完善旅游服务，并培训能够提供专业服务的人员。

（五）加强宣传促销，开拓客源市场

发展旅游业，就是开发旅游资源，利用一切有利条件，满足市场的旅游需求，发展完善的产业结构，获得预期的经济效益和社会效益。因此，旅游资源的发展不仅是简单地将目标集中在旅游资源本身进行景点开发和配套设施建设等，还必须开展市场开拓工作，二者相辅相成，缺一不可。

市场开拓工作，一方面，是指将景点建设及旅游活动的设置与旅游者的需求联系起来，即根据旅游者消费行为特征进行旅游资源开发的具体工作；另一方面，是指通过多种媒介加强宣传促销，将旅游产品介绍给旅游者，不断开拓市场，扩大客源。

（六）重视旅游资源的保护和可持续发展

旅游资源的开发者和经营者在经济效益的驱动下会积极进行投资与开发，但这种思路往往会让他们忽视旅游资源的保护和可持续发展。那些被自然或人为因素破坏的旅游资源若不及时加以修复，将会继续衰退，甚至可能完全消失，无法恢复。因此，一方面，要在旅游从业者和当地群众心中树立资源保护的观念，把开发与保护并重的思路融入旅游目的地的每一个角落；另一方面，要建立保护旅游资源的科学机制，运用旅游资源保护和监测的科技手段，定期进行检查，及时发现问题并合理解决，从而有效地保护旅游资源，保证旅游资源开发工作的顺利进行。

（七）营造良好的旅游环境

旅游环境可以充分展示旅游资源的地域背景，包括一个国家或地区的旅游政策，出入境管理措施，政治动态或社会安定状况，社会治安、风俗习惯，以及当地居民的文化修养、思想观念、好客程度等，从而直接或间接地对旅游者产生吸引或排斥作用，进而影响旅游资源开发的效果。因此，营造良好的旅游环境既可以突出当地旅游资源的特色，又可以提高旅游者对旅游资源的认可度和满意程度。该项工作主要包括：制定有利于旅游业发展的旅游政策；制定方便外来旅游者出入境的管理措施；保持稳定的政治环境和安定的社会秩序；提高当地居民的文化修养，培养居民的旅游观念，促进居民养成文明礼貌、热情好客的习惯等。

四、旅游资源的保护

旅游资源保护是指维护旅游资源的固有价值，使之不受破坏和污染，保持自然景观和人文景观的原有特色，对已遭损坏的旅游资源进行治理。

旅游资源保护包括保护旅游资源所形成的景物、景观、环境和意境。其中，景物就是奇松异石、林木植被等自然风景，以及古今人为的活动物体、历史文物等。景观就是与景物并存的"画面"，包括衬托景物的其他次要的景物。环境就是景物存在的空间环境。意境指的是环境气氛，即环境给人的感受。

旅游资源具有脆弱性，常常会受到不同程度的破坏。有些是可以在一定时间后自行修复，有些则会造成无法挽回的损失，减弱和毁损旅游目的地的吸引力。保护旅游资源就是保护旅游业的发展，保护旅游资源对实现生态环境的保护和旅游地文化的保护起到决定性的作用。

（一）旅游资源保护的重要性

1. 保护自然景观和旅游资源是维护生态平衡的重要内容

在环境污染和破坏日益频繁的今天，人类的生存正面临着严峻的挑战，环境保护已成为全世界人民的共同心愿。自然景观作为地理环境的重要组成部分，是历经亿万年的自然和人类演变过程而得以保存下来的具有旅游价值的珍贵资源，对它们的保护不仅是环境保护的重要内容，而且对维护生态平衡具有积极的意义。

2. 保护人文景观旅游资源是保护文化完整性和文化遗产的需要

地方文化作为反映人类社会发展历史各个阶段的活的标本和缩影，是人文景观旅游资源中最富生命力的组成部分。不同地域、不同民族的人们，在长期适应和改造大自然的过程中形成的独特的生产、生活习俗，以及宗教信仰，是人与自然和谐发展中的一种文化定位，具有其合理性。在进行旅游资源开发时，只有从弘扬民族文化的角度出发，保持其"原汁原味"，防止低级庸俗化的不良开发行为，地方文化的完整性和文化生态平衡才不至于被破坏，旅游地也才能显示出强劲的生命力。

此外，众多的古人类遗址、古建筑等历史遗存，不但是重要的人文景观旅游资源，其中的精华还以其极高的历史、文化和艺术价值，成为珍贵的世界文化遗产。正如历史不可逆转一样，古人遗留下的历史文化古迹一旦被破坏就不能再真正恢复原貌，即使付出极大的代价仿造，其意义已截然不同。

3. 旅游资源保护是旅游业可持续发展的根本保证

可持续发展作为规范人类活动的一种方式，日益为越来越多的人所接受，已成为 21 世纪人类经济、社会发展中的重大理论与实践课题。可持续发展的核心是发展经济，资源的可持续利用和生态环境的改善是标志，社会秩序不断全面进步是目标。简而言之，可持续发展就是要以最小的资源环境代价获取最大的发展效益。

■ **知识活页**

乡村旅游可持续发展的基本原则①

旅游可持续发展是可持续发展思想在旅游业中的具体贯彻和应用。1995 年，联合国教科文组织、环境规划署和世界旅游组织等，在西班牙召开的"可持续旅游发展世界会议"上所通过的《可持续旅游发展宪章》指出："旅游具有双重性，一方面，能够促进社会经济和文化的发展；另一方面，也加剧了环境损耗和地区特色的消失"；"可持续旅游发展的实质，就是要求旅游与自然、文化和人类生存环境成为一体，自然、文化和人类

---

① 《关于促进乡村旅游可持续发展的指导意见》的解读［EB/OL］. 中华人民共和国文化和旅游部，2018－12－11.

生存环境之间的平衡关系使许多旅游目的地各具特色，旅游发展不能破坏这种脆弱的平衡关系。"

乡村旅游是旅游业的重要组成部分，是实施乡村振兴战略的重要力量，乡村旅游可持续发展的基本原则为：

——生态优先，绿色发展。践行绿水青山就是金山银山的理念，注重开发与保护并举，统筹考虑资源环境承载能力和发展潜力，加强对乡村生态环境和乡村特色风貌的保护，强化有序开发、合理布局，避免急功近利、盲目发展。

——因地制宜，特色发展。根据区域特点和资源禀赋，以市场为导向，因地制宜，科学规划，积极开发特色化、差异化、多样化的乡村旅游产品，防止大拆大建、千村一面和城市化翻版、简单化复制，避免低水平同质化竞争。

——以农为本，多元发展。坚持以农民为受益主体，以农业农村为基本依托，尊重农民意愿，注重农民的全过程参与，调动农民积极性与创造性，加大政府的支持和引导力度，吸引更多的社会资本和经营主体投入乡村旅游的发展，释放乡村旅游发展活力。

——丰富内涵，品质发展。挖掘乡村传统文化和乡俗风情，加强乡村文物保护利用和文化遗产保护传承，吸收现代文明优秀成果，在保护传承基础上创造性转化、创新性发展，提升农村农民精神面貌，丰富乡村旅游的人文内涵，推动乡村旅游精品化、品牌化发展。

——共建共享，融合发展。整合资源，部门联动，统筹推进，加快乡村旅游与农业、教育、科技、体育、健康、养老、文化创意、文物保护等领域深度融合，培育乡村旅游新产品新业态新模式，推进农村一二三产业融合发展，实现农业增效、农民增收、农村增美。

（二）旅游资源遭到破坏的原因

破坏旅游资源的因素大体可分为自然因素和人为因素。

1. 自然因素

自然因素造成的破坏又可分为突发性破坏和缓慢性破坏两种，突发性破坏指的是自然界的某些突发性变化，如地震、火山喷发、洪水、泥石流等；

缓慢性破坏包括自然界的风化作用、侵蚀作用、氧化作用、风蚀作用、流水切割作用、地球板块移动、生物灾害等，如风蚀、水蚀、日照、白蚁等。

2. 人为因素

人为因素是多方面的，包括战争破坏、游客不良行为带来的破坏、经济建设不当造成的破坏、政治因素带来的破坏等。人为因素的破坏是比较严重的，大大超过了自然风化的破坏程度。

（三）旅游资源保护工作

对旅游资源的保护应采取以"防"为主、以"治"为辅、防治结合的原则。对于自然作用所带来的危害，主要采取必要的技术措施加以预防，如室内展览馆、隔离装置等。对于旅游者对旅游资源的破坏，应加强本地的旅游规划工作，还要制定必要的法律法规加以约束，对于违反有关规定者要予以制止，并视情节轻重给予批评、罚款乃至追究其法律责任。

小组讨论

举例遭到过破坏的旅游资源，分析其遭受破坏的因素，探讨如何做好旅游资源保护工作？

双创元素

齐鲁大地全力推动旅游资源融合开发｜"好客山东"品牌借创意蝶变

项目小结

1. 旅游资源在内容和构成上具有复杂性，其确切定义，目前国内外尚

107

未形成统一的表述。旅游资源通常是指自然界和人类社会，凡能对旅游者有吸引力、能激发旅游者的旅游动机，具备一定旅游功能和价值，可以为旅游业开发利用，并能产生经济效益、社会效益和环境效益的事物和现象。

2. 构成旅游资源的基本条件：一是对旅游者有吸引力，能激发人们的旅游动机；二是具有可利用性，随着旅游者旅游爱好和习惯的改变，旅游资源的包容范畴不断扩大；三是资源的开发能产生不同的经济效益、社会效益和环境效益。

3. 旅游资源具有观赏性和体验性、时限性和区域性、多样性和综合性、垄断性和不可迁移性、永续性和不可再生性、变异性和民族性的特点。

4. 按旅游资源的成因或其属性分类，常用的分类方法有"二分法"和"三分法"两种。"二分法"将旅游资源分为自然旅游资源和人文旅游资源两大类型；"三分法"将旅游资源分为三类：自然旅游资源、人文旅游资源和社会旅游资源。

5. 国家标准分类将旅游资源分为主类、亚类和基本类型三个层次，主类按照旅游资源的成因将自然旅游资源分为地文景观、水域景观、生物景观、天象景观与气候景观这四大主类，将人文旅游资源分为建筑与设施、历史遗迹、旅游购品和人文活动这四大主类。

6. 旅游资源基于旅游内容可以分为游览鉴赏型、知识型、体验型、康乐型。

7. 旅游资源调查是指运用科学的方法和手段，有目的、有系统地收集、记录、整理、分析和总结旅游资源及其相关因素的信息与资料，以确定旅游资源的存量状况，并为旅游经营管理者提供客观决策依据的活动。

8. 旅游资源调查有描述作用、诊断作用、预测作用、管理作用、效益作用。

9. 旅游资源调查的内容主要包括旅游资源环境调查、旅游资源存量调查、旅游要素调查、旅游客源市场调查。

10. 旅游资源调查程序主要包括准备、调查实施阶段、旅游资源调查整理分析阶段、编写旅游资源调查报告。

11. 旅游资源调查方法主要包括资料统计调查方法、田野调查法、询问调查法、现代科学技术法。

12. 旅游资源评价要遵循客观实际原则、综合效益原则、力求定量原则、动态发展原则。

13. 旅游资源评价一般包括旅游资源自身价值评价和旅游资源开发条件评价两个方面。旅游资源自身价值评价包括旅游资源特性和特色，旅游资源价值和功能，旅游资源数量、密度和布局，旅游资源容量；旅游资源开发条件评价主要包括区位条件、客源条件、环境条件、建设施工条件。

14. 旅游资源评价方法主要有定性评价法、定量评价法和国家标准综合评价法。定性评价法主要有"三三六"评价法和"六字七标准"评价法；定量评价法分为技术性单因子定量评价法、综合性多因子定量评价法。

15. 旅游资源开发要遵循永续利用、保护性开发、特色性、协调性、经济效益、社会效益和环境效益相统一的原则。

16. 旅游资源具有生命周期。

17. 旅游资源开发的内容主要包括旅游资源由潜在向现实的转化、提高旅游资源所在地的可进入性、建设和完善基础设施和配套设施、培训人才完善旅游服务、加强宣传促销，开拓客源市场、重视旅游资源的保护和可持续发展、营造良好的旅游环境。

18. 旅游资源保护是指维护旅游资源的固有价值，使之不受破坏和污染，保持自然景观和人文景观的原有特色，对已遭损坏的旅游资源进行治理。

19. 旅游资源遭到破坏的原因主要有自然因素和人文因素。

20. 旅游资源的保护应采取以"防"为主、以"治"为辅、防治结合的原则。

思考与练习

1. 阐述构成旅游资源的基本条件。

2. 查阅资料，按照旅游资源的等级及管理范围分类等分类标准对家乡旅游资源进行举例分类。

3. 阐述旅游资源调查包括的内容和旅游资源的调查方法。

4. 查阅资料，阐述家乡旅游资源的特色。

5. 阐述旅游资源开发的内容。

6. 如何做好旅游资源保护工作？

材料分析

黄果树建设世界级旅游景区[①]

黄果树旅游资源富集，不仅有世界名瀑黄果树大瀑布和神秘龙宫两大5A级景区，还有桥旅融合新地标坝陵河大桥；不仅有民族风情浓郁的布依八寨，还有郎宫、桃子村等热门乡村旅游点。如何用好优质资源，建设世界级旅游景区？

2023年，黄果树旅游区组建了以黄果树旅游区工管委、安顺旅游集团党政主要领导为组长的建设世界级旅游景区工作专班，通过设立12个工作组、制定工作计划任务65项、谋划项目22个，实行挂图作战、销号管理、全程问效，建设世界级旅游景区进程蹄疾步稳。通过政企联动，按照内外联合、共建共治的工作方式，在旅游秩序维护、招商引资、重大项目推进等工作中相互合作、相互衔接，确保世界级旅游景区建设各项工作有序高效推进。

从"引进来"到"留下来"，从单一景观游览到多元业态体验，为延长游客停留时间，黄果树旅游区围绕"吃、住、行、游、购、娱"六要素，用好自然珍宝和文化瑰宝两个"宝贝"，加强资源整合，持续提升旅游区业态丰饶度。

打造多元"吃"的精品业态。黄果树旅游区通过引进瑞幸、肯德基、麦当劳、祖母的厨房等国内知名品牌，打造西餐、奶茶、咖啡、特色小吃等快销品业态，加快打造形成多元主题美食景区，提升景区消费空间。

---

① 《贵州日报》整版关注建设世界级旅游景区"一棵树"的使命与担当 [EB/OL]. 黄果树景区官网，2024 - 04 - 14.

建设品质"住"的高端酒店及民宿集群。引进既下山、安岚、桔子水晶、漫心花间堂等国内头部酒店管理及品牌民宿，集群建设紫藤苑·臻品民宿、瀑布宿集·自然度假村等项目，高端品牌酒店及民宿产业遍地开花，提升景区格调品位。每逢旅游旺季，匠庐·阅山、文凡·峤山、云端·石头寨、山月集等民宿和各类酒店宾馆异常火爆，一房难求，游客休憩小住，享受慢时光，流连忘返。

构建便捷"行"的交通体系。构建"快旅慢游"交通体系，开通景区到荔波小七孔、西江千户苗寨、黄果树机场、安顺西高铁站等旅游直通车及黄果树到龙宫、格凸河、天龙屯堡景区直通车，新增"南京→安顺→丽江""西安→安顺→荔波"等4条航线，推出"黄龙屯格"景区直通车、小车小团等个性化定制服务，解锁景区畅行新体验。

完善优质"游"的设施保障。不断完善景区硬件设施建设，完成黄果树紫藤苑乘车长廊、龙宫自渡津码头等项目建设，修缮景区游道、护栏、浮桥、标识系统等，完善景区旅游厕所、咨询服务站、休憩场所、母婴室、应急小屋等，推进黄果树游客服务中心、黄果树大环线等项目建设，景区整体游览质量有效提升。

形成特色"购"的产业链条。黄果树旅游区突出本土创意、文化和品牌，研发"黄果树雪糕""菓菓玩偶""景礼·黄果树瀑布酒"等200余种文创产品。2023年，"景礼·黄果树瀑布酒"荣获特色旅游商品大赛金奖；引进贵州利通美途旅游发展有限责任公司，合作开设黄果树购物特产店，加快培植特色旅游商品产业。

持续丰富"娱"的深度广度。持续举办国际啤酒节、音乐节、龙虾节等系列活动及坝陵河国际低空跳伞赛、黄果树100越野跑等文体旅赛会活动，构建全季旅游发展体系，真正实现"淡季不淡"；推进黄果树大瀑布夜游项目提质升级和陡坡塘"光遇·西游"夜游项目打造，不断创新和丰富"夜间"消费场景；加快培育和发展徐霞客文化、龙宫龙文化，建设龙宫龙文化馆等沉浸式文化体验馆。

同时，贯穿线上线下开展宣传营销，跨平台、多媒体、全覆盖开展营销宣传，通过旅游区官方微信公众号、抖音等融媒体平台，高密度推介黄果树景区优质旅游资源；与国际、国内知名媒体平台开展深度合作，邀请网络大 V、知名博主、流量网红等，开展黄果树实景直播、云打卡等；深耕省内市场、深挖周边市场、开拓新兴市场，以"客源"为导向，陆续推出多种优惠政策及活动。

问题：

1. 分析黄果树景区是如何进行开发建设的。

2. 阐述旅游资源开发的原则和内容。

■ 设计展示

旅游资源调查与开发

按照《旅游资源分类、调查、评价》，挑选某地旅游资源进行调查，主要步骤如下：

1. 依据班级人数，对学生进行合理分组，自行选择旅游资源调查对象。

2. 利用资料搜集法、实地调研等调查方法对调查对象开展旅游资源调查，主要包括旅游资源环境调查、旅游资源存量调查、旅游要素调查、旅游客源市场调查等内容。

3. 形成旅游资源调查报告。

4. 尝试为该地旅游资源开发提出发展建议。

5. 梳理资料，以 PPT 形式进行展示汇报。

项目三　旅　游　业

📊 学习目标

知识目标	★掌握旅游业的概念界定、基本构成和性质特点。 ★熟悉旅游业主要行业部门的业务内容、发展现状及趋势。 ★了解旅游产品的概念、类型和特点，了解旅游新产品和新业态的类型及发展情况
能力目标	★能够收集和调查旅游行业信息，分析旅游业及其主要部门的发展现状和未来趋势。 ★能够在了解各类旅游产品和业态的基础上，提出旅游产品开发的创意和思路

续表

素质目标	★关注旅游业前沿动态和业态产品的融合创新，感受当代文旅从业者引领潮流、勇于创造的时代精神，增强创新意识和创新精神。 ★通过旅游业特点及各部门主要业务的学习，树立现代服务意识，爱岗敬业、精益求精，提升旅游服务意识和职业精神
价值目标	★感受旅游业的作用和贡献，认同并热爱旅游业，树立"游客为本、服务至诚"的旅游业核心价值观，培养旅游服务国家战略、旅游服务美好生活的责任担当

案例导入①

"十三五"时期，在以习近平同志为核心的党中央坚强领导下，全国文化和旅游行业坚持稳中求进工作总基调，贯彻落实新发展理念，坚持文化和旅游融合发展，加快推进旅游业供给侧结构性改革，繁荣发展大众旅游，创新推动全域旅游，着力推动旅游业高质量发展，积极推进旅游业进一步融入国家战略体系。

旅游业作为国民经济战略性支柱产业的地位更为巩固。"十三五"以来，旅游业与其他产业跨界融合、协同发展，产业规模持续扩大，新业态不断涌现，旅游业对经济平稳健康发展的综合带动作用更加凸显。旅游业作为国民经济战略性支柱产业的地位更为巩固；旅游成为小康社会人民美好生活的刚性需求；旅游成为传承弘扬中华文化的重要载体；旅游成为促进经济结构优化的重要推动力；旅游成为践行"绿水青山就是金山银山"理念的重要领域；旅游成为打赢脱贫攻坚战和助力乡村振兴的重要生力军；旅游成为加强对外交流合作和提升国家文化软实力的重要渠道。

"十四五"时期，我国将全面进入大众旅游时代，旅游业发展仍处于重要战略机遇期，但机遇和挑战都有新的发展变化。

---

① 国务院关于印发"十四五"旅游业发展规划的通知［EB/OL］. 中华人民共和国中央人民政府，2021－12－22.

■ **项目设计**

目的地城市旅游企业和旅游产品调查

以所在城市为目的地，组织班级学生通过分组任务和网络调查的方式进行旅游企业和旅游产品调查，全面了解该城市旅行社、旅游住宿、旅游交通、旅游景区、旅游餐饮、旅游购物、旅游娱乐等各部门的产品状况和典型代表企业，利用思维导图制作该城市旅游企业和旅游产品的谱系图。通过班级讨论和交流，尝试为该城市旅游业发展和旅游产品开发提出意见和看法。

任务一　旅游业的构成与特点

我国旅游活动的历史发展及世界各地的旅游情况皆可证明，旅游活动的大规模增长，实际上是由需求方面的推力因素（push factors）和供给方面的拉力因素（pull factors）共同作用的结果。这里所说的供给方面，就是为旅游者活动的开展提供便利服务的旅游业。旅游业作为旅游活动的三大要素之一，在旅游者与旅游资源之间起着桥梁作用，而且在促进和拉动旅游活动的发展方面，也是旅游活动体系构成中最积极、最活跃的一个要素。

一、旅游业的概念界定

"旅游业"也称为"旅游产业"，国际上一般称为"the tourism industry"或者"the travel industry"。但是，关于何为旅游业及如何界定旅游业，不同国家的学者及旅游组织尚未形成确切统一的回答。日本旅游学者土井厚（1981）认为，旅游业就是在旅游者和交通、住宿及其他有关单位中间，通过办理旅游签证、中间联络、代购代销，通过为旅游者导游、交涉、代办手续，此外也利用本商社的交通工具、住宿设施提供服务，从而取得报酬的行业。美国旅游学者伦德伯格（1980）认为，旅游业是为国内外旅游者服务的一系列相关的行业，关联到游客、旅行方式、膳宿供应设施和其他各种事物。世界旅游业理事会（WTTC）提出旅游业是为游客提供服务和商品的企业，包括接待（旅馆、餐馆）、交通、旅游经营商和旅游代理商、景点，为游客提供供给的其他经济部门。中国旅游学者王大悟和魏小安（1998）认为，旅游业是满足旅游者在旅游活动中的食、住、行、游、购、娱等各种需要，以提供旅游服务为主的综合性产业，它由有关的国民经济及旅游相关的行业、部门等构成，其中包括支撑旅游业生存和发展的基本行业，并涉及许多相关行业、部门、机构及公共团体。

　　虽然学术界对于旅游业的概念界定尚未形成定论，但大部分专家学者都认可，旅游业的界定标准不同于传统产业，主要差异表现为两点：第一，旅游业各相关企业的主营业务和产品各不相同，其界定标准不是"相似的业务和产品"，而是旅游者这一共同的服务对象，因此它是一个需求取向的定义，而非供给取向的定义；第二，为满足旅游者的多样性需求，旅游业的业务和产品来自多个行业，因此旅游业是一种综合性产业，是多种行业的集合体，而且绝大多数旅游企业实际上隶属于某一传统的标准产业。比如，酒店企业隶属于传统住宿业，航空公司隶属于传统运输业。

　　综上所述，本书更认同李天元（2003）教授的观点，将旅游业定义如下：旅游业是以旅游消费者为服务对象，为其旅游活动的开展创造便利条件并提供其所需商品和服务的综合性产业。

■ **知识活页**

定义旅游业的意义

　　对旅游业进行定义有学术和实践两个方面的需要。第一，研究的需要。一个学科的研究首先要求对这一个学科的研究内容有一个标准的定义，在定义的限制下建立研究对象和研究内容。第二，实践的需要。度量旅游经济活动对地方、国家和全球的社会、经济和环境影响要求有统一的口径。因此建立地区之间统计数据的一致性和可比性是必不可少的前提条件，而得到这些数据必须有统一的标准。

　　旅游业定义的困难也有两个方面。一是范围的模糊性，与其他产业不同，旅游产业不是一个单一产业，而是一个产业群，由多种产业组成，具有多样性和分散性，旅游业包括景点经营、旅行社和旅馆服务业、餐饮服务业、交通业、娱乐业和其他许许多多的经营行业。这些行业同时也为当地居民提供服务，因此旅游业的概念和范围存在模糊性和不确定性。二是统计上的困难性，旅游业的模糊性和不确定性为旅游分析和决策带来一定的困难。在所有国家中，建立可靠的产业信息库，评估旅游业对地方、全国和世界经济的贡献都十分困难。由于定义的模糊性导致统计测量的困难，因此至今仍然没有给出旅游业对世界经济的贡献和经济影响程度的准确数据。同时旅游统计也成为旅游研究的一个重要组成，并且日益受到关注。

旅游业的精准定义对旅游统计量度的准确性是十分重要的，准确性直接关系到评估旅游业和旅游活动直接、间接和诱发性的经济影响，关系到旅游设施和资源的规划与开发，关系到如何确定旅游者结构并制定营销和促销策略，以及识别游客的流向、方式和偏好等。

二、旅游业的构成

旅游业是一个综合性产业，包含多个行业和部门，其具体构成主要有以下几种观点。

（一）三大支柱

根据联合国制定的《国际标准产业分类》，基于旅游者的消费开支在相关经济部门间的主要流向，旅游业主要由旅行社部门、交通客运部门和旅游住宿部门三部分组成，这三个经济部门属下的企业构成了三种主要类型的旅游企业。在我国，人们通常将旅行社、交通运输业、住宿业称为旅游业的"三大支柱"，这也是与旅游活动相关程度最为密切的三个部门。

（二）五大部门

就一个国家或地区的旅游业发展而言，特别是基于旅游目的地营销的角度，旅游业应至少包含"五大部门"，分别是旅行业务组织部门、交通运输部门、住宿接待部门、游览场所经营部门及目的地旅游组织。其中，旅行业务组织部门以旅行社企业为代表，交通运输部门以航空公司、铁路公司为代表，住宿接待部门以饭店企业为代表，游览场所经营部门以景区景点为代表，目的地旅游组织以各级旅游行政组织和旅游行业协会为代表。

（三）八大部门

旅游活动从内容上涉及食、住、行、游、购、娱六大基本要素，旅游业要全面服务于旅游活动的开展，除了上述"三大支柱""五大部门"以外，还应包括六大要素的供应商。因此，基于旅游活动要素的角度，旅游业的基本构成至少应包含八个部门，分别是旅行社部门、交通客运部门、住宿服务部门、旅游景点部门、餐饮服务部门、旅游纪念品/用品零售部门、娱乐服务部门、目的地旅游组织。

（四）直接旅游企业和间接旅游企业

在各类旅游企业中，有的企业营收主要依赖于旅游消费者，有的企业虽然也为旅游者提供服务，但旅游收入在其收入总额中占比不大。因此，基于企业对旅游消费者的依赖程度，旅游企业可分为直接旅游企业和间接旅游企业。

直接旅游企业的大部分营业收入来自直接为旅游者提供服务的业务。对于直接旅游企业而言，没有旅游者便无法生存，如旅行社、航空公司等；间接旅游企业的业务中虽然也包括为旅游者提供服务，但因此而获得的旅游收入在其营业收入总额中所占的比例并不是很大，因而旅游者的存在与否并不危及其生存，如汽车租赁公司、市区景点等。

📚 **课堂小测验**

1. 举例说明哪些旅游企业属于直接旅游企业？
2. 举例说明哪些旅游企业属于间接旅游企业？

三、旅游业的性质

（一）经济性

旅游业作为国家产业结构中第三产业的一员，其本质属性是经济性。首先，旅游业是社会经济发展到一定阶段的产物，没有一定的经济发展水平作保证，就不可能产生旅游需求与旅游供给。其次，旅游业由各种组织类型不同、服务范围不同、提供服务方式也不同的企业组成，这些企业直接或间接地为旅游者的旅游活动提供产品与服务，从中盈利并力图通过经济核算以获得最佳经济效益。许多国家都已经把旅游业列为国民经济中的一项重要产业，并纳入经济社会发展的规划之中。最后，旅游业可以带动与旅游有关的其他经济行业的发展，进而带动地区经济发展，还可以增加外汇收入，拓宽货币回笼渠道。

（二）文化性

从消费角度看，旅游消费主要就是一种文化性消费，旅游业具有一定的文化性。旅游者通过支付一定的金钱与时间从事旅游活动，其动机就是为了获得一种物质文化享受以满足其较高层次的心理需求。旅游者在食、住、行、游、购、娱等方面所付出的消费，其本质就是文化消费，如旅游者欣赏名山大川、了解文物古迹、体验民俗风情、品尝美味佳肴、感受旅游乐趣，都是文化消费行为。旅游业就是以生产与制造能满足这种旅游消费需要的产品为己任，并通过与旅游消费者的交换而获得经济效益的。

虽然旅游业同时具备经济性和文化性两种属性，但这两种属性的作用和地位是不一样的。经济性是旅游业的本质属性，因此可以说旅游业是具有丰富文化内涵的经济性产业。

四、旅游业的特点

（一）综合性产业

旅游业的综合性特点是由旅游者需求的多样性决定的。旅游业包含"三大支柱""五大部门""八大部门"，行业产品来源于食、住、行、游、购、娱等多类企业，综合性特点突出。

认识旅游业的综合性特点，对于旅游业的经营管理具有重要意义。在目的地旅游产业链上，任何一个行业甚至企业的滞后或失误，都会影响目的地的旅游发展，导致其他旅游企业的损失。因此，各类旅游企业之间的利益是密切相关的，它们相互依赖、一荣俱荣一损俱损。但是，各旅游企业的经营是分散的，为追求自身经济利益各行其是。企业之间利益紧密相关却分散经营，这就需要一个旅游目的地综合管理的角色来进行协调。在我国，目前主要由相关行政部门担任这一角色，而在一些旅游发达国家，更多的是由旅游行业组织承担该职责。

（二）劳动密集型的服务性产业

旅游业属于第三产业即服务业，其产品供给虽然复杂多样，需要依托有形的资源和设施，但其产品价值主要体现在服务上。对于旅游者而言，旅游消费更多是为了追求精神上的享受和满足，这种体验感的美好与否，是由旅游服务决定的。因此，旅游业是服务性产业。

旅游业还是劳动密集型产业。国际学术界普遍认为，一个行业或企业的工资成本在其全部经营成本中所占的比重越大，其劳动密集程度就越高，当这一比重达到或超过50％时，该行业或者企业就属于劳动密集型行业或企业。对于多数旅游企业而言，其经营的产品都是表现为劳务的旅游服务，并且生产过程中不涉及大量的原材料消耗，从而使工资成本在其全部经营成本中占据了很高的比重。也正是由于劳动密集型的特点，旅游业成为很多地区吸纳就业、解决就业问题的重要方式。

（三）政策性强的产业

旅游发展的成败，政府起着至关重要的作用。特别是在现代旅游发展时期，面对不断变化的形势，各国普遍主动地应用旅游政策进行宏观管理，取得了成效。旅游政策确立了旅游产业发展目标，依靠其普遍的指导性和一定的强制性，通过引导、控制、扶持等手段，对旅游业产生积极主动的作用。我国研学旅游市场的大爆发、文旅融合高质量发展，以及"旅游＋"业态的不断涌现，都离不开旅游政策的加持。

■ **知识活页**

推进旅游业发展的相关政策

1. 为落实国务院提出的"加快自驾车房车营地建设，2016年建设500个营地"的部署，国家旅游局联合公安部、交通运输部、国土资源部、住房城乡建设部、国家工商总局等六部委印发《关于加快推进2016年自驾车房车露营地建设的通知》，加快推进自驾车房车营地建设。

2. 2016 年底，教育部等 11 部门印发了《关于推进中小学生研学旅行的意见》，要求各地将研学旅行摆在更加重要的位置，推动研学旅行健康快速发展。

3. 2022 年 7 月，文化和旅游部、公安部、自然资源部、国家乡村振兴局等 10 部门印发《关于促进乡村民宿高质量发展的指导意见》，计划到 2025 年初步形成布局合理、规模适度、内涵丰富、特色鲜明、服务优质的乡村民宿发展格局，需求牵引供给、供给创造需求的平衡态势更为明显，更好满足多层次、个性化、品质化的大众旅游消费需求，乡村民宿产品和服务质量、发展效益、带动作用全面提升，成为旅游业高质量发展和助力全面推进乡村振兴的标志性产品。

4. 2022 年 11 月，中国文化和旅游部、发展改革委、国家乡村振兴局等 14 个部门联合印发《关于推动露营旅游休闲健康有序发展的指导意见》，鼓励各地采取政府和社会资本合作等多种方式支持营地建设和运营。

旅游政策性强的特点还表现在国际旅游业务的开展。无外交，不旅游。无论哪一个国家，旅游业在开展出入境旅游业务方面，都不能违背本国的涉外政策。两个国家只有建立外交关系，才可能会有正常的旅游业务往来。比如，2019 年 9 月 21 日，中国和所罗门群岛两国相互承认并建立大使级外交关系。同年 10 月，所罗门群岛正式成为中国公民出境旅游目的地国。再比如，我国实施的过境免签政策和离境退税政策，为过境外国人在华从事旅游观光等短期活动提供了便利，入境旅游人数和旅游收入明显增加。

（四）脆弱性和敏感性产业

行业实践表明，旅游业的经营随时会受到多种内部因素和外部因素的影响和制约。外部因素是指影响旅游业经营的外部环境，各种自然的、政治的、经济的和社会的因素一旦出现不利变化，都可能对旅游业的经营产生影响，如自然灾害中的地震、泥石流等，政治因素中的国家关系恶化、政治动乱、恐怖活动等，经济因素中的经济危机等，这些影响因素都可能导致旅游业的停滞甚至倒退。例如，2008 年汶川地震致使四川旅游业遭受重大挫折，2020 年新冠疫情让整个世界旅游业陷入停顿。

■ 小组讨论

当旅游企业受到经济危机、地震或者疫情等重大事件影响后，你认为应该如何应对，才能帮助企业快速恢复业务，增强自身竞争力？

■ 思政元素

"跨越疫情、创见未来" 2020 龙耀奖案例展示

新冠疫情对旅游业的打击非常大，疫后的旅游恢复也成为文旅企业和文旅人面对的难题。引入"跨越疫情、创见未来" 2020 龙耀奖的精选案例，一方面，让学生深刻认识到疫情下文旅行业的艰难，理解旅游业的脆弱性、敏感性特点；另一方面，通过案例中的竞争、拼搏和创新，激发学生的斗志和信心，感受文旅人迎难而上、不断超越的时代精神和职业道德。

任务二 旅游产品

一、旅游产品的概念

科特勒等（2010）认为，产品是指任何能够提供给市场，供人们注意、获得、使用或消费，并可以满足人们需要或欲望的任何东西，包括实物、服务、场所、组织和构想。因此，凡是能够满足旅游者旅游活动需要的设施、服务、游览场所、企业组织和创意设计，都属于旅游产品的范畴。可见，旅游产品（tourism product）既有有形的内容，也有无形的服务，它是旅游经营者为旅游者提供的满足其特定需求的服务和事物的组

合，包括整体旅游产品和单项旅游产品两个方面。

（一）整体旅游产品

基于旅游者需求的角度，整体旅游产品（the total tourism product）是旅游目的地或旅游企业为满足旅游者旅游活动的需要，所提供的各种接待条件和服务的总和。其中，接待条件既包括有形的物质条件，如旅行社、酒店、餐饮机构、游客中心、游步道、游憩设施等，也包括无形的非物质条件，如当地的社会文化氛围；服务既包括由旅游企业专门为游客提供的导览、康养、娱乐等商业服务，也包括旅游咨询这样的非商业服务。对旅游者来说，整体旅游产品就是从离家外出之时开始，直至完成全程旅游活动并返回家中为止，所实现的完整旅游经历或体验的总和。李天元（1993）教授曾经用"4As"对整体旅游产品进行归纳，分别为 Attractions（以旅游资源和旅游景点为代表的旅游吸引因素）、Access（包括交通基础设施和运营服务的可进入条件）、Amenities（必要的旅游接待设施和服务）、Attitudes（当地居民友善好客的社会氛围）。

（二）单项旅游产品

基于旅游企业供给的角度，单项旅游产品（the specific tourism product）是旅游企业为旅游者提供的各种服务项目，比如，旅行社提供的导游服务、酒店提供的住宿服务、景区提供的游览及讲解服务、航空公司提供的运输服务等。这些服务项目都属于整体旅游产品的组成部分，既可以打包出售，如旅行社销售的山东半岛五日游产品、桂林山水三天两晚精华游等包价旅游产品，也可以仅以单项的形式出售，因此被称作单项旅游产品。同整体旅游产品一样，单项旅游产品也是一种经历性或体验性产品。

二、旅游产品的类型

按照不同的依据，旅游产品有各种不同的分类方式。

按照产品形态分类，旅游产品可分为以旅游设施设备、旅游纪念品为代表的物质类产品，以及以餐饮、住宿、导游讲解、线路设计为代表的服务类产品，其具体分类如图 2-2 所示。

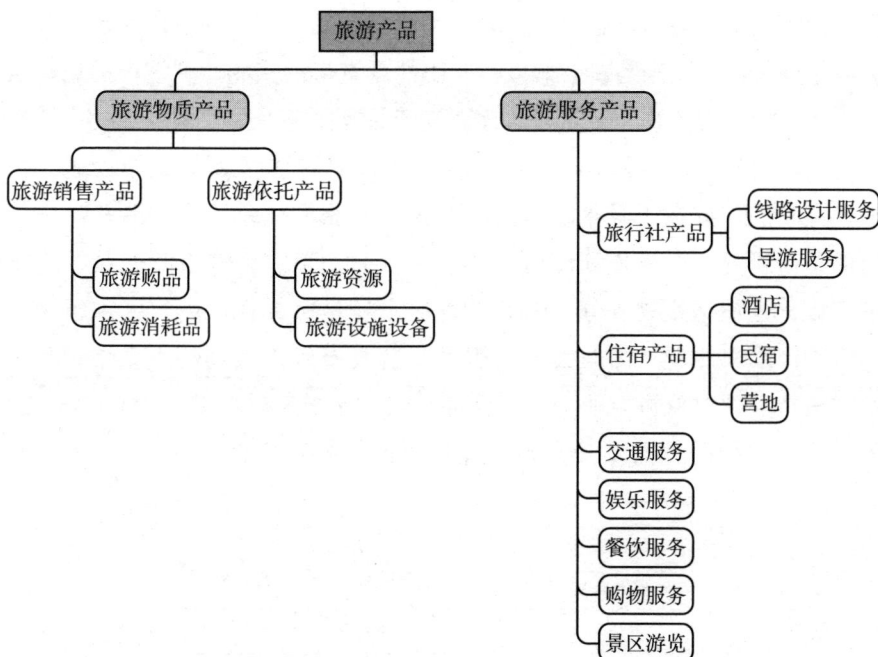

图 2 - 2　旅游产品按产品形态分类

按照产品性质分类,旅游产品可分为观光旅游产品、度假旅游产品、专项旅游产品三大类别。其中,专项旅游产品主要包括文化旅游、节庆旅游、生态旅游、康养旅游、研学旅游、工业旅游、农业旅游等。

按照产品的时代特征,旅游产品可分为传统旅游产品和新型旅游产品。传统旅游产品主要指出现较早、为人们所熟知的旅游产品,如观光旅游、文化旅游、商务旅游等。新兴旅游产品是随着现代旅游活动的开展,为满足现代游客需求新出现的旅游产品,如康养旅游、研学旅游、工业旅游等。

另外,根据经营管理和产品开发的实际需要,旅游产品还可以按照旅游者的参与程度、旅游产品功能层次及旅游产品组成状况等多种方法进行分类。

三、旅游服务产品

作为现代服务业的重要组成部分,旅游业的产品属于商业服务类产品。判断一个产品究竟是实物产品还是服务产品，可以通过消费者购买产品后最终的获得物来判断。如最终获得的是有形的实物，则该产品属于实物产品；如获得的是无形的利益，则该产品是服务产品。旅游活动中游客也会接触到各种各样的实物，如旅游交通、旅游住宿及餐饮等设施，但这些实物的作用在于服务游客的旅游经历和旅游体验，旅游消费的根本目的是获得身心的愉悦和旅行的便利。因此，虽然很多旅游产品既包括劳务成分也包括实物成分，但其在性质上还是服务性产品。区别于制造业实物产品，旅游产品与大多数服务产品具有很多共同特点。认识和了解这些特点，对旅游企业的经营及旅游目的地的营销有非常重要的意义。旅游服务产品的特点及其对旅游业经营的影响主要有以下几个方面（见表2-6）。

表2-6　　　　　　　旅游服务产品的特点及其对旅游业经营的影响

特点	表现	产生的问题	旅游业对策
无形性	看不见的服务：非物质的无形产品	游客购买前难以对其品质或性能进行实际查验	使无形产品有形化，促使和帮助旅游者做出购买决策
不可转移性	1. 空间上不可转移；2. 所有权不可转移	1. 旅游者只能前往旅游地消费；2. 只有使用权，无权转让、分享、破坏	1. 解决可进入性，完善交通设施和运营；2. 明确旅游消费者权益
不可储存性	产品价值捆绑于特定时间，一旦空置，就失去当日价值	旅游产品在旺季供不应求，淡季存在价值浪费	差别定价、淡季营销，刺激市场需求
生产与消费的同步性	产品生产和消费同时发生，并涉及双方互动	服务质量容易受到影响，增加服务标准化实施的难度	1. 加强一线员工的培训，重视岗位制度和服务流程的标准化管理；2. 鼓励预订

（一）旅游服务产品的特点

1. 无形性

实物产品是使用相关材料制造出来的，而服务产品是以劳务形式表现出来的，旅游产品的无形性就表现为看不见的服务。这种无形性使消费者在购买前无法货比三家，更无法通过自己的感官去判断产品的品质，从而增加了旅游者的购买难度，不利于刺激消费者购买。因此，旅游企业经营者有必要采取相应措施，努力使产品有形化，促使和帮助他们作出购买决策。比如，旅游企业借助宣传册、宣传片、网站等可视化资料尽可能多地呈现产品的特质；再比如，旅游景区、酒店、民宿等企业积极参与等级评定，从而获得旅游消费者的信任。

课堂小测验

旅游产品有形化的方式有哪些？旅游企业如何实现旅游产品有形化，从而获得旅游消费者的信任？

2. 不可转移性

旅游产品的不可转移性有双重含义。一是旅游产品在空间上不可转移，旅游者只能前往旅游目的地进行消费，因此完善交通设施和运营，提高可进入性成为旅游开发和经营的先决条件；二是旅游产品的所有权不可转移，消费者购买的仅是产品的使用权，对于旅游设施和旅游服务而言，消费者无权转让和分享，更无权破坏。因此，旅游企业必须明确消费者权益，避免产生权益纠纷。

3. 不可储存性

旅游者购买旅游产品后，旅游企业只在规定时间内交付产品使用权。一旦买方未能按时使用，便需要重新购买并承担不能按时使用而给卖方带来的损失。对旅游企业来讲，旅游产品的效用是不能积存起来留待日后出售的。随着时间的推移，其价值将自然消失，而且永远不复存在。因为新的一天来临时，它将表现新的价值。所以旅游产品的效用和价值不仅固定在地点上，而且固定在时间上。无论是航空公司的舱位还是酒店的床位，只要有一定闲置，所造成的损失将永远无法弥补回来。因此，旅游产品表现出较强时间性的特点。

4. 生产与消费的同步性

一般情况下，旅游服务产品在生产时，需要生产者和消费者共同参与。比如，导游服务的生产过程也是游客游览消费的过程，餐饮服务的过程同时也是消费者享用服务的过程。旅游服务产品的生产和消费同时发生并涉及双方互动，这一过程很容易受到周边环境因素及生产和消费双方情绪因素的影响，从而导致服务质量波动。因此，旅游企业有必要加强员工培训，特别是一线工作人员的标准化服务培训，严格进行服务质量控制，保证顾客满意。

（二）旅游服务产品的质量

旅游服务产品的质量是旅游业生存和发展的生命线。旅游服务质量是旅游业作为现代服务业的内在属性，是企业的核心竞争力，是衡量行业发展水平的重要指标。加强旅游服务质量监管、提升旅游服务质量是推进旅游业供给侧结构性改革的主要载体，是旅游业现代治理体系和治理能力建设的重要内容，是促进旅游消费升级、满足人民群众多层次旅游消费需求的有效举措，是推动旅游业高质量发展的重要抓手。那什么是高质量的旅游服务，如何衡量和评价旅游服务质量呢？根据李天元（2003）教授的观点，旅游服务产品的质量衡量可使用"二元化"标准，即合乎质量标准的服务产品，必须同时满足外部标准和内部标准的要求。

内部标准指旅游服务能符合并满足该项工作本身的规范要求，比如，服务岗位的基本职责要求、标准化的服务流程等，内部标准是优质服务的保障。外部标准指旅游服务能符合并满足顾客的预期，即能够实现顾客满意，这要求服务人员能根据游客的具体需求提供个性化服务和情感服务。外部标准是优质服务的结果和目标。

■ 经典案例

小王是青岛某高尔夫俱乐部简餐厅的实习生。该俱乐部以日韩客源为主，语言障碍成为制约其服务质量的一大难题。一天，一名韩国客人在餐厅落座，小王立即按照餐厅规定，使用直身杯盛装八分满冰水为客人服务。在客人一饮而尽后，小王接连两次为客人添加冰水，保持水杯八分满，但这一举动却引起客人不满。小王立即求助导游了解情况，原来韩国因淡水资源缺乏，国民节水意识强烈。该韩国客人并不准备用餐，只是在此等待朋友，几分钟后便要离开，因不舍冰水浪费才努力喝完，没想到小王一次又一次的殷勤服务让他有苦难言。经过这件事后，小王接受导游的建议，服务韩国客人时无须太过主动，等待客人招呼即可。经过几天的实践验证，餐厅客人都对小王的服务表示满意。但是，小王这种"等待客人招呼再针对性服务"的做法被餐厅领班视为"偷懒""不够殷勤"，并进行了多次批评。为此，小王非常苦恼，殷勤服务是岗位要求，但却容易引发客人反感；他的个性服务虽然能让客人满意，但却有悖于岗位服务规范。

思考讨论：

1. 如果旅游服务的内部标准和外部标准发生矛盾，应该优先满足哪一个标准？

2. 你认为小王应该如何解决当前的困境？

3. 谈谈你的看法：作为旅游服务人员，应该如何提供优质服务，提升顾客满意度？

思政元素

迪士尼乐园的极致服务

旅游业是服务性行业，一线人员的服务态度和服务水平至关重要。学习中通过"迪士尼乐园的极致服务"案例的讨论，感受迪士尼乐园的服务理念和服务细节，了解迪士尼景区的核心价值就在于服务，既有"游客为本，服务至诚"的理念，又有满足游客各种需求的技能，还有想游客之所想、急游客之所急的服务态度，从而培养真诚服务的旅游服务意识和不断提升服务技能的敬业精神。

四、旅游目的地产品

（一）旅游目的地产品的概念内涵

英国学者霍洛韦（1997）从地理学角度将旅游目的地外延范围给予界

定："一个旅游目的地可以是一个具体的风景胜地，或者是一个城镇，一个国家内的某个地区，整个国家，甚至是地球上一片更大的地方。"① 如果从目的地范畴理解旅游产品可以这样表述：从供给方来讲，目的地产品是目的地各企业和部门凭借旅游资源和旅游设施，向旅游者提供其在整个旅游活动过程中所需的全部服务和商品总和；对需求方游客来讲，目的地产品是一个复杂的消费体验，其在目的地游览中使用多种旅游服务（信息、交通、住宿和吸引物）。所以，目的地可以被认为是其旅游产品和游客体验的混合物。总的来说，一个旅游目的地产品就是一个整体的旅游产品，能满足其特定旅游目的的各种旅游资源、旅游设施和服务体系的空间集合。

（二）目的地旅游产品的类型

关于旅游目的地分类，目前尚无大家基本认同的分类方式。弗兰克·豪伊（2006）在《旅游目的地的经营与管理》中，对旅游目的地有个简单的分类，大致分为"城市（特别是历史文化名城、文化名城和旅游城市）、村庄和小城镇、度假胜地、受保护地区（特别是拥有大量自然风光的乡村地区）、生物带、国家"，显然，主要是依据旅游目的地的资源属性情况来判断的。另外，一些要素功能完善的景区也可以视为旅游目的地。

根据旅游目的地的主导性旅游功能和资源特征，目的地产品大致可以分为四种类型，但它们之间有一定的交叉性，具体内容如表 2 - 7 所示。

表 2 - 7　　　　　　旅游目的地产品按主导功能和资源特征分类

类别	功能特征	产品类型举例
度假型目的地	指那些能满足旅游者度假、休闲和休养需要的目的地	海滨度假地、温泉度假地、森林度假地、山地度假地、乡村度假地等
观光型目的地	满足"风景"观赏和审美情感需要的目的地，在旅游产品中占据较大比重	气象、山地、湖泊观光、草原、沙漠等自然观光地，以及名胜古迹、城市、公园和工业园等人文观光地
文化型目的地	具有典型的地域文化、文化遗产等特色，能够满足文化体验的旅游地	博物馆、历史文化名城、文化创意园、民族风情园等
主题型目的地	依托主题园区发展的景区目的地	主题乐园、影视城、海洋公园等

---

① ［英］C. J. 霍洛韦. 论旅游业：二十一世纪旅游教程［M］. 孔祥义，等译. 北京：中国大百科全书出版社，1997.

　　另外，随着大众休闲及旅游近程化的发展趋势，"微度假"目的地供给了一种全新的度假产品。从目前市场较成熟的项目来看，根据其核心驱动产品，微度假目的地产品主要可分为七种类型（见表2-8）。

表2-8　　　　　　　　　　　微度假目的地产品类型

产品类型	典型案例	
	案例信息	补充说明
民宿集群型	名称：计家墩理想村 区位：苏州市昆山锦溪，距离上海和苏州市区均1小时车程 占地面积：核心启动区150亩 开业时间：2017年 客源：以上海为主体的核心客群 业态：民宿集群+餐饮+咖啡馆+手作工坊+亲子乐园+市集	理想村聚焦民宿产业，集结原舍、大乐之野、树果等高端品牌民宿形成集群，将资源集中优化组合，运用民宿集群的品牌聚集效应、市场联动性和特色品质化服务，配套多项休闲体验业态，形成"1+X"的生活方式集群，通过民宿产品带动配套业态形成旅游完整产业闭环的微度假目的地
户外营地型	名称：日光山谷 区位：北京密云，距离北京市区约1小时车程 占地面积：约1000亩 开业时间：2018年 客源：以北京及周边城市为主体的核心客群 业态：露营住宿+会所+户外运动+自然教育+亲子娱乐+餐饮配套	日光山谷以露营地为入口，依据山谷的独特地形量身打造房车、木屋、民宿、野奢帐篷、集装箱和新民居6种不同的住宿形式，满足不同客群的住宿需求。与迪卡侬运动体验公园、ATV越野车和卡丁车赛道、趣味登山步道等户外休闲运动相融合，联合周边景区开发了16条旅游线路，形成集多功能于一体的高端营地生活目的地
休闲农庄型	名称：集趣·共享农庄 区位：成都新津，距离成都半小时车程 开业时间：2018年 客源：以成都及周边地区为主体的核心客群 业态：乡村体验活动+装配式乡村民宿+特色农产品销售	引入装配式建筑，有效利用农村土地资源，将温室花园、几何菜园、造型果园等创意做成地标景观。融入CSA市民农场、田园开放餐桌、会员认养果园等运营模式，接轨年幼的研学客群和年长的康养客群需求，拉长客群在乡村的停留时间和消费频次，让微度假目的地成为一种田园生活方式
康养疗愈型	名称：青城山六善酒店 区位：都江堰青城山，距离成都约1小时车程 占地面积：约200亩 开业时间：2015年 客源：以成都为主体的核心客群 业态：精品酒店+六善SPA+生态有机农庄+儿童俱乐部+特色餐饮	作为国际知名高端疗愈酒店品牌，六善选择成都70千米以内但地处幽静的青城山，落地国内唯一一家系列酒店，除了青城山优越的自然禀赋符合其疗愈主题特色外，交通通达性强让客群便于抵达，又不失高端休闲度假的私密性

产品类型	典型案例	
	案例信息	补充说明
文化创意型	名称：庾村1932文创园 区位：德清莫干山镇，距离杭州1小时车程，距离上海2.5小时车程 占地面积：2.5万平方米 开业时间：2013年 客源：以长三角经济圈为主体的核心客群 业态：特色产业+文创市集+生态乐园+主题酒店+书屋+餐饮配套	以当地特色的养蚕业为主题元素，通过文化创意的再造，有效利用当地原材料，结合原生态地形和纯手工打造，延伸开发蚕种场文创市集、桑茧花园、茧咖啡、茧舍、蚕宝宝乐园等主题特色产品，成为长三角地区独特的以文创艺术为引擎的微度假目的地
特色景观型	名称：浮云牧场 区位：四川阿坝州理县，距离成都170千米 占地面积：120亩 开业时间：2016年 客源：以成都及周边城市为主体的核心客群 业态：主题酒店+帐篷体验区+景观拍照打卡地+牧场养殖+种植观赏体验区+恒温半山泳池+儿童游乐房	浮云牧场从本质来说是一个半高山体验型野奢酒店，由于位于2600米的少数民族高海拔地区，得天独厚的自然风光和民族特色本身就能吸引游客的到来。项目主创者在初期投资2000万元，除了用于打造酒店主体，还规划设计了帐篷房、高山秋千、无边泳池、玻璃景观平台、蒲公英草地、动物养殖等轻资投入的景观体验型产品。2018年短视频传播激增后，在抖音上爆火，成为成都周边一处必去的"网红打卡地"，热度经久不衰
主题娱乐型	名称：上海奇迹花园 区位：上海浦江郊野公园，距离上海市中心半小时车程 占地面积：约650亩 开业时间：2017年 客源：上海城市客群 业态：花卉展园+智能儿童探索中心+精灵剧场+开心农场+光影秀	上海奇迹花园是一座集世界花卉艺术、智能亲子拓展和科普认知教育于一体的森林花乐园。经过专业的规划设计将花卉艺术、展陈艺术、灯光艺术等形式，打造了十大类主题景观、多种季节主题特展和亲子研学产品，让游客产生集乐和亲子教育于一体的微度假体验，达到一年多次重游的效果

任务三 旅行社行业

旅行社行业是旅游业中主要的经营部门之一。国际上普遍认为旅行社行业在旅游业经营中扮演"中间商"的角色，也就是充当饭店和航空公司等旅游供应商的产品分销渠道，如图2-3所示。

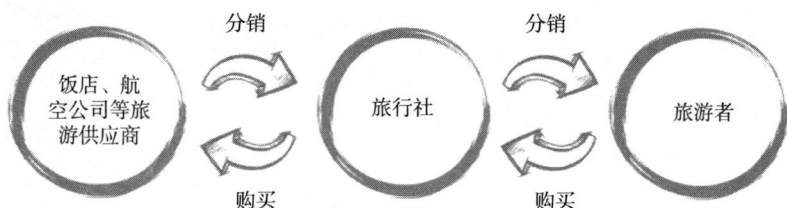

图 2 - 3　旅行社行业扮演中间商角色

一、旅行社的界定

按照 2009 年《旅行社管理条例》的界定，旅行社是指从事招徕、组织、接待旅游者等活动，为旅游者提供相关旅游服务，开展国内旅游业务、入境旅游业务或者出境旅游业务的企业法人。原国家旅游局 2009 年发布的《旅行社条例实施细则》中对"招徕、组织、接待旅游者"及"提供相关旅游服务"进行了具体说明，进一步界定了旅行社的两大核心业务，即为旅游者安排交通、住宿、餐饮、观光游览和休闲度假等方面的服务；为旅游者提供导游、领队、旅游咨询、旅游活动设计等方面的服务。因此，凡是经营上述旅游业务的营利性企业，不管使用的具体名称是旅行社、旅游公司、旅游咨询公司或其他称谓，皆为旅行社企业。根据文旅部统计，截至 2022 年 9 月，我国共有旅行社企业 44359 家。[①]

二、旅行社的分类

虽然旅行社行业是世界公认的旅游中间商角色，但因为各国旅行社的分工方式有所不同，所以旅行社也分为不同的类型。

（一）欧美国家旅行社的分类

欧美国家多是根据主营业务类型将旅行社分为三大类，分别是旅游批发/经营商、旅游零售商及专项旅游策划/组织商。欧美国家三类旅行社的业务区别如图 2 -4 所示。

---

① 资料来源：中华人民共和国文化和旅游部官网。

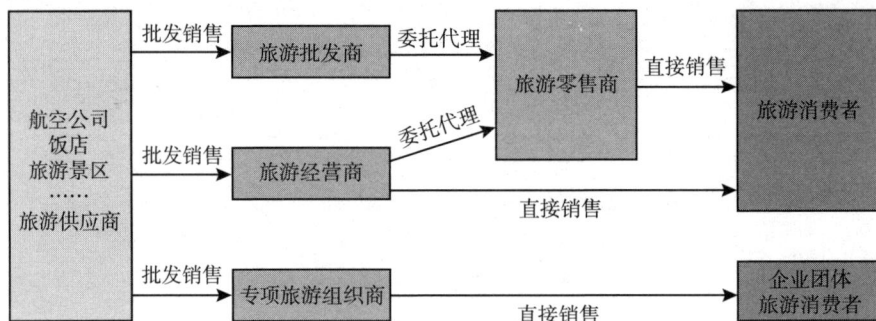

图 2 - 4 欧美国家旅行社的分类

1. 旅游批发/经营商

旅游批发/经营商，即主要经营批发业务的旅行社企业。此类旅行社主要从事生产、组织和推销旅游产品。它们预先以市场上最低的价格，大量购买交通、饭店、旅馆、娱乐场所、旅游景点等旅游企业的产品，然后将其组合成包价旅游产品或集合旅游产品，通过旅游零售商向广大旅游者销售。这类旅行社又分为旅游批发商（tour wholesaler）和旅游经营商（tour operator），两者唯一的区别在于销售渠道不同。旅游批发商在组成自己的包价旅游产品之后，并不直接面向旅游者出售这些产品，而是通过第三方，即通过独立的旅游零售商，向大众进行零售；而旅游经营商在组合包价旅游产品之后，除了通过独立的旅游零售商向大众出售之外，还拥有自己设立的零售网络，也就是说，旅游经营商自己本身也直接面向旅游者出售包价旅游产品。

在欧美旅行社行业中，旅游批发/经营商的企业规模一般都比较大，集中化程度比较高，经济实力较为雄厚，与外界的社会联系也较为广泛，市场销售能力强。在组团来华旅游的欧美旅行社企业中，大多数是这类旅游批发/经营商。

课堂小测验

旅游批发商和旅游经营商的区别是什么？

2. 旅游零售商

旅游零售商（tourism retailer），泛指那些从事零售代理业务的旅行社，传统上以旅行代理商（travel agent）为典型代表。旅游代理商代理旅游批发/经营商、交通或饭店等部门，向旅游者销售旅游产品、交通票据或预订客房等。旅游代理商是一个知晓旅游计划制订、线路、住宿、货币、价格、政策法规、目的地，以及其他所有有关旅行和旅游活动安排的专家，能够为旅游者节省时间和金钱。

在欧美旅行社行业中，旅游零售商的规模一般比较小，其业务主要包括旅游咨询服务、代客预订、代办旅行证件及售后意见反馈等，收入主要来源于被代理企业支付的佣金及向顾客收取的中介手续费和咨询服务费。如今，通过互联网从事代理预订业务的在线旅游公司也已被纳入旅游零售商的范畴。

3. 专项旅游策划/组织商

专项旅游策划/组织商本质上属于旅游批发商，主要从事旅游批发业务。随着市场细分和专业分工的发展，这类旅行社从旅游批发商中分离出来，面向以企业为代表的组织购买者和团体客户，实行专门化经营。随着旅游活动专门化程度的提升，这类旅行社的作用越来越重要，如奖励旅游策划商和会议旅游策划商。

奖励旅游策划商（incentive travel planner）是专门从事策划和组织奖励旅游活动的旅游批发商，直接面向主办奖励旅游的团体客户提供服务，其主要收入来自对所策划和组织的奖励旅游产品的加价。

会议旅游策划商（convention/meeting planner）是专门从事会议策划和相关服务安排的旅行社企业，负责为顾客挑选会址、住宿及会议设施，安排与会者及其随行人员的参观游览活动，以及选择会议主办方认可的航空承运商。此外很多会议策划商还从事策划和安排奖励旅游的业务。除了独立经营的会议策划商外，还有部分会议策划商是受雇于规模较大的全国性社团组织、大型的非营利组织、政府机构、教育机构及大型工商企业等。

（二）我国旅行社的分类

我国旅行社的分类方法不同于欧美国家。按照 2017 年的《旅行社条例》，中国旅行社实际上可以分为两类：一类是经营国内旅游业务和入境旅游业务的国内旅行社，另一类是经营国内旅游业务、入境旅游业务及出境旅游业务的国际旅行社，我国两类旅行社的业务区别如图2-5所示。

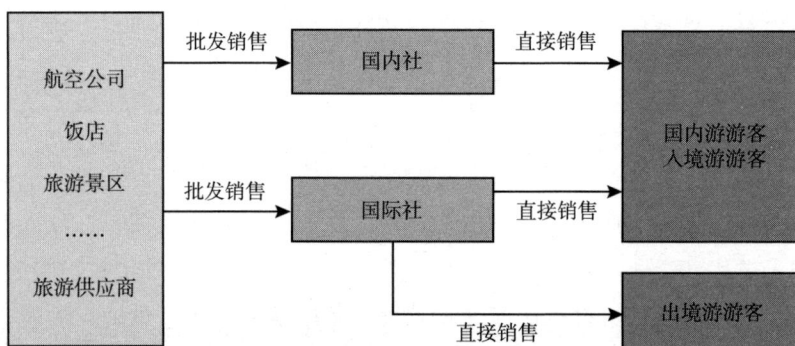

图2-5 我国旅行社的分类

可见，我国旅行社除了在业务范围是否涉及"出境"方面有所不同之外，在业务开展方式上并无区别。与欧美国家的旅行社相比，我国的旅行社企业并无真正的批发商和零售商之分。事实上，几乎所有的旅行社企业在开展业务方面都是既经营批发业务，也经营零售业务。我国对旅行社的分类始终都是一种基于加强旅行社行业管理的需要而作出的行政规定，旨在规范我国旅行社行业的发展。2017年《旅行社条例》规定：旅行社申请经营国内旅游业务和入境旅游业务的，应当取得企业法人资格，并且注册资本不少于30万元。旅行社取得经营许可满两年，且未因侵害旅游者合法权益受到行政机关罚款以上处罚的，可以申请经营出境旅游业务。

通过对比可知，在欧美旅行社分类中，有明显的上游企业和下游企业，规模大、实力雄厚的旅行社企业从事批发业务，规模较小的旅行社从事零售代理业务，旅行社企业根据自身的特点和优势自愿选择业务类型，这其实是一种垂直的自然分工。我国旅行社分类是根据政策需要，人为地将旅游市场进行划分并规定旅行社的业务范围，实际上是一种水平的人为分工。

课堂小测验

我国旅行社和欧美旅行社的分类有何不同？

三、我国旅行社的基本业务

我国旅行社业务的开展主要涉及两大类：一是批发业务，组织和接待团队包价旅游；二是零售业务，接待和安排散客旅游。两类业务的具体区别如表 2-9 所示。

表 2-9　　　　　　　　　　我国旅行社两大业务对比

内容	散客旅游	团队旅游
旅游方式	游客自行安排和计划，游览时间和地点选择性强	由旅行社或旅游服务中介机构提前安排，活动受到限制
旅游人数	国内规定：10 人以内 国际惯例：15 人以内	国内规定：包含导游至少 10 人 国际惯例：包含导游至少 15 人
服务内容	随意性大，变化多，服务项目不固定	按照规定的行程计划安排，项目固定
付费方式	零星现付，按购买项目的零售价格当场支付	支付综合包价形式，即全部或部分旅游费用由游客在出游前一次性支付
产品价格	单项服务付费，零售价格支付，很难享受最优折扣，价格较贵	批量，可享受最优折扣优惠，价格相对便宜
服务难度	难度大，相对复杂	难度相对较小
产品优势	对游客：自由度大，形式灵活； 对企业：要求目的地有完备和便利的接待条件	对游客：省心省力，安全感强，省钱； 对企业：有利于批量生产，节约成本，扩大经营

（一）包价旅游

包价旅游（package tour/inclusive tour）是指旅行社经过事先计划、组织和编排旅游活动项目，向大众推出的包揽一切有关旅游服务工作的旅游形式。一般规定旅游的日程、目的地、行、宿、食、游的具体地点及服务等级和各处旅游活动的内容安排，并以总价格的形式一次性收取费用，一般称为全包价旅游。

随着时间的推移和市场需求的变化，包价旅游的概念和旅行社组织包价旅游的做法也有了新的发展。如根据旅游者的要求，有的包价旅游只包交通和食宿，有的在每日餐食中只包其中一餐，甚至也有只包出发地与目的地的往返交通的情况等。总之，旅行社可以根据旅游者的兴趣或要求，对包价旅游产品中所含的内容进行灵活设计，这便是我国旅行社业内人士所称的小包价旅游。

（二）散客旅游

散客旅游（independent tour）是指个人、家庭及 15 人以下（我国规定 10 人以下）的自行结伴旅游者。我国旅行社对散客业务主要分为散客成团和委托代办。

散客成团业务是指将来自不同客源地的旅游者就地临时拼组成团去某一目的地旅游。这种旅游团一般不设导游陪同，旅游者可以根据自己的兴趣自行旅游，在规定时间内返回出发地即可，旅行社根据每个人要求提供的不同服务项目分别计价和收费。

委托代办业务主要包括当地单项委托和联程委托。当地单项委托即某地旅行社接受到访散客的临时委托，为其代办预订饭店住房、租车及提供导游翻译服务等单项服务项目。联程委托的服务对象主要是入境旅游者，可分为国内和国际两种不同情况。国内联程委托也称当地联程委托，指地处入境口岸城市的某旅行社接受到访入境旅游者的委托，按照委托方提出的旅游路线和活动日程，为其安排按时抵离沿途各地的接送服务。国际联程委托是指旅行社按照境外旅游者的事先委托，为其安排入境到访期间所要求提供的各类旅游服务，包括提供翻译导游、代订旅馆房间、代租汽车、代办旅游签证、代购各种票据，以及机场、车站、码头抵离接送等服务项目。

散客旅游接待量的大小往往是一个旅游目的地成熟程度的重要标志，因为同团队游客相比，散客数量的增长通常要求旅游目的地的接待条件更加完备和便利，否则该旅游目的地不足以吸引大量散客前来旅游。近年来，随着我国旅游供给条件的不断完善，旅游市场散客化程度显著提高。

小组讨论

作为游客，你更倾向于选择哪种旅行社的业务产品？为什么？

四、传统旅行社和在线旅行社

传统旅行社，也称为"线下旅行社"，是指有固定的经营场所，面对面为旅游者提供服务的旅行社。在线旅行社则是指通过互联网等途径提供预订服务的旅行社，又称"OTA"（online travel agent）。

随着信息技术和互联网的发展，在线旅行社飞速扩张的市场占有率和用户规模超出了人们的想象，对传统旅行社的生存与发展造成巨大的影响与冲击。其实，在线旅行社和传统旅行社是两种经营模式，线上经营和线下经营分别具有明显的优势和劣势。为了更好地满足游客个性化和便利化的需要，传统旅行社和在线旅行社逐渐从竞争走向融合。携程、驴妈妈等越来越多的在线旅行社开设了数量众多的线下实体门店，而传统旅行社则纷纷开辟了线上销售渠道，线上线下一体化（online to offline）已经成为旅行社行业的常态，也是未来长期发展的趋势。

小组讨论

比较传统旅行社和在线旅行社，你认为它们各自的优势和劣势有哪些？

任务四　旅游住宿

住宿业（the lodging industry）由各种经营住宿接待服务的企业所构成，如宾馆、饭店、酒店、旅馆、旅社、度假村、度假营地等。住宿业是旅游业的三大支柱之一，其收入构成旅游业收入的重要组成部分。

一、旅游住宿业的演进

住宿业的演进过程与旅游活动的发展历史密切相关，可分为三个阶段。

（一）19 世纪中叶以前的客栈时期

古代旅行阶段，贸易经商旅行占据主导地位，旅行活动的整体规模较小，因此商业性住宿设施主要分布于大道沿线和主要城镇，住宿场所规模也比较小，设施简陋，提供的食宿服务简单、价格低廉。所以，小型客栈

（inn）是这时期的主要住宿形式。在我国古代，这种小型客栈又称为客舍、逆旅。除了商业住宿设施之外，古代出行还可以选择官方设置的驿站和最早的共享住宿形式——寺庙住宿。

（二）19 世纪中叶至 20 世纪中叶的饭店发展时期

近代旅游阶段，消遣型旅游占据主导地位。观光和度假旅游人数有了大幅度的增加，旅游活动的整体规模扩张，住宿需求规模和需求层次也随之提升，传统的小型客栈已无法满足人们的旅游需求，因此，接待能力较大、接待条件较好的商业饭店（hotel）出现并迅速推广，这类住宿设施的特点是规模化和标准化。

（三）20 世纪中叶以来的多元化住宿设施竞争时期

现代旅游阶段，大众旅游兴起，旅游市场规模不断扩大，旅游消费水平日益提升，人们的旅游动机和旅游需求也越来越多元化、个性化，对旅游住宿的需求也逐渐突破标准化的限制，走向多元化竞争。这一阶段，虽然饭店依然在住宿业中扮演主力角色，但一些新型的住宿设施和住宿接待形式不断涌现，如汽车旅馆、度假村、度假营地、青年旅社、特色民宿、主题酒店、露营野营、共享住宿、分时度假、公寓短租等。面对诸多新型住宿设施的竞争，饭店业自身也在不断变革和发展。一方面，不断拓展业务类型和服务功能，使饭店成为外来游客和当地社会重要的社交中心；另一方面，饭店在市场细分和设计建造上精益求精，通过特色化经营和主题化环境，满足游客的个性化需求。

■ **经典案例**

五个有意思的国外住宿案例

二、旅游饭店

我国的旅游住宿业以饭店、酒店、宾馆为主体，其实大都相当于国际上所称的"hotel"，这些接待类型的住宿业，可以采用我国文化和旅游部在正式文件中作为规范使用的"饭店"这一统称。

（一）饭店的分类

饭店是一种统称，根据实际工作的需要，可以依据不同的标准对其进行分类。

（1）根据饭店企业的主要业务和主要接待对象，可以分为度假饭店和商务饭店。

（2）根据饭店企业的档次或等级，可以分为星级饭店和经济饭店。其中，经济饭店以经济型酒店为代表。经济型酒店起源于 20 世纪 50 年代出现的"B&B"（bed and breakfast）的住宿模式，具有产品有限、价格适中、定位明确、连锁经营等特点。

（3）根据饭店的经营管理方式，可分为独立饭店和连锁饭店。

（4）根据饭店企业的经济类型，可分为国有饭店、民营饭店、外资饭店、合资饭店。

课堂小测验

1. 举例说明度假饭店和商务饭店的区别。

2. 国内外常见的经济型酒店品牌有哪些？

3. 你知道的连锁饭店集团有哪些？

（二）饭店的等级评定

国际上对饭店的等级一般以"星"来划分，但世界各地对饭店等级的层次划分并不统一。例如，最早进行饭店等级评定的是法国，最高等级为"四星"，迪拜有名的帆船酒店（伯瓷酒店）被誉为"七星级酒店"。国际上饭店等级的评定机构也不完全相同，有的是由相关行业组织进行评定，有的是由行政管理部门进行评定。

我国的饭店星级评定工作开始于 1988 年，由中国旅游饭店业协会组建的"全国旅游星级饭店评定委员会"统筹负责评定工作，目前我国实施的星级饭店评定标准是《旅游饭店星级的划分与评定》。按照国标规定，我国旅游饭店星级分为五个级别，即一星级、二星级、三星级、四星级、五星级（含白金五星级）。最低为一星级，最高为五星级，星级越高，表示饭店的等级越高。饭店开业 1 年后可申请评定星级，经相应星级评定机构评定后，星级标志使用有效期为 3 年，3 年期满后应进行重新评定。根据文旅部统计，2021 年我国有星级饭店 7676 家，其中五星级饭店 799 家。

为适应新时代、新形势、新要求，文旅部已启动《旅游饭店星级的划分与评定》国家标准的第四次修订工作。标准修订中将绿色环保作为修订的指导思想，充分践行绿色发展理念，强化环保、生态、可持续发展方面的要求，鼓励旅游饭店采用新型环保建筑设计、建筑材料和新能源。

（三）饭店的集团化经营

大众旅游兴起后，饭店业规模不断扩大，竞争也日益激烈。随着经济的全球化、饭店产业竞争的国际化、商业活动的信息化，饭店业大规模兼并、重组发展迅速，饭店集团化经营成为大势所趋。在现代饭店业中，集团化经营之所以成为一种趋势，原因在于，与独立经营的单体饭店相比，集团化经营具有明显的资本优势、技术经济优势、市场营销优势、集中采购优势、管理效率优势、分散风险优势等，这些优势集中到一点，便是实行集团化经营所能带来的规模经济。根据世界饭店集团化的发展现状，饭店集团（hotel groups）可分为饭店连锁集团和饭店合作集团两大类。

1. 饭店连锁集团

饭店连锁集团（hotel chains）是一种以某一个饭店公司品牌为纽带，将若干成员饭店统一于该品牌旗下，实行集团化联号经营的紧密型饭店集团。本集团旗下各成员饭店都使用相同的店名和店徽，经营相同的产品和服务，采用相同的营业规程，提供相同水准的接待服务。如我国的锦江、如家、格林豪泰，以及国外的万豪、洲际、希尔顿、雅高、凯悦等。

■ **知识活页**

国际知名的饭店连锁集团

万豪国际酒店集团公司是全球首屈一指的国际酒店管理公司，拥有遍布全球 130 个国家和地区的超过 6500 家酒店和 30 个品牌。希尔顿酒店集团（美国）是全球酒店业的领导企业，目前在全球 90 多个国家和地区总计有 4000 多家酒店。洲际酒店集团（英国）是一个全球化的酒店集团，在全球 100 多个国家和地区运营着近 6000 家酒店，是客房最多的专业酒店管理集团。旗下的酒店品牌有洲际酒店及度假村、假日酒店、皇冠假日酒店及度假村、voco 酒店和智选假日酒店等。

饭店连锁集团旗下拥有数量庞大的成员饭店，但并非都由该饭店集团自己拥有产权和经营权，其成员饭店从形式上可分为四种（见表 2-10）。其中，完全成员和租赁成员由饭店集团直接经营管理，是饭店集团的核心力量，因此被称为"嫡系成员"。而管理合同成员和特许经营成员受饭店集团管理的程度有限，属于集团中的非核心力量。中外合资、中外合作饭店多是特许经营成员。值得注意的是，饭店连锁集团的大规模扩张，很大程度上是由于后两类成员的大规模加入。

表 2-10　　　　　　　　　　　饭店连锁集团的成员类型

成员类型	成员特点		备注
	产权归属	经营权归属	
完全成员	饭店集团自有产权	饭店集团直接经营管理	嫡系成员
租赁成员	饭店集团无产权，通过房地产开发商或其他渠道租赁房产	饭店集团直接经营管理	嫡系成员
管理合同成员	饭店集团无产权，产权归成员饭店业主所有	饭店集团作为代理人，同饭店业主签订合同后代理经营或协助经营	饭店集团按照合同收管理费或分享利润
特许经营成员	饭店集团无产权，产权归成员饭店业主所有	成员饭店购买集团品牌的特许经营权，业主在集团监督下自行经营	饭店集团收取特许使用费或参与利润分成

2. 饭店合作集团

饭店合作集团（hotel consortia）是若干独立经营的饭店为了追求规模经济效应，从而以某种共同利益为纽带，在自愿基础上形成的一种松散型饭店集团。这种合作组织通常会设有一个中央机构，负责主持该组织合作领域内的有关工作，所需的活动经费通过征收会员费及认捐等形式，由加盟该组织的成员饭店共同分担。

根据成员饭店间的主要合作领域，饭店合作集团可以分为营销合作集团、采购合作集团、员工培训合作集团和预订系统合作组织，且以前两者为主。营销合作集团是最早出现的一类饭店合作模式，即加盟合作集团的饭店共同组建联合营销机构，该机构以合作集团的名义，为全体成员饭店开展宣传促销、招徕客源、协调各成员饭店形成一个规模较大的促销和销售网络，一般可分为地域性营销合作集团和基于共同目标市场而组建的营销合作集团，前者如英国的"泰晤士流域饭店集团"，后者如我国广州白天鹅宾馆所加盟的世界第一流饭店（leading hotels of the world）组织，该合作组织成员分散于世界各地，且都是以商务旅游者为主要目标市场的高档饭店。采购合作集团所占比重最大，可借助集团大量购买的有利地位，同供应商进行谈判实现压价购买，因此吸引大量独立饭店加盟。

实际上，如今的饭店合作集团，加盟成员已不再完全都是独立经营的单体饭店，很多饭店连锁集团为了追求更大的规模经济，也选择加入饭店合作集团，而且同一家独立饭店或者饭店连锁集团同时加盟多个饭店合作集团的情况也非常常见。

小组讨论

面对愈演愈烈的集团化经营趋势和日益激烈的市场竞争，独立自营的单体饭店还有生存的空间吗？如何生存？谈谈自己的看法并搜集案例进行说明。

（四）饭店的主题化发展

随着体验经济发展和旅游消费升级，住宿需求市场个性化、散碎化发展。为了适应新经济时代的竞争形势，饭店业持续创新，主题化经营便是创新发展的重要方式。我国首个主题酒店是位于深圳的威尼斯酒店，于2002年正式开业。2014年《国务院关于促进旅游业改革发展的若干意见》中提出，把"大力发展具有地方特色的商业街区，鼓励发展特色餐饮、主题酒店"作为旅游业创新发展的方向，让消费者能更好地体验和传播文化，一时间全国上下涌现出众多内涵丰富、特色鲜明的主题酒店，主题化经营逐渐成为我国饭店业创新发展的重要方向。

　　所谓主题酒店（theme hotel），其实就是指通过酒店装饰、建筑、特定文化氛围来展示某一特定主题，从而让客户体会到独特的文化内涵；并将服务项目与主题进行融合，由个性化的服务来替代之前常见的一般化服务，从而给客户带来一种刺激、欢乐的体验。主题酒店具有文化性、独特性与体验性三大特征，而且随着旅游消费升级，饭店业的市场细分日益精细，饭店的主题定位和主题塑造也呈现出越来越多元化、精致化、细节化的特点，主题酒店的创新类型层出不穷。据不完全统计，现有的主题酒店大致分为三类（见图 2 - 6），不同类型之间可能有重叠。

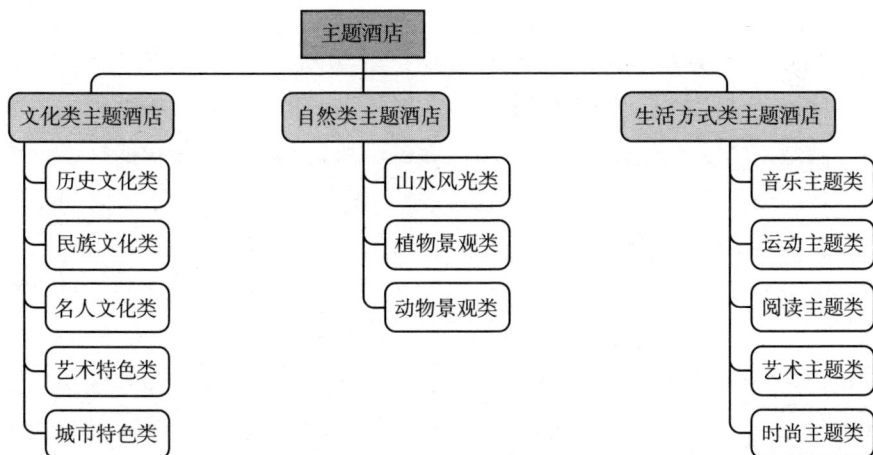

图 2 - 6　主题酒店的分类

📖 **双创元素**

广州长隆熊猫酒店的创新设计

饭店的主题化发展，既需要足够的创新精神不断挖掘和定位新的特色主题，也需要精益求精的匠心来进行空间环境的设计和营造。通过了解熊猫酒店童趣的氛围营造、精致的空间设计和贴心的服务，感受主题酒店的文化创意及酒店管理者精益求精、一丝不苟的工作态度，培养旅游开发的创新意识和工匠精神。

三、民宿

民宿（homestay）是依托旅游目的地的自然资源禀赋和地域文化特色自建、改造或开发的小规模、提供个性化体验服务的非标准旅游住宿设施。在旅游消费升级和旅游者个性化需求进一步提升的背景下，民宿成为旅游住宿业中的一个新增长点。

我国的民宿最先出现在经济发达的东部沿海地区及西南民族地区，初级阶段的民宿从传统农家乐转变而来，一般提供简单的住宿、餐饮和娱乐服务。随着国民生活品质的不断提高，游客越来越不满足于传统的标准化住宿，转而追求个性化、精致化的民宿。为了规范民宿发展，文旅部于2019年发布了中华人民共和国旅游行业标准《旅游民宿基本要求与评价》，规定了民宿的定义、等级、标志、基本要求等。2022年8月发布《旅游民宿基本要求与等级划分》，将行业标准提升为国家标准。在市场和政策的双重驱动下，我国民宿发展迅猛。截至2019年底，我国客栈民宿线上注册量总数达到了66405家，民宿规模数量达到16.98万家，房源总量超过160万间，民宿在住宿市场的占比提升到24.77%。[①] 截至2021年底，途家民宿平台数据显示，2021年有200多万家民宿房源在运营，全国民宿已经超过350万家。[②] 2022年6月，人力资源和社会保障部将"民宿管家"列入职业分类大典。[③]

任务五　旅游交通

在我国的旅游研究中，"旅游交通"是人们长期以来约定俗成的一个

[①] 资料来源：《中国旅游民宿发展报告（2019）》。

[②] 途家民宿：2021年乡村民宿订单量同比增长3成，为乡村增收逾20亿元［EB/OL］. 北京商报网，2022 - 03 - 09.

[③] 资料来源：人力资源和社会保障部官网。

惯用表述，其实就是指旅游者通过某种交通手段或旅行方式，实现从一个地点到达另外一个地点的空间转移过程。在旅游活动开展过程中，旅游交通既是旅游者"抵达旅游目的地的手段，同时也是在旅游目的地之内进行活动往来的手段"（Burkart & Medlic，1981）。可见，旅游交通既包括往返客源地和目的地之间的外部交通，也包括目的地范围内各景点和游览点之间的内部交通。

一、交通运输在旅游业中的地位和作用

交通运输对旅游活动的发展一直有着十分重大的影响。首先，从需求方面看，交通运输是旅游者开展旅游活动的先决条件。因为外出旅行的第一步便是如何从客源地去往目的地，同时发达的旅游交通能够缩短旅游时间、节省旅游费用、扩大旅游者的游览空间范围等，直接影响旅游者的活动规模、形式和内容。其次，从供给方面看，旅游交通是目的地旅游业的命脉。因为旅游业的发展依赖于充足的客源，交通运输能够保证足够的可进入性。最后，交通运输作为旅游业的三大支柱之一，是旅游创收的重要来源。旅游交通方面的花费，是整个旅游活动中各种费用的重要组成部分，特别是远程旅游活动中，交通费用占总花费比例更高，成为旅游目的地旅游收入的稳定来源。

交通是旅游产业的催生素，也是其发展的重要引擎。旅游是现代交通转型升级的重要方向标，旅游业发展要求提供更加高品质的交通服务。随着现代社会的发展，交通与旅游的关系越来越密切。2017 年交通运输部联合原国家旅游局等六部门，发布了《关于促进交通运输与旅游融合发展的若干意见》，提出进一步扩大交通运输有效供给，优化旅游业发展的基础条件，加快形成交通运输与旅游融合发展的新格局。

二、现代旅游交通的分类

（一）铁路旅游交通

铁路旅游交通方式具有运力大、污染小、车内可自由活动、没有交通堵塞等优点。在我国，铁路交通运输一直居于交通客运市场的主要地位，从绿皮车到动车再到高铁，铁路旅游交通方式不断升级。近年来，除了运输技

术和设施设备不断改进，铁路旅游交通也在努力创新，满足旅游者消费升级的体验需求，其中旅游专列颇受旅游者的青睐。旅游专列指的是集交通、住宿、旅游等多种功能于一体的旅游列车。比如，山东中铁文旅集团开行的Y737/6 次"中铁文旅——蓬长仙境号"旅游列车、中国铁路成都局集团有限公司下属四川成都铁路国际商旅集团有限公司开行的"熊猫专列"，以及中国铁路乌鲁木齐局集团有限公司开行的"新东方快车旅游专列"等。

旅游专列是由中国铁路总公司（前铁道部）协调沿线各大铁路局，为某次旅游活动专门特批的旅游列车，每次旅游都要专门申请，专门批准。游客在整个旅游途中都是同一趟火车、同一个铺位，游客下车游览或住宿，专列就在当地等候，这样可以在一次旅行中沿途游览多个省市的著名景观。旅游专列通常会连接具有代表性的景点，满足游客想一次出游游览众多景点的愿望。另外，相对普通火车买票难的现象，旅游专列却不必担心。旅游专列具有定时、定点、定线等特点，可以发挥"一线多游"的优势，即一条旅游线路可以提供多种旅游选择。

经典案例

"中铁文旅——蓬长仙境号"旅游列车①

Y737/6 次"中铁文旅——蓬长仙境号"旅游列车，是山东省开行的首趟全列软卧旅游列车。旅游列车从济南站发出，可承载百余名游客进行为期 4 天的蓬莱长岛海滨仙境游，列车采用全新升级的新空调软卧车体，设有家庭包厢和亲子包厢，让旅途更加舒适，且增添了私密感。列车配备图书角，供旅客自由取阅书籍，为旅途增添了书香气息。餐车装扮一新，安排相声、评书等文艺表演，让旅途多了份欢声笑语。餐车开设深夜食堂，提供青岛英式啤酒和特色美食，可供旅客品尝。列车到达蓬莱后，旅客可根据需求，自由选择仙境游、观海游、康养游或自由行等旅游产品，旅客可饱览蓬莱八仙过海景区、"海上仙境"长岛、三仙山等著名景区。

"中铁文旅——蓬长仙境号"旅游列车往返均为"夕发朝至"，首日

① 山东省内首趟全列软卧旅游列车开行 促进旅游产品升级［EB/OL］.中国新闻网，2021 - 04 - 06.

20：08 由济南站始发，次日 6：08 到达蓬莱站，第三日 20：00 蓬莱站返程，第四日 6：20 到达济南站。为上班族和亲子度假量身打造，让游玩时间更充裕。这趟专列还推出了旅游列车年月季次卡、自选套票等多项大力度优惠政策，旅客在享受月度、季度多次往返优惠乘车权益的基础上，说走就走不必提前预订行程，高效快捷、大大降低了游客出游的成本。

（二）公路旅游交通

自驾车、搭乘公共汽车、包乘旅游大客车等汽车旅行方式是公路旅游交通的主体，并因私家车的普及、公路建设和高速公路网的发展和汽车旅行自由、便捷、灵活、随时停留的特点而成为旅游者短程外出的首选。但是汽车旅行方式也有较明显的局限性，包括运输量小、速度慢、不适合长途旅行、运费高、人均能耗大、安全性较差等。

随着社会经济的发展，我国的私家车普及率不断攀升，为适应这一市场需求，自驾旅行的相关服务逐渐完善，包括组织并推出以自驾车方式开展的包价旅游，发展汽车租赁业务，建设旅居车汽车营地等。另外，越来越多的目的地开出旅游公交，方便游客和居民近郊旅游。比如，济南市开通城市旅游观光车——公交游 777 路，围绕天下第一泉景区环绕式运行，还开通 5 条景区旅游专线车，分别为：游 702 路章丘三王峪专线车，游 707 路长清灵岩寺、五峰山专线车，游 708 路野生动物园专线车，游 709 路九如山瀑布群专线车，泰山地下大裂谷景区直通车。

（三）航空旅游交通

飞机是航空旅游的交通工具，随着技术的推进和航空公司竞争带来的机票价格的下降，已经成为旅游者远程外出的首选。其具有快速高效、可跨越地面自然阻碍、耗时短、舒适等优点，同时也有费用较高、能耗大、运量相对较小、受气候条件影响大等缺点。

航空客运业务主要分为定期航班服务和包机服务。定期航班服务指航空公司在既定的运营路线上，按照所公布的航班时刻表提供客运服务，届时无论乘客多少，飞机都必须按照规定时间启程（特殊情况除外），因此特别吸引注重效率、追求服务可靠的商务旅游者。航空公司为提高航班的载客率，一般采取提前预付款旅行机票和当场付款旅行机票，前者是面向按规定提前一定时间预订并付款的乘客提供的一种减价机票，乘客购票后不得进行更改；后者则是一种当航班即将到期时，或者在航班起飞前某一特定时间内，所推出的临时减价机票。包机服务是一种不定期的航空包乘服务业务，随着20世纪60年代大众旅游的兴起，旅游包机业务有了很大发展，很多国家的旅游经营商在组织包价旅游，特别是国际包价旅游时，都使用包机作为主要的旅行方式。与定期航班服务相比，旅游包机服务具有价格较为低廉、时间比较自由等优点，可以按照旅行社的要求定时间、定航线。

（四）水路旅游交通

水路旅游交通的主要工具是轮船，主要包括远洋定期班轮、海上短程渡轮和内河客运，具有运载力大、能耗小、舒适等优点，同时也有行驶速度慢，受季节、气候、水深、风浪等自然因素影响大，准时性、连续性、灵活性相对较差等缺点。随着陆路交通和航空交通的快速发展，轮船客运业务逐渐走向衰落。

虽然现代轮船水路交通的运输功能逐渐弱化，但其悠闲、舒适的特点被旅游业充分利用，将其演变为一种旅游项目，班轮、渡轮航运演变为游轮旅游，内河航运演变为游船旅游。近年来，邮轮旅游逐渐成为最流行的度假方式之一。邮轮被称作"漂浮的度假村"或"漂浮的宫殿"，在平稳的行驶中，游客既可以观光游览，也可以回船休息，并提供多种多样的高端消遣娱乐设施。就世界范围来看，加勒比海海域、地中海海域和东南亚海域是邮轮旅游的热门地区。目前，中国的邮轮产业正在兴起，天津、上海、厦门、广州、深圳、海口等城市已建起国际邮轮码头和邮轮母港，可接待来自世界各地的国际邮轮。

■知识活页

中国邮轮发展介绍[①]

中国邮轮业起步于2006年，意大利歌诗达邮轮公司开辟了第一条以上海为母港的邮轮航线。2007年、2008年的世界邮轮大会在中国召开，知名

---

① 中国邮轮发展概况［EB/OL］. 豆瓣网，2017－08－01.

国际邮轮共聚一堂，大规模进军中国市场，2008 年北京奥运会，2010 年上海世界博览会极大地提高了我国的国际影响力的同时，对我国邮轮经济发展起到了极大的助推作用。2008 年，中国母港邮轮艘次为 28 次。2015 年，中国正式成长为全球第四大邮轮市场。2017 年，在"一带一路"政策下，中国邮轮业呈井喷式发展。

中国市场上的主要邮轮公司：

（1）皇家加勒比国际邮轮有限公司，共 4 艘邮轮以中国港口为母港。

（2）歌诗达邮轮有限公司，共 4 艘邮轮以中国港口为母港。

（3）上海大昂天海邮轮有限公司，皇家加勒比旗下天海新世纪邮轮。

（4）美国公主邮轮有限公司，共 2 艘邮轮以中国港口为母港。

（5）云顶香港有限公司，共 5 艘邮轮以中国港口为母港。

（6）地中海邮轮有限公司，共 1 艘邮轮以中国港口为母港。

（7）钻石国际邮轮有限公司，钻石辉煌号，注册地巴哈马，为江苏太湖国旅联合投资机构，共同组建的一家境外国际豪华邮轮有限公司。

（五）其他旅游交通方式

以上 4 种旅游交通方式主要是连接客源地与目的地之间的外部交通，除此之外，交通运输方式的种类还有很多，主要分为现代型交通方式和民间传统交通方式。这些交通方式一方面可以解决旅游目的地的内部交通问题，实现景区景点之间的连接；另一方面，它们本身也是一种旅游资源，可以开发成体验性旅游项目。

1. 现代型交通方式

（1）新能源车。目前，有条件通行汽车的景区，多使用新型能源车为游客提供交通服务。其中，使用最多的是以氢作为能源的汽车。

（2）电瓶车。具有无污染、无噪声等优点。目前，地形比较平坦的大型旅游景区多采用这种交通方式。有时也使用于连通景区停车场到景区购票口。

（3）出租车。某些景区允许出租车这种交通工具的存在。例如，庐山风景区的牯岭镇就有这种交通方式。

（4）缆车。包括观光缆车和运输缆车两种。目前，很多山岳型景区都建有缆车。例如，泰山建有观光缆车，既有交通工具的作用，也有观光的功能。

（5）游船。一般是水域风光类型的旅游景区采用这种交通方式。例如，桂林古东瀑布景区就使用这种交通工具。

2. 民间传统交通方式

（1）滑竿。例如，四川峨眉山景区的游客可以在登山过程中体验这种交通方式。

（2）畜力驮运。包括新疆维吾尔自治区、内蒙古自治区沙漠中的骆驼，某些旅游景区的马匹等。

（3）羊皮筏子。即以羊皮充气漂浮于水面，由民间把式载游客游览。例如，宁夏回族自治区的沙坡头旅游景区，游客乘坐羊皮筏子横渡黄河来领略塞上黄河的美景。

（4）雪橇。在寒冷的高纬度地带，地面积雪很厚，于是产生了由动物拉牵爬犁而行走运输的方式。例如，我国东北大兴安岭林海雪原景区的狗拉雪橇。

（5）溜索。云南怒江的两岸设有这种交通方式，吸引了大批外地游客。

小组讨论

你了解或体验过的特色旅游交通方式有哪些？你认为旅游交通如何创新？你期望的未来的旅游交通是什么模样的？

任务六　旅游景区

旅游景区是游客外出旅游的吸引因素，是旅游系统中的重要组成部分。倘若没有旅游景区对游客的吸引，游客对旅游交通服务、住宿服务、餐饮服务、购物服务等也就没有需求。因此，旅游景区在决定旅游目的地竞争力方面扮演着重要角色。

一、旅游景区的概念界定

2013年10月1日正式施行的《中华人民共和国旅游法》将景区的概

念界定为："景区，是指为旅游者提供游览服务、有明确的管理界限的场所或者区域。"中华人民共和国国家标准《旅游景区质量等级的划分与评定》中对旅游景区作出了详细定义，即旅游景区（tourist attraction）是以旅游及其相关活动为主要功能或主要功能之一的空间或地域。本标准中旅游景区是指具有参观游览、休闲度假、康乐健身等功能，具备相应旅游服务设施并提供相应旅游服务的独立管理区。该管理区应有统一的经营管理机构和明确的地域范围。

课堂小测验

根据旅游景区的概念，判断以下场所是否属于旅游景区？

（1）武汉大学：拥有樱花景观和众多列入省级文物保护单位的教学楼建筑。

（2）伊利生产车间：可零距离体验乳产品生产工艺。

（3）中国国际文化旅游博览会：集中展示传统工艺和非物质文化遗产。

（4）泉城广场：旅游打卡点和市民休闲的好去处。

国内外学者一般认为，旅游景区是指"专供来访公众参观、游乐或增长知识而设立和管理的长久性消遣活动场所"。从这一定义中，可以得知旅游景区具有专用性、长久性和可控性等特点。专用性即旅游景区的功能是供游客开展旅游活动，而一些可供旅游者游览的如学校、养老院、部队等，其职能并非专供游客参观，因而不能称为旅游景区。长久性是指旅游景区必须要有长期固定的场所，这将旅游景区与临时开展的展览、庙会、流动演出、民俗表演等区分开来。可控性表现在旅游景区必须有人进行管理，能够对游客的出入进行有效控制，这将旅游景区与一般意义上开放式公共活动区域区别开来。

二、旅游景区的分类

由于研究目的的差异，人们对旅游景区的分类不尽相同。比如，按照主要景观的成因和属性，景区可分为自然景观类、文化景观类和综合景观类；按照景区功能可分为经济开发型景区和资源保护型景区；按照所有权类型可分为国有景区和民营景区等。常见的景区包括风景区、文博院馆、寺庙观堂、旅游度假区、自然保护区、主题公园、森林公园、地质公园、游乐园、动物园、植物园，以及工业、农业、经贸、科教、军事、体育、文化艺术等各类旅游景区。下面介绍几种主要景区类型。

（一）旅游度假区

旅游度假区是在风光秀丽、景色优美、气候优越的地区集中能够满足游客休闲、娱乐、康体动机的配套设施和服务的相对独立单元。属于经济开发型景区，对环境质量要求较高，区位条件好，服务档次及水平高，旅游活动项目的休闲康体特征明显。1992 年，国务院批准了大连金石滩、青岛石老人、苏州太湖、无锡太湖、上道横沙岛、杭州之江、福建武夷山、福建湄洲岛、广州南湖、北海银滩、昆明滇池、三亚亚龙湾 12 处国家旅游度假区。截至 2020 年，我国有 45 家国家级旅游度假区，类型主要集中在温泉、湖泊、山地和滨海度假区四类，其中山地型旅游度假占据绝对优势，温泉和滨海旅游度假区异军突起。[①]

■ 知识活页

2023 年文化和旅游部关于确定 15 家旅游度假区为国家级旅游度假区的公告。

根据中华人民共和国国家标准《旅游度假区等级划分》与《国家级旅游度假区管理办法》，经有关省（区、市）文化和旅游行政部门推荐，文化和旅游部按程序组织认定并完成公示，确定以下 15 家旅游度假区为新一批国家级旅游度假区。

1. 河北省　秦皇岛市北戴河度假区
2. 上海市　上海国际旅游度假区
3. 江苏省　常熟虞山文化旅游度假区
4. 浙江省　泰顺廊桥－氡泉旅游度假区
5. 浙江省　鉴湖旅游度假区

---

① 盘点：45 家国家级旅游度假区特色解读［EB/OL］. 品橙旅游，2020 - 12 - 02.

6. 江西省　新余市仙女湖七夕文化旅游度假区

7. 江西省　赣州市大余县丫山旅游度假区

8. 山东省　烟台金沙滩旅游度假区

9. 山东省　荣成好运角旅游度假区

10. 河南省　三门峡市天鹅湖旅游度假区

11. 湖北省　神农架木鱼旅游度假区

12. 湖南省　岳阳洞庭湖旅游度假区

13. 广西壮族自治区　大新明仕旅游度假区

14. 四川省　宜宾蜀南竹海旅游度假区

15. 陕西省　商洛市牛背梁旅游度假区

（二）主题公园

主题公园是为了满足旅游者多样化休闲娱乐需求而建造的一种具有创意性和丰富活动内容的人造旅游目的地。主题公园具有特定主题，是由人工创造而成的舞台化的休闲娱乐活动空间，也属于经济开发型景区。近年来，国际知名主题公园的引进和本土品牌主题公园的快速发展值得关注。如上海迪士尼、北京环球影城、乐高主题公园等国际品牌相继进入中国，深圳华侨城、欢乐谷、海昌海洋公园、融创乐园等本土品牌持续扩展运营，带动了周边住宿业、餐饮业与城市休闲产业集聚发展，形成了城市消费新热点。

（三）风景名胜区

风景名胜区是指具有观赏、文化或者科学价值，自然景观、人文景观比较集中，环境优美，可供人们游览或者进行科学、文化活动的区域。在我国，风景名胜区由住房和城乡建设部负责管理。截至2017年，国务院共发布九批国家级风景名胜区名单，合计244处，省级风景名胜区近1000处。[①]

（四）地质公园

地质公园（geopark）是以具有特殊地质科学意义，稀有的自然属性、

---

① 出行 | 最全名单！国家级风景名胜区增至244处，有你家乡的吗？［EB/OL］. 中华人民共和国中央人民政府，2017 – 04 – 28.

较高的美学观赏价值，具有一定规模和分布范围的地质遗迹景观为主体，并融合其他自然景观与人文景观而构成的一种独特的自然区域。既为人们提供具有较高科学品位的观光旅游、度假休闲、保健疗养、文化娱乐的场所，又是地质遗迹景观和生态环境的重点保护区，地质科学研究与普及的基地。我国是世界上地质遗迹资源最丰富、分布最广阔、种类最齐全的国家之一。2004 年 2 月，联合国教科文组织地学部经过表决，包括安徽黄山、江西庐山、河南云台山、云南石林、广东丹霞山、湖南张家界、黑龙江五大连池和河南嵩山 8 个中国地质景观成为首批世界地质公园。截至 2020 年，我国世界地质公园数量升至 41 处，超过全球 161 处的 1/4，居世界首位。国家地质公园 220 处，省级地质公园近 400 处。地质公园年接待游客超过 5 亿人次，已成为我国重要的自然教育基地。

（五）森林公园

森林公园是指森林景观优美，自然景观和人文景物集中，具有一定规模，可供人们旅游、休息或进行科学、文化、教育活动的场所。森林公园分为国家、省、市县三级。1982 年，张家界国家森林公园成为中国第一个国家级森林公园。截至 2018 年，全国已建立国家级森林公园 881 处，规划面积 1278.62 万公顷。[①]

（六）自然保护区

自然保护区是指对有代表性的自然生态系统、珍稀濒危野生动植物物种的天然集中分布、有特殊意义的自然遗迹等保护对象所在的陆地、陆地水域或海域，依法划出一定面积予以特殊保护和管理的区域。我国于 1956 年在广东肇庆设立第一个自然保护区——鼎湖山自然保护区。自然保护区通常分为核心区、缓冲区和实验区。核心区是指自然保护区内保存完好的天然状态的生态系统，以及珍稀、濒危动植物的集中分布地，除特别批准，核心区内禁止任何单位和个人进入，也不允许从事科学研究活动。缓冲区位于核心区外围，只准进入从事科学研究、观测活动。缓冲区外围划为实验区，可以进入从事科学试验、教学实习、参观考察、旅游，以及驯化、繁殖珍稀、濒危野生动植物等活动。

---

① 国家林业局关于进一步加强国家级森林公园管理的通知［EB/OL］. 国家林业局，2018 – 01 – 19.

（七）国家公园

国家公园（national park）是指国家为了保护一个或多个典型生态系统的完整性，为生态旅游、科学研究和环境教育提供场所，而划定的需要特殊保护、管理和利用的自然区域。世界上最早的"国家公园"为 1872 年美国建立的"黄石国家公园"。2021 年我国正式设立的三江源、大熊猫、东北虎豹、海南热带雨林、武夷山国家公园，保护面积 23 万平方千米，涵盖了我国近 30% 的陆域国家重点保护野生动植物种类，充分体现了我国"生态保护第一、国家代表性、全民公益性"的国家公园理念，保护了最具影响力的旗舰物种、典型自然生态系统和珍贵的自然景观、自然文化遗产，实现了重要生态区域大尺度整体保护。①

（八）国家文化公园

国家文化公园是我国文化领域新提出的战略文化工程，为我国首创，国际上并无先例可循，是对国家公园体系的创新。建设国家文化公园不仅是延续中华民族文化根脉的重大举措，也是推动文化和旅游高质量发展、探索文物和文化资源保护传承利用的新路径。当前，在文化和旅游部的统筹下，长城、大运河、长征、黄河、长江国家文化公园正迎来建设高潮，关于国家文化公园的理论研究和管理实践有待健全和完善。

三、景区的质量等级评定

我国景区依照中华人民共和国国家标准《旅游景区质量等级的划分与评定》与《旅游景区质量等级管理办法》进行等级评定。凡在我国境内正式开业 1 年以上的旅游景区，均可申请质量等级。旅游景区质量等级划分为 5 个等级，从低到高依次为 1A、2A、3A、4A、5A。截至 2022 年，我国共有 5A 级景区 318 家。

国务院旅游行政主管部门组织设立全国旅游景区质量等级评定委员会，负责全国旅游景区质量等级评定工作的组织和实施，授权并督导省级及以下旅游景区质量等级评定机构开展评定工作。3A 级及以下等级旅游景区由全国旅游景区质量等级评定委员会授权各省级旅游景区质量等级评定

---

① 国家公园有多美，一起去看看！［EB/OL］. 新华网，2024 – 07 – 18.

委员会负责评定，省级旅游景区评定委员会可向条件成熟的地市级旅游景区评定委员会再行授权。4A 级旅游景区由省级旅游景区质量等级评定委员会推荐，全国旅游景区质量等级评定委员会组织评定。5A 级旅游景区从4A 级旅游景区中产生。被公告为 4A 级 3 年以上的旅游景区可申报 5A 级旅游景区。5A 级旅游景区由省级旅游景区质量等级评定委员会推荐，全国旅游景区质量等级评定委员会组织评定。目前，我国已形成"有进有出、动态管理"的景区质量等级评定机制，对于出现景观和服务质量退化、服务设施缺失、厕所革命滞后、游客体验度差、旅游功能弱化等质量问题的旅游景区进行摘牌处理。

四、我国旅游景区的发展

自 2015 年以来我国旅游景区坚持"创新、协调、绿色、开放、共享"的新发展理念，持续丰富产品，用心塑造品牌，全面提升服务，推动旅游景区健康可持续发展。据统计，2012 ~ 2019 年，景区游客接待量由 29.26 亿人次增至 64.75 亿人次，年旅游收入从 2898.93 亿元增至 5065.97 亿元。[①]

（一）产品业态不断丰富

各类景区主动顺应旅游消费多元化和个性化发展趋势，持续释放资源潜力。景区业态从传统观光型延伸至演艺旅游、夜间旅游、营地旅游、研学旅游等。在深化产业融合、推动产品创新方面，旅游景区取得了明显成效。浙江省嘉兴市桐乡乌镇古镇旅游区积极打造多元业态，从单一的观光型景区发展成为文化型古镇旅游景区。新疆那拉提景区持续提升旅游基础设施，引入低空项目、影视文化等业态和产品，不断满足市民游客多元需求；在推动文化和旅游融合发展方面，各地景区各显其能。依托地域文化、区域特色、民俗风情，通过实景演出、独立剧场、文艺表演等形式，打造"印象""千古情""又见"等系列演艺项目，推出"魅力湘西""宏村阿菊"等演艺类旅游产品，满足了游客对充实精神文化生活的期待；为开发夜间市场，不少景区融合传统文化和现代艺术创作，举办主题灯会、音乐节、光影秀等节事活动。如"故宫上元夜""大唐不夜城"等，通过

---

① 中华人民共和国文化和旅游部 2019 年文化和旅游发展统计公报［EB/OL］. 中华人民共和国中央人民政府，2020 – 06 – 22.

创新"夜景""夜演"等模式，为旅游景区发展增添了新动能；为适应自驾与自助旅游市场新需求，一些旅游景区打造房车营地、帐篷营地、自驾营地，丰富了产品体系，拓展了发展路径。

（二）服务品质优化提升

为规范旅游景区发展，有关部门出台了一系列有力措施。

第一，旅游景区的服务质量不断提升。景区服务提升最初主要从提升景观入手，突出软硬结合、内外结合。随着文旅融合的不断深化，景区服务提升逐渐向文化品位升级、服务品质优化、设施品类更新、旅游品牌塑造等过渡。

第二，突破景区"门票经济"的局限。一些具备条件的旅游景区在这方面开展了积极探索。以杭州西湖为例，自推行无门票制度以来，实现游客人数和综合旅游收入成倍增长。2018 年，《关于完善国有景区门票价格形成机制 降低重点国有景区门票价格的指导意见》出台，在国有景区带动下，景区对门票经济依赖度持续下降，供给结构优化和总需求稳步扩大的良性循环逐渐形成。

第三，旅游景区在完善设施配套和服务供给方面持续发力。智慧旅游技术和设施的广泛应用不仅提高了管理效能，更给游客带来了实实在在的便利，停车场分区管理、旅游厕所革命也受到了游客的好评。故宫等借助互联网技术，实现文物信息的快捷获取、360 度全场景体验等。一些旅游景区依托 AR、VR、全息投影等技术手段，推出旅游地空间、旅游景观、旅游演艺等沉浸式体验项目，带动景区服务与体验升级。长沙橘子洲景区推出了智慧厕所小程序，游客扫描二维码即可快速了解厕所信息。

当前，旅游景区建设已经迈入了高质量发展的新阶段。新一轮科技革命为旅游景区带来了巨大发展机遇，成为旅游景区实现高质量发展的"催化剂"和"加速器"。

任务七　旅游餐饮

旅游餐饮是旅游者旅游活动开展的基本保障。旅游六要素中，"食"

位居首位，可见旅游餐饮的重要性。如今，越来越多的旅游者对美食兴趣浓厚，甚至跟着"舌尖"去旅游。可见，旅游餐饮不仅能够满足旅游者的生理需求，更是作为重要的旅游吸引物而满足其更高层次的审美需要和情感需求。

一、旅游餐饮的分类

随着生活品质的提升和旅游消费升级，旅游餐饮业持续创新，类型也日益丰富，大众化的旅游餐饮主要包括以下几种形式。

（一）饭店

饭店作为旅游六要素中"食""住"的主要供给者，是旅游餐饮的主要代表，尤其体现为跟团游中食宿打包这一形式。饭店早餐一般为自助餐形式，中晚餐一般为桌宴形式，具体菜品随饭店的档次而不同。国内经济型旅行团常见为"十菜一汤"的菜品，而一般高档饭店的宴会不仅菜品种类多、质量好，并且非常讲究环境的设计，对于宴会菜单的设计及餐具的配置都有严格规定。

（二）特色餐馆

特色餐馆主要指经营特色菜品的餐馆、传统老字号餐饮店、主题餐厅等。如坐落在西湖边上，素以"佳肴与美景共餐"而驰名的"楼外楼"餐馆，北京的中华老字号"全聚德"等。主题餐厅是近年来兴起的一种餐厅形式，它往往围绕一个特定的主题对餐厅进行装饰，甚至食品也与主题相配合，营造出一种或温馨或神秘，或怀旧或热烈的气氛，千姿百态，精彩纷呈。如在三亚的黎寨餐厅，以"黎寨风情"为主题，餐厅装饰多以茅草盖顶，服务风格引入黎族待客风俗，清秀的黎家少女身着民族服装侍立两旁。

（三）大排档、旅游快餐点

这类旅游餐饮价格低廉、方便快捷。食摊大排档主要供应地方小吃，由于花样繁多而且价格较低，特别受游客的喜爱。如秦淮小吃发源地——南京夫子庙，历史悠久、品种繁多，形成了独具秦淮传统特色的饮食集中地，是我国四大小吃群之一。快餐服务点多分布在景区内部，方便游客购买，是游客为节约时间的首选，快餐服务点的设置也可以省出大量的就餐空间，减少投入，增加销售额，很多景区的餐饮服务大都以快餐服务为主。

（四）农家乐餐饮

这类旅游餐饮随着乡村旅游、农业旅游的发展而更加受到游客欢迎。农家乐餐饮为游客提供地道的农家饭，原料新鲜、绿色、有机，使游客在农家品尝五谷杂粮和天然野味的同时，身心得到一种回归自然的享受。

二、旅游餐饮的特点

旅游餐饮与普通餐饮相比，一般具有文化性、地域性、审美性等特点。第一，文化性。特色旅游餐饮产品独有浓厚的人文特点，展现当地风土人情和与众不同的文化气息。第二，地域性。中国地大物博，特色旅游餐饮产品的地域特色性主要体现在旅游餐饮产品能代表和反映旅游目的地的食品资源特色。第三，审美性。特色旅游餐饮产品承载当地的人文风情，故而在造型和色彩上要具备独特的审美性。

三、旅游餐饮的创新发展

艾瑞咨询 2019 年的一项游客调研的数据显示，游客景区内游览时产生额外消费的项目主要是餐饮和购物，占比分别为 73.2% 和 64.0%。由此可见，餐饮和购物是游客在游玩时最为关键的两类需求。在消费金额方面，额外消费金额在 100～500 元的游客占比达 74.0%；其中消费在 300～500 元的游客占比最多，为 38.2%。① 随着游客对旅游体验要求的提升，怎样在餐饮方面树好口碑、创造二次消费收入也成了景区无法回避的重大课题。

伴随着旅游业整体由"以观光游为主"向"以休闲度假游为主"转型，越来越多的城市和景区开始发力旅游餐饮，品牌和品质不断提升。很多传统景区都对旅游餐饮进行了升级，比如，黄山景区的"餐饮革命"；而另一些不太传统的新景区，走了"让餐饮本身变成景区"的路线，如陕西袁家村和超级文和友。目前，旅游餐饮特别是景区餐饮的升级趋势有两个方面："统一管理"+"文化元素"和"引进来"+"走出去"。

----

① 资料来源：艾瑞咨询发布的《2019 年中国景区旅游消费研究报告》。

（一）"统一管理"+"文化元素"

为保证旅游餐饮的质量，很多景区都采取"自营为主""统一原料、统一定价、统一监管"的模式。这一模式的采用需要综合考虑景区的地理环境和经营机构设置问题，但这是景区餐饮管理的发展方向，未来采用这类形式的景区或许会越来越多。因为这一模式其实是现阶段最有效的，没有太多其他"创新"，难的只是贯彻到底。文化元素方面，袁家村和文和友的成功之处就在于深入挖掘当地文化内涵，为游客营造了沉浸式的消费场景。袁家村胜在用真实生活展现"关中农村"本真面貌，长沙的"超级文和友"则胜在对老长沙市井文化进行了商业式的"刻意营造"。

（二）"引进来" +"走出去"

景区通过餐饮提升游客体验与创新收入形式方面，除了与文化元素相结合外，"引进来"和"走出去"则是两个较为明显的趋势。"引进来"，即将星巴克、肯德基、麦当劳等连锁品牌餐饮店引入景区。如黄山引进了Costa，袁家村引进了星巴克、肯德基和帕芙琳蛋糕。2019 年，贵州的 5A级景区青岩古镇引进了肯德基，将其建设为"多彩青岩"主题餐厅，绘有古镇风景的壁画、丹寨苗族的画眉鸟笼形状的灯罩、祥云图案的实木点餐台都极具文化风情。2020 年初，张家界武陵源引入了星巴克，从其二楼客座区窗台望出去可以直接看到景区山水。

小组讨论

你还知道哪些景区引进了餐饮连锁品牌店的案例？景区引进餐饮连锁品牌店的目的和意义是什么？

有了"引进来"，就要有"走出去"，即将景区自身餐饮做成独立的品牌推向全国，使其标准化、连锁化、品牌化，成为独立于景区的创收点，走向其他景区和人们的日常生活。早在 2009 年，黄山就开始布局餐饮，将其设置成独立的营业板块，以"徽商的厨房、家乡的味道"为发展定位，推动徽菜"走下山、走出去"。当年，黄山旅游发展股份有限公司在北京投资成立北京徽商故里餐饮管理有限公司；并于 4 年后在北京开设了第一家徽菜餐厅"徽商情"。时至今日，包含黄山本地的 2 家在内，这一品牌已在北京、天津、杭州、合肥等地开设了 9 家徽文化主题餐厅。袁家村也早已踏上了品牌化的历程。以袁家村为原型，贩卖便于运输的小吃和农产品的"袁家村·关中印象体验店"现在已在陕西省内开设了 17 家分店，每间都在 1000～3000 平方米，同样现场制作小吃，相当于将一个微缩版的"袁家村小吃街"搬进了城市内的大型商场。

旅游餐饮的转型升级是旅游业整体转型升级的一部分。虽然升级本身或许意味着餐饮在二次消费中的占比进一步减小，但这意味着更好的发展质量、更合理的发展方式和更长远的发展前景。

■ **经典案例**

黄山：传统景区的"餐饮革命"①

"五岳归来不看山，黄山归来不看岳"，在传统自然风景景区中，黄山是最有代表性的一个，也是自然资源优势最突出的一个。但也正是这样的黄山景区，将大量的资金和精力投入餐饮业的管理、改革和升级上。

自 2015 年开始，黄山景区就意识到了餐饮在创造景区口碑和二次消费方面的重要性。当时一些小店、商场、外卖点是个体承包经营的，售卖产品的质量、价格很难管控，在口碑等方面给景区带来了很多问题。2017年，黄山景区的所有出租餐饮点已全部收回改为自营，统一进货、统一质量、统一定价、统一管理、统一监督。这让景区餐饮更加注重服务、注重品质，相关的投诉少了很多。2018 年，黄山景区开始推行"餐饮革命"，以生态环保与品质提升为核心理念，对餐饮业务进行统一升级。根据其负责人描述，"原来景区内的食物如多刺多骨的鱼肉、玉米、茶叶蛋等，留下的鱼刺、骨头、玉米棒子、蛋壳之类的食物垃圾给生态保护带来了很大难度；而且现在经济发展了，顾客的需求也在跟着升级，现在再提供跟10 年前一样的东西是不合适的。原来上山的大多是旅行团，吃的也是简单的团餐，填饱肚子就行；现在黄山接待的散客越来越多，这些游客的

---

① 景区餐饮：跟上旅游业转型的脚步 ［EB/OL］. 搜狐网，2021 – 03 – 19.

目的不只是观光旅游，更多的是休闲度假，他们对餐饮的要求更高，更多样化，核心需求已经完全不一样了"。出于这两点需求，黄山开始推行"光盘行动"和"轻餐饮"计划，给景区餐饮"做减法"：取消团餐、改推行自助餐，减少食物浪费和餐厨垃圾；以不易产生食物残渣的西式简餐糕点为餐饮营销重点，在客流量较大的广场、路口设置文创店、奶茶店、小食餐车等餐饮点；引进 Costa 快选店、精酿啤酒屋等连锁品牌为游客提供更优质的服务。推行西式餐点，一方面是为减少食物垃圾，另一方面是为迎合变化了的消费需求。与此同时，黄山景区内提供餐饮服务的六家酒店全部以"套餐简餐＋自助餐＋高端商务宴请餐"的形式提供餐饮服务，分别对应低、中、高三档消费层次，在减少食物浪费的同时满足差异化选择。

"餐饮革命"后，黄山景区餐饮板块的绝对收入并未提升，但景区的餐厨垃圾减少了 15% 左右，整个景区品质提高了。长远来说，这一改革对景区餐饮业发展和景区可持续发展都是必要且利好大于损失的。黄山景区负责人表示，"未来，我们希望在保护黄山自然环境的前提下，让黄山能够提供优质的休闲服务，让游客来黄山不仅能看山，而且能做 SPA、泡酒吧、喝咖啡，在这里度过悠闲美好的假日"。

思考：

1. 黄山景区的"餐饮改革"都采取了哪些措施？
2. 你认为未来景区餐饮还会有怎样的升级手段？

任务八　旅　游　购　物

旅游购物作为六要素中"购"的对应体现，随着国民经济的发展和旅游活动的深入而越发重要，与"食""住""行""游"相比具有较大的需求弹性空间，对目的地的经济贡献有较大潜力，一般来说，旅游业发达的国家和地区都十分重视发展旅游购物业。

一、旅游购物相关概念

旅游购物是指旅游者为了旅游或在旅游活动中购买各种实物商品的经济文化行为，它不仅包括专门的购物旅游行为，还包括旅游中一切与购物相关的行为总和，但不包括任何一类游客出于商业目的而进行的购物活动，即为了转卖而进行的购物行为。概念中的"实物商品"是旅游购物业的核心，学术界一般表述为"旅游商品""旅游购物品"，与被称为"旅游产品"的无形旅游服务相区分。

二、旅游商品的分类

从广义上来看，凡是旅游者在旅游途中所购买的商品，皆可称为旅游商品。而狭义的旅游商品则是指专为满足旅游者的需求而生产的各类旅游购物品。旅游商品大致可以分为以下几大类。

（一）旅游工艺品

旅游工艺品的纪念性强，是旅游商品的重要组成部分，它更多是地域文化特色的重要表现载体。传统的工艺品主要由民间艺人世代流传下来的传统手工技艺制作，如云南大理的白族银器、天津泥人张彩塑等。随着技术的发展，出现了由现代工业企业生产的工业艺术品，比如，水晶工艺品、琉璃工艺品等。工艺品可细分为以下几类：雕塑工艺品、陶瓷艺术品、编织艺术品、漆器工艺品、金属工艺品、花画工艺品、刺绣工艺品、民间工艺品等。

（二）旅游纪念品

旅游纪念品主要指以旅游景点的文化古迹或自然风光为题材，利用当地特有的原料制作的带有纪念性的工艺品，如旅游纪念章、旅游纪念图片，带有地方特色的各种器皿、玩具、雕塑、编织及各种印刷品。这类商品品种多、数量大、题材广泛、销路广、纪念性鲜明，深受广大旅游者的喜爱。

（三）风味土特产

风味土特产包括各种有地方特色的名酒、名茶、药材、风味小吃和其他农副产品，如绍兴的花雕酒、杭州的龙井茶、宁夏的"西枸杞"、云南的过桥米线、哈尔滨的"大列巴"等。

（四）文物及仿制品

文物及仿制品主要指国家法律允许进行流通的古玩、文房四宝、仿制古字画、出土文物复制品、仿古模型等。这类商品不多，但价格昂贵，适宜于高消费的旅游者，如湖笔、徽墨、宣纸、端砚等；价格适宜的仿制品也受到广大旅游者的欢迎，如洛阳的仿唐三彩马、西安的仿制秦兵马俑等。

（五）旅游日用品

旅游日用品主要指旅游者在旅游活动中购买的具有实用价值的生活日用品，如毛巾、牙刷、香皂、旅游鞋、旅游包、地图指南、防寒防暑用品、急救药品等。

（六）有地方特色的轻工产品

一些轻工业产品，或是由于地方特色，或是由于物美价廉，或是由于质量好，都会成为旅游者喜欢的旅游商品，如瑞士的"军刀"、比利时的巧克力、卢森堡的香烟等。有些轻工产品价格并不便宜，但是在全世界的知名度非常高，也会受到旅游者的青睐，成为重要的旅游商品，如瑞士的手表等。

三、旅游文创商品

旅游商品销售作为旅游产业链的重要一环，一直是国内旅游产业的短板。发达国家旅游购物占旅游收入的比例在 60% ~ 70%，而目前我国旅游购物的比重还不到 40%。国家统计局相关数据显示，2019 年全国旅游及相关产业增加值为 44989 亿元，其中旅游购物规模最大，增加值为 14077 亿元，占全部旅游及相关产业增加值比重为 31.3%。[①] 以往我们对旅游商品的认知，更多停留在工艺品、纪念品、农副产品的层面，随着市场的变化，传统的旅游纪念品、工艺品销售逐年下降，而文创商品、文创美食、创意生活用品、文创体验产品等成为主流发展方向。特别是在文旅融合及休闲旅游的新形势下，文创产品正在受到前所未有的重视和关注。旅游商品向旅游文创转变，旅游文创向大文创产业转变，"文创 + 旅游"成为旅游消费发展的大趋势。但文创商品概念目前仍未有明确的定义，因此，在开发与运营文创商品前，需要先加深对文创商品的认知。

文创商品是指依靠人的创意智慧、技能和天赋，借助于现代科技手段对文化资源、文化用品进行创造与提升，通过知识产权的开发和运用，而生产出的高附加值商品。景区文创商品挖掘属地区域的文化，融合地域历

---

① 2019 年全国旅游及相关产业增加值 44989 亿元［EB/OL］. 国家统计局，2020 – 12 – 31.

史与文化因素，将景区特色活灵活现地展现在游客面前。旅游产业包罗万象，文化与旅游业的融合将有无限可能，文创商品将有更多挖掘和开发的潜力空间。比如，故宫通过源源不断的创意，让自己的品牌文化和理念触动消费者内心，并通过网络化、人格化、趣味化的方式结合新媒体营销手段，成功塑造了自己的大 IP，上万款文创商品广受游客喜爱。"奉旨旅行"行李牌、"朕看不透"眼罩、"朕就是这样的汉子"折扇等融合历史与当代年轻人语境的 IP 产品，让故宫真正将"文化"落地到了"产品"上。

思政元素

任务九　旅游娱乐

一、旅游娱乐的相关概念

旅游娱乐是指旅游者在旅游活动中所观赏和参与的文娱活动。它是构成旅游活动的六大基本要素之一。旅游者的需求是变化的，"求乐"正在变成旅游动机的主流。旅游娱乐活动属于精神产品，横跨文学、艺术、娱乐、音乐、体育等诸多领域。旅游娱乐与娱乐消遣型旅游是有区别的，娱乐消遣型旅游是指以娱乐消遣为主要动机的旅游活动，是一次独立的旅游活动；而旅游娱乐指的是一次旅游活动中的一种旅游行为，其旅游活动并不一定以娱乐为主要动机，也可能是其他类型旅游活动过程中穿插的一种文娱活动项目，两者的共同之处是都注重旅游活动的娱乐性和参与性。

二、旅游娱乐的类型

（一）专门性娱乐场所

一般是指设置在城市或旅游区内的以提供娱乐活动为主的场所。例如，长春的和平大剧院、刘老根大舞台等。这些专门性娱乐场所不仅为旅游者提供服务，而且为当地居民服务。

（二）辅助性娱乐设施或活动

1. 设置在旅游饭店中的娱乐设施

我国的涉外饭店通常都设置一些可供游客使用的娱乐设施，尤其是三星级以上的旅游饭店一般都有比较完善的娱乐旅游服务设施，如歌舞厅、健身房、桑拿浴、保龄球、桌球、壁球、游泳池、网球场等，极大地充实了国内外游客在旅游途中的娱乐活动内容。

2. 旅游景区中设置的娱乐设施及活动

一些俱乐部、度假区或度假村等作为专门的娱乐旅游活动场所，在娱乐旅游项目的设置上具有独特的优势，它们或依山临水、或地处乡间林边，有的还拥有海滨、湖滨，甚至温泉等自然旅游资源，除了具有常规娱乐旅游产品所需的设备和设施外，还可进行野营、疗养、海水浴、滩浴、冲浪、潜水等专项特色娱乐活动项目。

（三）旅游演艺

旅游演艺又称为旅游演出，是在旅游景区及相关空间内，以室内场景、室外自然或模拟的山水景观为演出场所，为游客提供的具有一定观赏性和娱乐性的各类演艺产品，主要类型包括户外山水实景演出、旅游景区驻场演出，以及主题公园演出等多种形式。如桂林漓江的印象刘三姐、杭州的宋城千古情、山东泰山的封禅大典等，都是将传统文化、自然山水、舞台艺术等元素进行融合，为游客创造一种沉浸式体验场景，深受游客喜爱。

三、旅游娱乐的作用

（一）丰富旅游体验，增强旅游吸引力

旅游娱乐作为旅游活动的一部分，它特有的文化内涵与参与性强烈地吸引着旅游者，对旅游活动起增彩的作用，提高了旅游活动的质量。由于走马观花的观光型旅游正在失去魅力，更多的旅游者希望深入地了解旅游地社会、文化现象，更加注重参与性和心理经历。旅游娱乐融艺术性、娱乐性和参与性为一体，是一个国家或地区民族文化、艺术传统的生动反映。因此旅游娱乐项目能够丰富旅游者的活动内容和体验，极大提高旅游者的兴趣，满足了旅游者生理、心理及精神需要，使整个旅游活动更加丰

富、形式更加多样，增强旅游产品对旅游者的吸引力。

（二）增加附加消费，提高旅游收入

旅游业是综合性很强的产业，它通过为旅游者提供食、住、行、游、娱、购等综合服务而取得经济收入。在这些综合性服务中，食、住、行具有相对的稳定性，其经济收入是有限度的，而旅游娱乐在旅游需求中的弹性较大，因此其经济收入具有相对的无限性。随着人们生活水平和生活质量的提高，人们对精神性消费的需求增加，旅游娱乐项目可以很好地增加旅游附加值，延长游客的停留时间，增加旅游收入。

四、沉浸式娱乐与旅游的融合发展

在自主旅游时代，游客更加注重差异化的体验和精神层面的满足，越来越新奇的旅游体验和市场运作模式，把旅游业带入了一个新的天地。以"科技＋文化＋旅游"为代表的沉浸式娱乐便是典型代表。近年来沉浸式娱乐悄然兴起，沉浸式数字艺术展览、沉浸式数字艺术演艺和沉浸式数字艺术戏剧等产品丰富多样，应用场景也从城市转战旅游景区，成为文旅项目吸引人气的新选择。

（一）沉浸式娱乐的概念和分类

沉浸式娱乐的核心是即时互动，是一种重体验、参与性强的线下娱乐形式。观众调动所有感官全方位体验，和产品或者服务互动，变成内容的一部分。与 VR 把现实世界搬到虚拟空间不同，沉浸式娱乐是把虚拟世界搬到线下实景中。通过布局、计算、灯光投影，以及和观众互动等，把实体空间重新塑造，打破了表现形式和观众之间的界限，让观众走进演出场景和展览中，并与其中的演员或布景产生互动，让观众参与到创作中，进而获得沉浸式娱乐体验。

沉浸式娱乐其实是舶来品，可分为两类，分别为主打剧情类和主打科技感体验类。其中，主打剧情类沉浸式娱乐主要以沉浸式戏剧为代表，起源于英国，受到美国百老汇文化影响，从环境式戏剧过渡而来，现在的应用场景主要有景区、游乐园等。另一类更注重科技感体验类的沉浸式娱乐，主要以展览为代表，以日本 teamLab 团队制作的各类沉浸式体验展为例，其共同点都是轻剧情、重场景体验。

（二）沉浸式娱乐在旅游发展中的四个形态

随着科技不断地进步，旅游娱乐项目特别是景区娱乐项目的设计也从单一的机械娱乐设计到更深参与度的沉浸式娱乐，大致经历了四个形态。

第一是简单单一的机械娱乐设施，多出现在主题乐园和游乐场等户外场地，诸如摩天轮、太空舱、海盗船、激流勇进、高空飞翔等，这种形态追求纯粹的感官刺激，对亲子家庭类及部分追求好玩刺激的消费者比较有吸引力，多是门票和套票收益，缺乏衍生品的开发，不容易产生二次消费。

第二是灯光秀、激光秀、水舞秀、烟花秀、水幕电影等夜景打造，大到专业舞台的姹紫嫣红，小到森野公园的一抹亮色，诸如古北水镇望京街水舞剧场、柏林灯光节等，这种形态只是单纯的技术呈现，视觉和听觉的呈现较好，虽然有故事情节的呈现，但是没有观众和故事之间的互动。

第三是以实景演出为代表的夜间消费形态，多是结合知名主题景区、特色小镇呈现，诸如印象·刘三姐、宋城千古情、寻梦龙虎山、又见平遥等，该类模式一是需要强大的观众人气支撑，二是当地要有核心强势的文化资源，受到客流量、气候、文化、市场运作、交通基础设施等多种因素的影响，门槛高且投入大。

第四是以处于科技前沿的 VR、AR 技术为载体，融合数字技术、光影技术、文化艺术、IP 等打造体验故事线的线下沉浸式娱乐，该类模式打破了表现形式和观众之间的界限，让观众走进演出场景和展览中，并与其中的演员或布景产生互动，是目前科技和旅游结合，故事性、体验性、参与性、互动性最强的形态。

（三）沉浸式娱乐项目与旅游结合的主要领域

目前，沉浸式娱乐已经是旅游创新开发和吸引游客的重要方式。未来，随着科技、文化与旅游的融合发展，沉浸式娱乐项目与旅游的结合将更加紧密，其主要的结合领域表现为以下几个方面。

1. 文化遗址领域

我国作为历史文化古国，有很多历史文化保护区、古村落、非物质文化遗产、世界遗产遗址等，尤其是一些遗址景区，例如，华清宫、大明宫、圆明园等，要充分挖掘它们的历史传说、深化故事，挖掘本土 IP，运用沉浸式娱乐技术让空间活化、文化再造、商业复活。

2. 商业运营领域

第一，更多有温度、有故事、有商业化可能空间的电影 IP、游戏 IP、动漫 IP、戏剧 IP 等一系列优质 IP 进入旅游领域，通过 AR、数字技术等载体走向线下沉浸体验模式，进而进行下一步的产业链延伸；第二，商业模式的创新，旅游作为一个体验场景，会越来越丰富多元化，场景营造和消费购物之间结合越来越紧密化、自然化，甚至在体验中出现虚拟货币，让消费者用于在"戏"中进行二次消费，体验产品、达到宣传品牌的效应，进而在日常生活中产生对 IP 品牌衍生品的消费。

3. 自然生态领域

对以国家湿地公园、森林公园等为代表的生态景区、自然景区来说，多种的保护和限制措施，体验感和震撼性有所欠缺，通过艺术 + 科学技术的形式呈现出大自然的奥秘和美丽，类似于花舞森林项目，用于自然探索、自然科研、自然教育等。

小组讨论

你是否有过沉浸式娱乐产品的消费体验？能否以你的家乡为例，为景区或者旅游城市提出沉浸式娱乐项目开发的创意设想？

任务十　新型旅游业态

当前，旅游业发展已开始从高速增长阶段转向高质量发展阶段，融合、创新是产业高质量发展的关键，新业态对于我国旅游业转型升级有重要意义，是旅游业供给侧结构性改革、增加有效供给的关键步骤。旅游新业态是指围绕旅游市场的发展和消费需求而产生的新的旅游产品及消费运营形式，主要包括新的旅游组织形态、新的旅游产品形态、新的旅游经营形态三大类型。

一、旅游新业态的类型
（一）新的旅游组织形态
新的旅游组织形态主要有三种：一是产业间融合出现的业务融合型新

组织形态，如文旅地产、旅游文创企业、旅游演艺公司、旅游装备制造业等；二是网络技术与旅游融合形成的新组织形态，如以携程为代表的在线旅游运营商，以及虚拟旅游平台开发商；三是新开发的特色组织形态，如乡村民宿、研学基地、主题餐厅、汽车营地、智慧旅游体验馆等。"山西文旅云·数字体验馆"是我国首座省级文化旅游融合的数字化综合体验展馆。

（二）新的旅游产品形态

新的旅游产品形态也有三种：一是旅游与交通工具结合形成的新旅游产品形态，如旅游专列、邮轮旅游、太空旅游等；二是与特色旅游资源结合的新旅游产品形态，如红色旅游、工业旅游、农业旅游、探险旅游等；三是针对细分市场的新旅游产品形态，如夕阳红旅游、亲子旅游等。

（三）新的旅游经营形态

新的旅游经营形态分为两种：一是多类型企业形成的联合经营形态，如文旅商综合体、田园综合体、旅游小镇等；二是出现的新型营销途径和方式，如综艺旅游，还有旅游直播、旅游短视频营销，以及旅游云展演、云演艺。

二、"旅游+"业态融合

全域旅游提出后，兴起了"旅游+"的开发浪潮，旅游产品和旅游业态进一步丰富。"旅游+文化"新业态是文化内涵提升下的旅游新需求形态，包括沉浸式体验旅游，如非物质文化遗产DIY、全域旅游背景下的原生态民俗体验、文化艺术创作（民间演艺）、文创产品制作、地方戏剧（戏曲）观演等；"旅游+康养"业态，如康养疗愈功能下的森林康养、中药浴、沙漠浴、温泉微元素疗养、中医健康疗法等；"旅游+研学"，如针对小学、初中、高中各阶段的以"历练+团体生活+素质提升"为主要目的的研学组织机构和基地，以"娱+学+野"为主要目的的独立营、亲子体验馆、家庭营、亲友营等。

2018年11月，文旅部发布《关于提升假日及高峰期旅游供给品质的指导意见》提出：要牢牢把握旅游消费加快升级的特征，大力推进旅游业供给侧结构性改革，坚持全域旅游发展方式，通过实施"旅游+"战略，扩大产品供给，打造产品品牌，提高产品质量。加大旅游新业态建设，着力开发文化体验游、乡村民宿游、休闲度假游、生态和谐游、城市购物游、工业遗产游、研学知识游、红色教育游、康养体育游、邮轮游艇游、自驾车房车游等。

三、主要旅游新业态介绍

近年来，旅游与其他行业的融合创新速度逐渐加快，新业态更是层出不穷。前文在介绍旅游业主要经营部门和六要素相关产品业态时，我们已经了解了民宿、主题酒店、邮轮旅游、旅游专列、旅游文创、旅游演艺等新业态形式，除此之外，近年来还有很多发展迅速的旅游新业态。

（一）红色旅游

红色旅游主要是以中国共产党领导人民在革命和战争时期建树丰功伟绩所形成的纪念地、标志物为载体，以其所承载的革命历史、革命事迹和革命精神为内涵，组织接待旅游者开展缅怀学习、参观游览的主题性旅游活动。根据文化和旅游部的统计，2020 年我国红色旅游出游人数超过 1 亿人次，整个"十三五"期间，红色旅游出游人数保持稳定增长，在全国国内旅游市场中维持在 11% 以上的市场份额。[①]

■ **经典案例**

红色旅游新标杆——延安万达红街[②]

延安万达红街作为中国红色文化新品牌，创新红色旅游新模式，以传统古城古建、历史还原建筑、陕北民居建筑、五大红色主题广场等建筑规划设计，重现了红军陕北会师、火热的延安岁月直至走向伟大胜利的光辉历程。

延安万达红街是依据长征故事节点，通过营造旅游路线与小镇相匹配的广场打造的"情景式旅游小镇"。此项目位于陕西省延安市，总建筑面积约 9 万平方米。在建筑设计上，以延安当地传统建筑风格为基调，依照

---

① 文化和旅游部：今年全年红色旅游出游人数超 1 亿人次［EB/OL］. 央视网，2020 - 12 - 17.
② 万达延安红街［EB/OL］. 有料设计市集，2022 - 10 - 09.

游览的轴线逐步插入新的建筑风格。其共设有 1.5 千米长的主题步行街，包括 5 个代表延安不同时期的红色主题广场。引入了超过 50 项陕西非物质文化遗产，集中当地特色的手工艺、美食、表演等内容，具有鲜明的延安和陕北特色。

红街空间利用地形高差，移步换景，提取出"楼、街、坊、院"等当地特色建筑，通过广场、街楼、牌坊、阁楼、院落等建筑形态，丰富空间形式，让游客保持游逛小镇的新鲜感。传统建筑与延安沟壑、窑洞相结合，以东渡黄河主题雕塑为主形象，反映延安精神生生不息、深深扎根于延安红色土地。400 米长的窑洞，将架空区以窑洞作为空间展示形象，结合延安精神及新时代精神的图案，反映延安老一辈无产阶级革命家的工作、战斗、生活场景，以及延安新时代的精神风貌。

（二）城市露营

城市露营就是在所在城市的公园、草坪、湖畔、天台等地开展的露营活动。城市露营以其装备相对简单、不用长途跋涉就能获得户外体验等优点受到普通大众的喜爱。马蜂窝旅游平台发布的《2021 "微度假"风行报告》表明，露营已成为最热门的"微度假"玩法。但是，由于兴起时间较短，城市露营也存在一定的短板和不足。

（三）田园综合体

田园综合体是集现代农业、休闲旅游、田园社区于一体的乡村综合发展模式，是通过旅游助力农业发展、促进三产融合的一种可持续性模式。2012 年，我国第一个田园综合体项目——田园东方在无锡市落地实践。2017 年 2 月，"田园综合体"作为乡村新型产业发展的亮点措施被写进《中共中央、国务院关于深入推进农业供给侧结构性改革　加快培育农业农村发展新动能的若干意见》。

（四）汽车营地

汽车营地是指在交通发达、风景优美之地开设的，专门为自驾车爱好者提供自助或半自助服务的休闲度假区。主要服务包括住宿、露营、餐饮、娱乐、拓展、汽车保养与维护等，是满足现代人休闲时尚需求的旅游新产品。

📝 项目小结

1. 旅游业是以旅游消费者为服务对象，对其旅游活动的开展创造便利条件并提供其所需商品和服务的综合性产业。

2. 经济性是旅游业的本质属性，旅游业还具有综合性、劳动密集型服务性、政策性强、脆弱性、敏感性等特点。

3. 旅游产品作为服务性产品具有无形性、不可转移性、不可储存性、生产与消费的同步性等特点。

4. 旅游服务产品的质量衡量使用"二元化"标准，即合乎质量标准的服务产品，必须同时满足外部标准和内部标准的要求。内部标准是优质服务的保障，外部标准是优质服务的结果和目标。

5. 旅行社在旅游活动中扮演中间商的角色。国内旅行社分为国内社和国际社，是一种人为的水平分工，而欧美旅行社分为旅游批发/经营商、旅游零售商、专项旅游策划/组织商，是一种自然的垂直分工。

6. 传统旅行社和在线旅行社各有优势和劣势，线上线下一体化经营已经成为现在和未来的主流趋势。

7. 旅游住宿的演变过程与旅游活动的历史发展密切相关，目前已进入多元化住宿设施竞争时期。

8. 饭店是旅游住宿的典型代表，呈现出集团化经营和主题化发展两个特点和趋势。

9. 旅游交通主要包括铁路、公路、航空、水路等几种方式。

10. 旅游景区具有专用性、长久性和可控性等特点，常见的类型包括旅游度假区、森林公园、地质公园、自然保护区等，目前我国景区的产品业态不断丰富，服务品质优化提升。

11. 旅游餐饮不仅要满足旅游者的生理需求，更要满足游客更高层次的审美需要和情感需求，需要不断创新。

12. 旅游购物和旅游娱乐不是必要的旅游消费，但在丰富旅游活动体验、增加旅游收入方面具有非常重要的意义。

13. "旅游+"新业态层出不穷，产业融合速度持续加快。

思考与练习

1. 阐述旅游业的构成、性质和特点。

2. 传统旅行社与在线旅行社在经营上分别有哪些优势和劣势？线上线下一体化的趋势有哪些表现？

3. 查阅资料，试以我国某一景区为例，谈谈其运营建设的成功经验与启示。

4. "轻休闲""微度假"的市场需求下，你认为旅游业应该如何创新经营？

5. 根据所在城市的旅游资源和旅游市场状况，为其提出旅游产品的开发设想和创意思路。

材料分析

国内田园综合体开发案例①

1. 江苏——无锡阳山田园东方项目

2012 年，在"中国水蜜桃之乡"无锡市惠山区阳山镇的大力支持下，无锡田园东方落地实践。田园东方综合体分为四部分：农业、文旅、居住和内在的复合业态。第一，农业商业化。田园东方的农业是以现代农业、休闲旅游、田园社区为辅助，把农业进行商业化，定位是企业化服务型的农业平台。阳山本身有优质的水蜜桃资源，而该项目通过公司化、规范化、科技化的运作，使形成的产业园能作为当地社会的基础性产业。第二，文旅产业多样化。田园东方的文旅是生态自然型与多样的旅游产品和度假产品的组合，以此作为产业的根本。比如，主题乐园、不同的度假产品和度假村、精品酒店、民宿集群和营地等。第三，居住方式创新化田园社区属于居住的一部分，服务于原住民和新移民，以及旅居的客群，最终形成新的社区和新的小镇。社区分为两类：一是结合宅改、土改的政策和

---

① 案例集锦：田园综合体的业态引爆点 [EB/OL]. 个人图书馆，2018－11－17.

试点，用集体建设用地的方式进行开发。另外，利用国有建设用地为基础的开发，这两种社区混合进行。

2. 上海——金山区"田园综合体"

金山区"田园综合体"通过一二三产业融合发展，逐渐形成休闲农业聚集区。第一，靠海吃海。金山嘴渔村里最早开出的天桥饭店，如今已是天天排队吃海鲜的局面。而另一家永乐大酒店，2016 年接待人数也超过了15 万人次。第二，围绕"渔"字发展文旅。到 2016 年底，金山嘴渔村累计接待游客达 320 万人次。围绕一个"渔"字做足文章，让金山嘴渔村渐渐成了"不夜小镇"。第三，发展渔村特色民宿。目前，全村已有 100 多户村民的农宅租了出去，被用来开民宿、饭店、咖啡店等，租金已比前两年翻了一番不止。整个渔村的特色民宿出现了 12 个品牌，客房数达到了120 间，每到节假日必须提前预订才能入住。

问题：

1. 适合于田园综合体开发的文旅业态有哪些？

2. 阐述田园综合体开发的要点和思路。

■ 设计展示

目的地城市旅游企业和旅游产品调查

根据旅游业各经营部门和旅游产品业态的介绍，针对所在城市旅游业和旅游产品的整体发展情况开展调查，并根据调查信息提出未来创新发展的意见和建议，具体步骤如下所示。

1. 将整体任务划分为旅行社、旅游住宿、旅游交通、旅游景区、旅游购物、旅游娱乐、旅游餐饮、旅游新业态 8 个板块任务，发布任务清单。

2. 根据班级人数分为 8 个小组，每组选择 1 个板块任务，通过携程、飞猪等旅游网站开展调查，获取并汇总旅游企业和产品信息。

3. 各组首先梳理行业信息，选择适当的标准对现有旅游企业和旅游产品进行分类整理。其次，利用 X-mind 软件分别制作旅游业各经营部门的产品谱系图，标注典型代表企业名称。最后，将 8 组成果汇总，形成旅游业产品谱系图。

模块三

旅游市场

学习重点

通过本模块的学习，重点掌握以下知识要点：

➤ 旅游市场的概念。

➤ 旅游市场细分的标准。

➤ 旅游市场营销组合。

➤ 中国旅游市场的现状。

学习内容

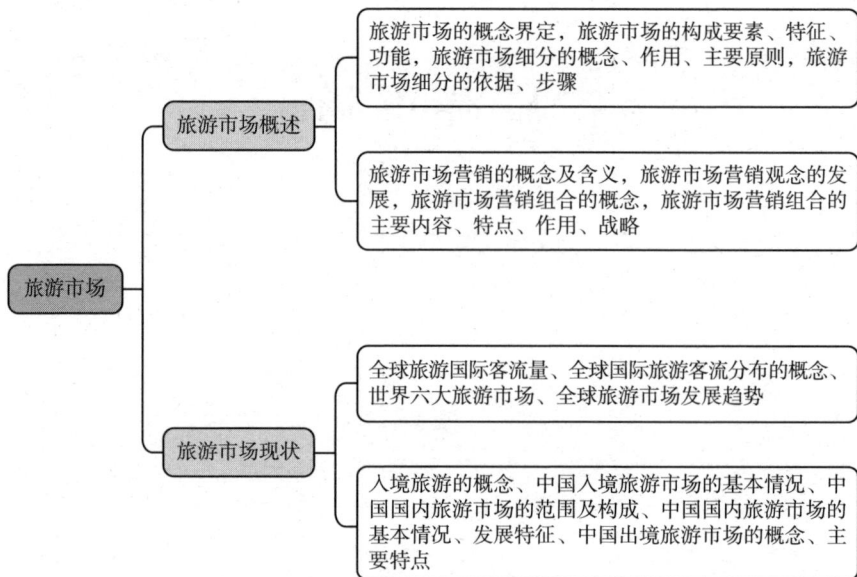

旅游市场

旅游市场概述
- 旅游市场的概念界定，旅游市场的构成要素、特征、功能，旅游市场细分的概念、作用、主要原则，旅游市场细分的依据、步骤
- 旅游市场营销的概念及含义，旅游市场营销观念的发展，旅游市场营销组合的概念，旅游市场营销组合的主要内容、特点、作用、战略

旅游市场现状
- 全球旅游国际客流量、全球国际旅游客流分布的概念、世界六大旅游市场、全球旅游市场发展趋势
- 入境旅游的概念、中国入境旅游市场的基本情况、中国国内旅游市场的范围及构成、中国国内旅游市场的基本情况、发展特征、中国出境旅游市场的概念、主要特点

核心概念

➤ 旅游市场细分（tourism market segmentation）

➤ 旅游市场营销（tourism marketing）

➤ 全球旅游市场（the global tourism market）

➤ 中国旅游市场（Chinese tourism market）

项目一　旅游市场概述

学习目标

知识目标	★掌握旅游市场细分标准、旅游市场营销组合。 ★熟悉旅游市场细分的作用、步骤，旅游市场营销概念、旅游市场营销观念。 ★了解旅游市场的概念和特征，了解旅游市场的功能和构成要素
能力目标	★能够收集旅游行业信息，进行旅游市场细分。 ★能够在旅游市场细分的基础上，针对目标市场开展旅游市场营销
素质目标	★关注旅游企业最新旅游市场营销动态，感受当代文旅从业者结合现代市场需求，创新旅游发展新模式，创新营销推广活动，运用多种技术、手段和方式，对旅游产品进行创造性改造和创新性发展，促进文旅事业高质量发展，激发创造意识，提高文化创意能力
价值目标	★坚定文化自信，通过旅游营销活动传播中华优秀文化、弘扬社会主义核心价值观，推动"以文促旅，以旅彰文"的文旅融合发展

案例导入

"山东人游山东"突出产品创新[①]

2022 年 3 月，山东省文化和旅游厅印发《2022 "山东人游山东"活动方案》（以下简称《方案》）明确，2022 "山东人游山东"以"好客山东 XIN 体验"为主题，对接当下旅游需求热点和旅游细分市场，依托山东省新景点、新项目、新业态，将策划、组合、包装、推出一批高品质的微旅游、周边游等适合省内不同层次游客需求的"好客山东 XIN 体验"系列旅游产品。山东省文化和旅游厅将立足省级层面，整合推出类别丰富的"好客山东 XIN 体验"四季主题产品；各市文化和旅游部门将推出当地

[①]　山东省文化和旅游厅关于在全省开展 2022 "山东人游山东"活动的通知［EB/OL］. 山东省文化和旅游厅，2022 – 03 – 01.

"好客山东 XIN 体验"四季主题产品，激发游客体验新产品、新线路的热情。

2022 年度活动坚持全省联动、统一部署、同步启动，山东省和全省 16 市将策划举办"好客山东 XIN 体验——山东人游山东"启动仪式、"好客山东游品荟"营销推广活动、"好客山东乡村好时节"主题推广活动、"冬游齐鲁·好客山东惠民季"营销推广活动、"山东人游山东"自驾游系列活动等一系列贯穿全年的旅游推广活动，增强山东省内的旅游吸引力。

《方案》还鼓励省内旅游企业围绕"山东人游山东"主题，研究制定一批综合性优惠活动和惠民让利措施，为游客提供优惠便捷服务，引导拉动省内旅游消费。

据悉，2022"山东人游山东"活动旨在充分发挥旅游业刺激消费、拉动内需的带动作用，提高文化和旅游消费在经济社会发展中的贡献度。活动贯穿全年，立足山东省内市场，强化资源整合、产品研发和政策推动，通过省市联动、各市互动、部门协作、政企结合，培育省内旅游消费新亮点。

■ 项目设计

旅游市场营销案例分析

利用所学旅游市场的相关知识，选择某一成功旅游市场营销案例进行全面分析，主要包括营销背景、营销目的、产品受众、营销内容、营销活动实施和营销效果，并尝试为其提出营销发展建议。

任务一　旅游市场细分

一、旅游市场的概念界定

（一）广义的旅游市场

广义的旅游市场是指在旅游产品交换过程中所反映的各种经济行为和经济关系的总和。广义的旅游市场包括旅游经营者、旅游消费者、旅游产品、旅游产品销售和旅游产品价格几大部分。

（二）狭义的旅游市场

狭义的旅游市场是指某种特定旅游产品的经常购买者和潜在购买者。如果没有特别指明，狭义的旅游市场一般就是指旅游客源市场。

二、旅游市场的构成要素

（一）从经济学的角度说，旅游市场是由三个要素构成的，即市场主体、市场客体和市场中介

1. 市场主体

旅游市场主体是指参与旅游产品交换的买方和卖方。即旅游产品的使用者（或消费者）和旅游产品的生产者（或供应者）。前者是指具有旅游意愿和出游条件的旅游者。后者是指具有独立的经济利益和自主决策权的经济法人，包括提供旅游产品和服务的企业、个人和其他社会团体。

2. 市场客体

旅游市场客体是指可供交换的旅游产品，它包括各种有形的和无形的旅游资源和服务。

3. 市场中介

旅游市场中介是指联结旅游市场各主体之间的各种有形的和无形的媒介和桥梁，如价格、竞争、旅游信息、旅游中间商、旅游问询服务中心、旅游质量监督机构等，它们组成了旅游产品供应者与消费者之间及旅游产品供应和消费之间的媒介体系。

（二）从现代营销学角度来说，旅游市场是由四个要素构成的，即旅游者、购买力、购买欲望和购买权利

1. 旅游者

旅游产品的消费者是构成旅游市场主体的基本要素，旅游市场的大小取决于该市场上人口数量的多少，一个国家或地区的总人口多，则潜在的旅游者就多，需要旅游产品的基数就大，因此，人口的多少反映了旅游产品潜在市场的大小。

2. 购买力

旅游市场的大小取决于购买力。购买力是指人们在可支配收入中用于

购买旅游产品的能力，它是由收入水平决定的。没有足够的支付能力，旅游者便无法成行，旅游只会是一种主观愿望。

3. 购买欲望

旅游市场的大小还取决于购买欲望，购买欲望是旅游者购买旅游产品的主观愿望或需求，是反映潜在购买力变成现实购买力的重要条件，没有购买欲望，即使有购买力也不能形成旅游市场。

4. 购买权利

旅游市场的大小还取决于人们购买旅游产品的权利。购买权利是指允许消费者购买某种旅游产品的权利。对于旅游市场来说，尤其是国际旅游，由于旅游目的国或旅游客源国单方面的限制，如不发放签证或限制出境，都会使旅游权利受阻而导致无法形成国际旅游市场。

以上四个要素是相互制约、缺一不可的，人口因素是前提，没有旅游者就没有市场；人口多而居民收入又高的国家和地区才是真正具有潜力的市场；有了人口和收入，还必须使旅游产品符合旅游者的需求，引起其购买欲望，并在具备旅游权利的情况下，使潜在的旅游市场变成现实的旅游市场。

📚 课堂小测验

1. 举例说明旅游市场的主体。
2. 举例说明旅游市场的客体。

■ 知识活页

市场的含义

什么是市场（market）呢？不同的视角下，人们对市场的理解是不同的。

（1）在大多数人的眼中市场是商品交换的场所（space），这里的市场是空间的概念。市场是一种媒介（media），提供让所有买家和卖家进行商品交易的平台。

（2）在经济学的研究视角下，市场是商品生产和商品交换及由此产生的各种经济关系的总和。市场包括供给和需求两个相互联系、相互制约的方面，是二者的统一体。

（3）现代市场营销的观点认为，市场是指对某种产品或服务，现实的和潜在的消费者需求的总和，即人的需求。这种市场就是消费群的概念，是从商品生产者的角度提出来的，从卖方的角度研究买方市场，根据消费者需求和欲望决定自己的生产和销售策略，才能使市场营销具有针对性，才能在竞争中求得生存和发展。

从卖方的角度研究买方市场时，市场的构成需要满足三个要素：人口＋购买力＋购买欲望。其中，人口因素是构成市场的基本要素，人口越多，现实的和潜在的消费需求就越大。购买力因素是指人们支付货币购买商品或劳务的能力，购买力水平的高低是决定市场容量大小的重要指标。购买欲望是消费者产生购买行为的驱动力，是消费者把潜在购买力变为现实购买力的重要条件。

三、旅游市场的特征

（一）旅游市场上的旅游产品和旅游者的异地性

旅游产品在空间上不具备位移性，在时间上具有不可储存的特点。这也就决定了旅游产品只能是一种异地消费，因为实物本身无法在旅游市场上出现。旅游市场这种鲜明的异地性要求我们在发展旅游时，开拓市场必须千方百计地吸引游客前往消费，同时考虑异地游客的生活习惯、文化差异等，做好服务，不断地提高旅游服务质量。

（二）旅游市场具有季节性

因为旅游业经营的是对旅游者有一定吸引力的旅游资源，其中作为旅游资源重要组成部分的自然吸引物，在一定的季节里受自然条件的影响，其吸引力有相当大差别，甚至有时无法开展旅游活动，这就造成了旅游市场的季节性差异，同时季节性还受到旅游者本身的影响。因此导致旅游市场经营上的不均衡性，表现为旅游经营有旺季和淡季之分，给经营者带来了诸多的困难。

（三）旅游市场具有较强的波动性

旅游市场具有较强的波动性，影响旅游市场的因素是复杂多变的，如政治局势的动荡、两国外交关系的变化、突发事件的出现、社会重大活动的举行等，都将导致游客的构成、游客的流量和流向的变化。

（四）旅游市场具有较强的开放性

市场的本质是开放的，现代旅游市场从诞生起就是世界性的市场。旅游活动是一种异地活动，除了个别国家和地区因政治原因导致旅游市场未开放外，多数国家的旅游市场都是开放地吸引来自世界各地的游客，成为比较著名的旅游目的地。

（五）旅游市场具有高度的竞争性

市场与竞争并存，旅游市场同样也具有高度的竞争性。每一个旅游企业进入市场的壁垒很小，只要具有一定吸引力的旅游产品便会进入市场。众多的旅游企业或经营者在旅游市场中必然开展激烈地争夺客源的竞争。同时由于市场的变化，导致竞争比较激烈，许多企业从竞争走向联合。

课堂小测验

举例说明旅游市场的特征。

四、旅游市场的功能

旅游市场是社会经济高度发展的产物，是旅游业赖以生存和发展的条件，它对旅游经济的发展起着十分重要的作用，具体表现在以下方面。

（一）旅游产品交换功能

旅游市场是联结旅游产品生产者和旅游需求者的纽带。通常旅游产品开发出来以后，必须在市场上进行销售，使旅游产品的价值得以实现。旅游需求者通过市场选择并购买自己感兴趣的旅游产品，因而旅游市场是实现旅游产品供给者和需求者之间交换的桥梁。旅游市场把旅游需求和供给衔接起来，能灵敏地反映旅游市场的供求状况，使旅游企业的生产和销售有据可依，解决了供求之间的矛盾，从而更好地满足旅游者的需求，更充分地发挥旅游接待设施的能力，促进旅游经济的健康发展。

（二）旅游经济调节功能

旅游市场的调节功能表现在两个方面：首先，旅游市场是调节旅游供求平衡的重要杠杆，在旅游市场上，当供求双方出现矛盾时，就会引起旅游市场竞争加剧和价格波动，于是市场竞争机制和价格机制就会产生作用，调节生产和消费，使供求重新趋于平衡；其次，通过旅游市场对旅游经济的调节，可以实现整个旅游业按比例配置各种资源，进一步实现社会经济资源的优化配置，并通过市场调节，使旅游部门和企业根据市场需要和供求状况合理分配劳动。

（三）旅游信息反馈功能

在市场经济条件下，旅游者的经济活动会通过市场动态变化表现出来。从总体上来看，旅游市场通过信息传递，为旅游目的地国家或地区制定旅游业发展规划和经济决策提供依据。对旅游企业而言，一方面，将旅游产品信息传递给市场；另一方面，根据市场反馈的旅游需求信息和市场供求状况，调整旅游产品价格，组织生产适销对路的旅游产品，市场信息为旅游企业提供了经营决策的依据。对旅游者而言，一方面，将需求信息传送到市场，为旅游产品生产经营者开发旅游产品提供依据；另一方面，又从旅游市场上获取经济信息，指导、调整和变更旅游需求；总之，旅游市场通过信息反馈，成为旅游经济活动的"晴雨表"，指导着旅游经济的发展。

（四）旅游产品检验功能

旅游市场还可以检验旅游企业及其产品质量的优劣，推动旅游企业改善经营管理，提高服务质量。在旅游经济活动中，旅游者因支付一定的旅游费用而成为旅游服务的权利享有者；旅游企业则因获得一定的旅游收入而成为旅游服务的承担者，两者之间的相互关系是通过市场买卖的形式实现的。旅游者在购买决策过程中，必然要对旅游市场上的各种产品进行比较，只有满足旅游者需求的产品，才是其愿意购买的旅游产品。旅游企业通过旅游市场竞争分析，可以看出自身经营管理方面的优劣，旅游企业可以依据旅游市场的选择及时调整旅游产品，并不断改善和提升自身的经营管理水平和服务质量，提供满足旅游者需求的旅游产品。

▌小组讨论

旅游市场通过信息传导，成为旅游经济活动的"晴雨表"，综合地反映着旅游经济的发展状况。谈谈你对这句话的理解？

五、旅游市场细分的概述

（一）旅游市场细分的概念

旅游市场细分是指在全球化背景下，旅游市场发生了极大的变化，旅游企业、旅游目的地和旅游社团根据世界各地消费者不同的个性特点、娱乐休闲需求、消费习惯和消费水平，将整体的旅游消费市场划分为若干个相应的消费群体的过程。由此可见，旅游市场细分是基于全球化背景提出来的，旅游细分市场的消费群体互相影响，各有特点，彼此之间具有明显的差异性。

（二）旅游市场细分的作用

科学合理地细分市场，对旅游形象宣传、旅游产品销售和旅游市场发展有重要作用。主要是有利于进行市场机会分析，发现新的市场机会，开拓和占领新市场；有利于改善自身营销管理和组织，降低营销成本；有利于制定、调整和完善营销、竞争策略；有利于发现一些没有进入或者进入不够的细分市场；有利于发现对于目标市场最有效的传播媒体。

▌小组讨论

说一说旅游市场细分的积极意义是什么？

（三）旅游市场细分的主要原则

旅游市场细分的目的是识别消费者需求上的差异，以发现有利的营销机会，成功有效的旅游市场细分一般要遵循以下原则。

（1）层次性。细分出的市场应当在产品上区分中、高、低三个档次，在规模上区分大、中、小三个规格，在需求上区分供小于求、平衡、供大于求三种关系，细分后的市场具有明显的层次性，以便采取不同的营销策略。

（2）衡量性。细分出的市场要有明显的区别，且范围清晰，规模、大小可预测。同时，各子市场应有明确的消费群体，且有共同的需求特征。

（3）适合性。细分出的市场必须同时适合营销者和消费者，营销者能以子市场为目标市场，有效开展营销活动，且目标市场的消费者能买到营销者提供的产品。

（4）效益性。细分出的市场不仅要相对稳定，还要有一定规模，现实和潜在需求能使组织或企业获得效益，否则这种市场细分就无意义。

（5）进入性。细分出的市场应是组织或企业营销活动能够进入的，即市场的细分和选择，必须适应组织或企业自身的开发和营销能力，是有能力占领的市场。

课堂小测验

1. 旅游市场细分一般要遵循的原则是什么？
2. 举例说明旅游市场细分的层次性。

六、旅游市场细分的标准

（一）旅游市场细分的依据

要进行有效的市场细分，必须找到科学的细分依据。每个旅游者都具有许多特点，如年龄、职业、文化程度和购买习惯等，这些特点正是导致顾客需求出现差异的因素，每一个这样的因素都可以作为对市场实施细分的依据。不同类型的市场，细分的因素也有所不同，而且这些因素又处于动态之中，因此被称为"细分变量"或"市场细分标准"。总体上来说，旅游市场可以按照以下几种标准进行细分。

1. 按地理变量细分市场

旅游活动本身是以旅游者的空间位移为典型特征的，因此按照地理因素对旅游市场进行细分有着非常重要的意义。按地理区域进行细分有以下三种具体形式。

（1）按主要地区细分。

世界旅游组织（WTO）根据地区间在自然、经济、文化及旅游者流向等方面的联系，将世界旅游市场划分为六大区域，即欧洲区、美洲区、东亚及太平洋区、南亚区、中东区、非洲区。据有关统计，欧洲和北美所接待的国际旅游人数最多，国际旅游收入也最高。而近20年来，旅游业发展和增长最快的地区为东亚及太平洋地区。

（2）按国家或地区细分。

通常所说的"国内旅游市场"和"国际旅游市场"是按国界进行的市场细分，这是旅游目的地国家或地区细分国际旅游市场最常用的形式。通过把旅游业按照国别细分，有利于旅游地或旅游企业了解主要客源国的市场情况，从而针对特定客源国主要市场的需求特征，制定相应的市场营销策略，以收到良好的市场营销效果。

（3）按气候细分。

各地气候不同会影响旅游者的消费，影响旅游者的流向。根据气候特点的不同，企业可以把旅游市场细分为热带旅游区、亚热带旅游区、温带旅游区、寒带旅游区等。从国际旅游市场看，凡气候寒冷、缺少阳光地区的旅游者一般趋向于到阳光充足的地区旅游。这也是地中海地区、加勒比海地区旅游业发达的主要原因。此外，城市、乡村、地形和地貌等都可以作为地理细分的标准。

2. 按人口变量细分市场

人口统计变量细分是将旅游市场按照人口统计学变量，如年龄、收入、教育程度、职业、种族、性别、宗教、家庭规模、社会阶层等为基础划分成不同的群体，这些变量往往易于识别且便于衡量，人口统计变量细分是划分旅游者群体最常用的方法。一般情况下，旅游企业选择其中的一个或几个变量作为划分的标准。例如，按照人口年龄段，旅游市场可细分为老年人、中年人、青年人、儿童四个子市场。旅行社也可以按照家庭生命周期将旅游市场划分为新婚家庭、中年家庭和老年家庭，从而相应地推出"新婚旅游""合家欢旅游"和"追忆往昔旅游"等不同的旅游产品来满足个性化的需要。常见的人口细分标准主要有以下几种因素。

（1）性别。

由于生理上的差别，男性与女性在产品需求与偏好上有很大不同，如在服饰、发型、生活必需品等方面均有差别。像美国的一些汽车制造商，过去一直是迎合男性需求设计汽车，随着越来越多的女性参加工作和拥有自己的汽车，这些汽车制造商研究市场机会，设计具有吸引女性消费者特点的汽车。

（2）年龄。

不同年龄的消费者有不同的需求特点，如青年人对服饰的需求与老年人对服饰的需求差异较大。青年人需要鲜艳、时髦的服装，老年人需要端庄素雅的服饰。

（3）收入。

高收入消费者与低收入消费者在产品选择、休闲时间的安排、社会交际与交往等方面都会有所不同。比如，同是外出旅游，在交通工具及食宿地点的选择上，高收入者与低收入者会有很大的不同。正因为收入是引起需求差别的一个直接而重要的因素，在诸如服装、化妆品、旅游服务等领域根据收入细分市场相当普遍。

（4）职业与教育。

职业与教育是指按消费者职业的不同、所受教育的不同及由此引起的需求差别细分市场。比如，农民购买自行车偏好载重自行车，而学生、教师则是喜欢轻型的、样式美观的自行车；又如，由于消费者所受教育水平的差异使审美观具有很大的差异，诸如不同消费者对居室装修用品的品种、颜色等会有不同的偏好。

（5）家庭生命周期。

一个家庭按年龄、婚姻和子女状况，可划分为七个阶段。在不同阶段，家庭购买力、家庭人员对商品的兴趣与偏好会有较大差别。

单身阶段：年轻，单身，几乎没有经济负担，新消费观念的带头人，娱乐导向型购买。

新婚阶段：年轻夫妻，无子女。购买力强，对耐用品、大件商品的欲望、要求强烈。

满巢阶段（一）：年轻夫妻，有 6 岁以下子女，家庭用品购买的高峰期。不满足现有的经济状况，注意储蓄，购买较多的儿童用品。

满巢阶段（二）：年轻夫妻，有 6 岁以上未成年子女，经济状况较好。购买趋向理智型，受广告及其他市场营销刺激的影响相对减少。注重档次较高的商品及子女的教育投资。

满巢阶段（三）：年长的夫妇与尚未独立的成年子女同住。经济状况仍然较好，妻子或子女皆有工作。注重储蓄，购买商品时冷静、理智。

空巢阶段：年长夫妇，子女离家自立，前期收入较高。购买力达到高峰期，购买较多老年人用品，如医疗保健品。娱乐及服务性消费支出增加，后期退休收入减少。

孤独阶段：单身老人独居，收入锐减。特别注重情感、关注等需要及安全保障。

除了上述方面，经常用于市场细分的人口变数还有家庭规模、国籍、种族、宗教等。实际上，大多数旅游企业通常是采用两个或两个以上人口统计变量来细分市场。

3. 按心理变量细分市场

旅游者在心理上也具有许多不同的特征，如旅游动机、生活方式、兴趣爱好、价值取向、旅游习惯等，心理细分就是按照这些标准对旅游市场进行细分。不同的心理需求、不同的个性，产生了消费者不同类型的购买动机。由于消费者心理需求具有多样性、时代性、可诱导性等特性，因此有时心理因素是很难严格加以判定的，很难量化和把握，但它对旅游市场划分却是极为有效的。

（1）旅游动机。

人们在旅游活动中更多地获得心理上或精神上的满足，而人与人在心理满足上又有很大的差异性。旅游经营者应利用这种差异对市场进行细分，创造不同的市场特色。

（2）社会阶层。

社会阶层是指在某一社会中具有相对同质性和持久性的群体。处于同一阶层的成员具有类似的价值观、兴趣爱好和行为方式，不同阶层的成员则在上述方面存在较大的差异。很显然，识别不同社会阶层的消费者所具有的不同特点，对于很多产品的市场细分将提供重要的依据。

（3）生活方式。

通俗地讲，生活方式是指一个人怎样生活。人们追求的生活方式各不相同，如有的追求新潮时髦，有的追求恬静、简朴；有的追求刺激、冒险，有的追求稳定、安逸。

（4）个性。

个性是指一个人比较稳定的心理倾向与心理特征，它会导致一个人对其所处环境做出相对一致和持续不断的反应。因此，个性可以按这些性格特征进行分类，从而为企业细分市场提供依据。

4. 按行为变量细分市场

不同的旅游者在行为上往往会有很大的差异，因此按照旅游者的行为进行市场细分是很有效的。依据购买组织形式变量将旅游市场细分为团队市场和散客市场，是旅游市场最基本的细分形式之一。而近些年来散客市场得到很大的发展，成为世界旅游市场的主题，在这一市场中，形式也日益复杂多样，出现了独自旅游、结伴同游、家庭旅游、小组旅游等形式，具体来说包括下列各种细分方法。

（1）按购买目的细分市场。

按一般旅游者外出旅游的目的来细分市场，大体上可分为以下几种：即度假旅游、观光旅游、公共会议旅游、奖励旅游、探亲访友、购物旅游、美食旅游、探险旅游、体育保健旅游等细分市场。这些细分市场由于旅游者购买目的不同，对旅游产品的需求特点也有差异。

（2）按旅游者寻求的利益细分市场。

一般来说，旅游者购买某种产品，都是在寻求某种特殊的利益。因此，企业可以根据旅游者对所购产品追求的不同利益来细分市场。旅游企业在采用这种方法时，首先要断定旅游者对旅游产品所追求的主要利益是什么，追求各种利益的各是什么类型的人，各种旅游产品提供了什么利益；其次，根据这些信息来采取相应的市场营销策略。例如，一部分商务旅游者往往把豪华舒适的设备设施、周到完美的服务作为追求利益的标准；而另一部分商务旅游者则把快捷高效的服务作为利益标准。

（3）按使用情况细分市场。

使用情况是指旅游者从前是否有过某种产品或服务的经历。按这种标准，旅游市场可细分为潜在使用者、初次使用者和经常使用者市场。如从未光顾的客人、初次光顾的客人、饭店的回头客等。对潜在使用者、初次使用者和经常使用者应分别采用不同的营销方法。

（4）按购买过程及方式细分市场。

根据旅游者购买、使用产品的过程及方式的不同细分市场。例如，旅游企业往往根据旅游者外出旅游的过程和方式把旅游者划分为团体客人和散客。在旅游接待中，团体客人和散客对旅游方式、旅游产品与服务等方面的需求会有很大的差别。

（5）按购买时机细分市场。

是按旅游者购买和使用产品的特定时机细分市场。例如，某些企业的产品和服务项目主要适用于某个特定时机，诸如"五一"节、国庆节、春节、寒暑假等。旅游企业可以把特定时机的市场需求作为服务目标。

（6）按旅游者忠诚度细分市场。

旅游者忠诚度是指一个旅游者不得不购买某一品牌商品的一种持续信仰和约束的程度。旅游市场细分的目的，就是要寻找那些忠实于本企业产品、购买频率及规模程度都很高的顾客作为本企业的目标市场。

知识活页

旅游市场细分变量构成

1. 按地理变量细分

地理变量细分是指旅游企业按照旅游者居住地所在的地理位置及自然环境的差异来细分市场，如表 3 −1 所示。

表 3 −1　　　　　　　　　　市场细分地理变量构成

细分标准	细分变量
地区	国内：华东、华南、华北、西南、西北、中南、西北、东北 国际：东亚及太平洋、南亚、中东、非洲、欧洲、美洲
人口密度	城市、农村
城市规模	大城市、中小城市、城镇

细分标准	细分变量
地形	山区、平原、高原、盆地
气候	热带、亚热带、温带、寒带

2. 按人口统计变量细分

人口统计变量是最流行的市场细分指标。旅游企业可以从消费者的年龄、性别、职业收入、家庭生命周期、教育、宗教信仰等将其划分为不同的细分市场，如表 3 – 2 所示。

表 3 – 2　　　　　　　　　市场细分人口统计变量构成

细分标准	细分变量
年龄	儿童市场、青年市场、中年市场、老年市场
性别	男性市场、女性市场
家庭规模与家庭生命周期	青年单身、青年已婚无子、青年已婚有 6 岁以下子女、青年已婚有 6 岁以上子女、老年单身、老年已婚无子女、老年已婚有 18 岁以上子女等
家庭收入	高收入、中等收入、低收入
职业	专业技术人员、管理人员、官员和老板、普通职员、农民、退休人员、学生、家庭主妇、失业人员等
受教育程度	小学或以下、中学、中专、大专和大学、硕士及以上
宗教信仰	天主教、基督教、犹太教、伊斯兰教、印度教、其他
种族	白种人、黑种人、黄种人
国籍	中国、美国、日本、俄罗斯、韩国等

3. 按购买行为因素细分

购买行为因素包括购买动机、购买时间、购买方式、购买数量和频率、忠诚程度、追求的利益等。购买行为因素细分的具体变量如表 3 – 3 所示。

表 3 – 3　　　　　　　　　市场细分购买行为因素变量构成

细分标准	细分变量
购买动机	观光旅游市场，会议、商务旅游市场，度假旅游市场，奖励旅游市场，探亲访友旅游市场，购物旅游市场等
购买时间	旺季、淡季和平季旅游市场
购买方式	团体和散客旅游市场
购买数量和频率	较少、多次、经常和频繁旅游者
忠诚程度	坚定忠诚者、中度忠诚者、转移型忠诚者、多变者
追求的利益	迅速便捷、温馨浪漫、经济实惠

4. 按心理行为因素细分

心理行为是由消费者主观心态所导致的行为，它比较复杂难测。按心理行为因素进行市场细分，主要是从旅游者的个性特征、生活方式等方面去分析。心理行为因素细分的具体变量如表 3 – 4 所示。

表 3 – 4　　　　　　　　　市场细分心理行为因素变量构成

细分标准	细分变量
社会阶层	上层、中层、下层
旅游动机	身体健康、文化方面、交际方面、地位和声誉方面
价值观和生活方式	勉强生存者、暂时忍受者、社会归属者、渴求上进者、事业成功者、我行我素者、阅历者、胸怀社会者、心理完善者
个性特征	依赖型、近依赖型、中间型、近冒险型、冒险型

课堂小测验

1. 旅游市场细分的依据有哪些？
2. 举例旅游企业按行为变量细分的旅游市场表现。

七、旅游市场细分的步骤

根据国际市场营销学家的普遍看法，旅游市场细分的程序一般由以下

7 个步骤组成。

（1）选择应研究产品的市场范围。在选择产品的市场范围时，应考虑自身所具有的资源和能力，还须以旅游市场需求为基础，但不由旅游产品的特性决定，选择的市场范围不宜过大，也不应过于狭窄。

（2）列出这一范围内所有潜在消费者的全部需求。在选定产品市场范围的前提下，尽快尽可能全面地列出顾客的需求，对市场上刚开始出现的需求要特别重视。

（3）分析可能存在的细分市场。通过了解不同的消费者需求，分析可能会存在的细分市场。在分析时，企业至少要考虑到消费者的地区分布、人口特征、购买行为等方面的情况，并根据以往的经营经验作出估计和判断。

（4）确定在细分市场时所应考虑的因素。对各个可能存在的细分市场，企业应分析哪些需求因素是重要的，然后删除那些对各个细分市场都是重要的因素，选择具有鲜明特征的需求作为市场细分的标准。

（5）为各个可能的细分市场确定名称。根据各个细分市场消费者的特点，确定不同细分市场的名称。

（6）进一步分析各细分市场的具体特点。尽可能深入了解各个细分市场的需求，以便深入理解这些细分市场消费者的购买行为，以及他们为什么会有这些购买行为。

（7）评估各细分市场。把各个细分市场与人口地区分布和其他有关消费者的特征结合起来，然后分析各细分市场的规模和潜力，有助于企业确定目标市场。

■ 经典案例

华住集团：品牌锁定细分市场[①]

华住集团是国内第一家多品牌的连锁酒店管理集团，创立于 2005 年。华住已经成为全球发展最快的酒店集团之一，始终紧跟消费者的多样化需求，一步步打造旗下酒店品牌，针对不同的客户群体衍生出不同风格、不

---

① 资料来源：根据华住集团官网信息整理所得。

同偏向的子品牌。截至 2023 年 12 月，华住已形成包括 31 个酒店及公寓品牌的矩阵，覆盖从豪华到经济型市场。拥有汉庭、你好等国民酒店品牌，全季、桔子等中档品牌，漫心、桔子水晶、城际酒店等中高端酒店品牌，以及花间堂、施柏阁、宋品、施柏阁大观等高端/豪华品牌。

（1）经济：汉庭酒店创立于 2005 年，始终坚持为国人打造亲和便利、好而不贵的出行体验，截至 2024 年 1 月，已遍布全国 1000 多个城市，拥有 3600 多家门店。高效便捷的自助服务，干净可靠的产品体验，一城一味的特色早餐，亲切友善的社区式服务，汉庭酒店一站式满足国民出行需求，是 14 亿国民的远亲与近邻。

（2）中档：全季酒店成立于 2010 年，华住集团旗下中档酒店品牌，是华住会 2 亿多会员的口碑之选，倡导"东方·适度·人文"的生活方式，提升消费者在旅途中的生活品质，截至 2024 年 1 月，全国 2100 多家门店，遍布 260 多个城市。

（3）中高档：城际 Intercity Hotel 综合德国精益求精的品质和华住高效智能的系统带来的生活质感，以每一处空间设计诠释匠心品质。以德式人文体验，专注于商务，不仅满足基本的远行生活需求，更能随时随地满足办公需求，创造更多的空间可能性。

（4）高档：禧玥作为华住旗下传承中国世代风雅的高端酒店品牌，立足于中国一二线城市核心区域，致力于打造更适合中国人民居停的风雅时空，共享源于东方文化的雅致生活，通过对五感、仪式、意境的不断丰富与强化，为泛精英人群创造一个风雅空间。

（5）奢华：施柏阁大观富有融合之美的奢华国际酒店品牌，集文化、艺术、娱乐、设计、时尚、美食之大成，东方与西方、经典与现代、物质与精神、科技与人性在此碰撞，融为一体。

任务二　旅游市场营销

一、旅游市场营销的概念及含义

（一）旅游市场营销的概念

旅游市场营销是旅游企业或其他组织通过对旅游产品的构思、定价、促销和分销的计划与执行过程，以满足旅游者需求和实现旅游企业的目标。

（二）旅游市场营销的含义

（1）旅游的主体主要是各种旅游企业，如宾馆、饭店、旅行社和风景点等，但也包括非营利性的政府有关机构，如旅游管理局等。

（2）所有的旅游企业或其他组织都有自身的营销目的，要实现其营销目的，就必须通过市场交换其旅游产品，以满足交换者的需求和欲望。

（3）旅游市场营销的旅游产品主要是以服务产品为主，如导游服务、预订服务等，同时也有实物产品，如旅游纪念产品。

（4）旅游市场营销是综合性、全方位的营销活动，涉及社会的各个方面。由于旅游产品是由"食、住、行、游、娱、购"六个要素组成的整体产品，因而，旅游市场营销活动会涉及餐饮、住宿、交通、娱乐、商业等行业。

二、旅游市场营销观念的发展

营销观念是指导旅游企业从事旅游营销活动的思想观念和经营哲学，是旅游企业一切经营活动的出发点，也是旅游企业制定营销战略和策略的根本指导思想。一般来说，营销观念的变化必然带来营销战略和策略的变化。随着旅游业的发展，旅游企业的营销观念同其他各种类型企业的营销观念一样，也不断发展变化。

（一）传统市场观念（生产销售导向观念）

（1）生产观念的表现形式：生产观念是一种以产促销的观念，因而表现为重生产，轻营销，重产量，轻质量。

（2）产品观念的表现形式：产品观念同样也是一个以产定销的观念，所不同的是旅游企业开始重视旅游产品的质量、功能和特色。产品观念的中心是不断提高质量，精益求精，产品观念的不足之处在于轻视市场需求，营销近视症。

（3）推销观念的表现形式：旅游市场的推销观念是以旅游产品的生产和销售为中心，以促进购买、激励销售为重点的营销观念，旅游企业还是根据自身条件来决定生产什么旅游产品，以及生产多少旅游产品，所不同的是，旅游企业开始关注旅游者，寻找旅游者，并设立销售部门来推销旅游产品。

小组讨论

有的旅游企业经营者认为，皇帝的女儿不愁嫁，酒好不怕巷子深，这体现出了什么市场观念？谈谈你的看法。

（二）现代市场观念（市场需求导向观念）

1. 市场营销观念

市场营销观念的表现形式：持这种营销观念的旅游经营者主张顾客需要什么，我们就生产什么，销售什么。旅游企业的经营思想开始发生由"以产定销"到"以销定产"，适销对路，产销结合的根本性转变。

2. 社会营销观念

社会营销观念是以市场需求和社会效益为中心，以发挥企业的优势，满足消费者和全社会的长远利益为重点的营销观念。社会营销观念的表现形式要由以旅游者为中心转变为以社会为中心。因此，旅游企业在市场营销中，要将旅游市场需求、旅游企业优势与社会利益三者有机地结合起来，确定旅游企业的经营方向。

知识活页

市场营销的演进

一、市场营销的概念

（一）菲利普·科特勒的观点

（1）市场营销是致力于交换过程以满足人类需要的人类活动。在交换过程中，卖方寻找买主，识别买主的需要，设计适当的产品，进行产品促销，储存和运输产品、出售产品等。最重要的市场营销活动是产品开发、市场研究、促销、分销、定价和服务（菲利普·科特勒，1983）。

（2）市场营销是企业的一种职能：识别目前未满足的需要和欲望，估计和确认需求量的大小，选择本企业能够最好地为它服务的目标市场，并确定产品计划，以便为目标市场服务（菲利普·科特勒，1984）。

（3）市场营销是对思想、产品和劳务进行设计、定价、促销及分销的计划和实施过程，从而产生个人的满足和组织目标的交换（菲利普·科特勒，1985）。

（4）营销是寻找、留住和增长盈利顾客的艺术和科学（菲利普·科特勒，2011）。

（二）市场营销协会（AMA，2008）的观点

市场营销是为顾客、合作伙伴和整个社会创造、沟通、传递、交换有价值的产品的活动、制度和过程。

（三）英国市场营销学会（BIM，1984）的观点

一个组织或企业以获取盈利为前提，负责去识别消费者需要、预测消费者需要和满足消费者需要的管理过程。

由此可见，市场营销是一个社会化管理的过程，包括识别和洞察消费者需求，满足消费者需求，为企业创造价值、为顾客创造价值的管理过程。

二、营销观念的演进历程

市场营销观念是企业在营销活动中所遵循的指导思想和经营哲学，是经营者处理企业、消费者和社会三者关系的基本原则，主要分为传统观念和现代观念两大类。传统营销观念包括生产观念、产品观念、推销观念，现代营销观念包括市场营销观念和社会市场营销观念，如表 3-5 所示。

表 3-5　　　　　　　　　　　营销观念的演进历程

观念演进	市场背景	关注重点	主要特征	类型
生产观念	产品供不应求，几乎不存在竞争	提高生产能力，增加产量	以产定销，追求数量，眼光向内	传统营销观念
产品观念	产品供不应求，竞争者增多	提高产品质量	以产定销，追求质量，眼光向内	
推销观念	产品供过于求	加大销售力度，提高销量	以产定销，强调销售，眼光向内	
市场营销观念	产品供过于求	满足顾客需求	以销定产，以顾客需求为导向，眼光向外	现代营销观念
社会市场营销观念	产品供过于求，市场竞争激烈，消费者更加挑剔，关心社会健康和环境问题	消费者需要、消费者满意和整个社会的利益	统筹兼顾企业、消费者、社会三个方面的利益，眼光向外	

三、旅游市场营销组合

（一）旅游市场营销组合的概念

市场营销组合是 1964 年由美国哈佛大学的鲍敦（Borden）教授首先提出来，同年，美国市场学家麦克塞（Mccarthy）概括出易于记忆的 4Ps 营销组合，此后 4Ps 理论一直受理论界和企业界普遍重视和广为使用。

旅游市场营销组合是指旅游企业针对目标市场需求，对自己可控制的各种营销因素（产品质量、包装、价格、服务、广告、渠道和企业形象等）实行优化组合和综合运用，使之协调配合，扬长避短，发挥优势，以便满足目标市场需要，更好地实现营销目标。

（二）旅游市场营销组合的主要内容

1. 旅游产品组合

产品是企业市场营销组合中最重要的因素，因为产品质量的提高及其组合结构的优化是企业提高自身竞争力的基础。旅游企业在制定产品组合决策时，应注意以下四点：一是实施产品差异化战略，通过具体设计、宣传促销等行为突出产品特色；二是旅游产品的开发与组合必须针对细分市场的需要来进行，这样才能适销对路；三是确保产品或服务质量，以树立良好的市场口碑来吸引回头客；四是不断推出新的旅游产品（包括改良产品），从而赢得更多的顾客。

2. 制定价格策略

合理的价格决策可以提高旅游企业的竞争力，并有利于企业凭借现有资源获取更多的利润。旅游企业在制定价格策略时应充分考虑五个基本因素，即市场营销目标、产品成本和利润、顾客对产品或服务的认知价值、细分市场差异、可能的竞争性反应。

常用的定价策略有以下五种：一是当旅游企业推出新的产品或服务时，采取撇脂或渗透价格策略，以尽快收回成本或提高市场占有率；二是针对关键细分市场开展价格促销活动，以提高本企业产品在主要细分市场中的份额，并削弱竞争者的地位；三是当企业能将产品成本控制到较低水平时，可采取合理的降价，以扩大销售量和阻止竞争者进入；四是以总额较低的价格提供系列产品或给予一定的折扣，以刺激中间商和顾客的购买积极性；五是对某种产品实行亏本销售，但同时又通过高价售出其他配套产品来收回利润。

3. 分销渠道组合

旅游产品分销渠道即旅游产品使用权在转移过程中所经过的各个环节连接而成的通道，从狭义上讲，就是旅游中间商的构成体系。旅游中间商具有市场调研、开拓市场、组合加工等功能，合理选择分销渠道有助于旅游企业扩大市场范围、节约营销费用和提高营销效率。旅游市场分销渠道组合主要包括分销渠道的选择，渠道成员的协调、激励与评估，以及分销渠道的改进等内容。

4. 实施促销方案

旅游促销的实质就是旅游营销者通过合理的方式，将企业理念、产品及服务等相关信息传递给旅游产品的潜在购买者及其他公众。旅游促销方式一般有广告宣传、营业推广、人员推销及公共关系四种，其组合策略可分推式策略和拉式策略两类，如图 3-1 所示。前者（见图 3-1（a））着眼于说服顾客采取购买行为，在促销方式上以人员推销为主，辅之以营业推广和公关活动；后者（见图 3-1（b））则立足于强调产品特色和消费者的利益，在促销方式上多采用广告宣传和营业推广。

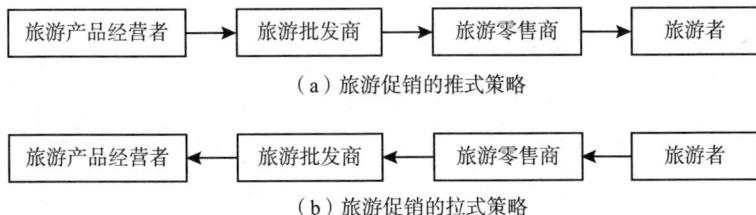

旅游产品经营者 → 旅游批发商 → 旅游零售商 → 旅游者

（a）旅游促销的推式策略

旅游产品经营者 ← 旅游批发商 ← 旅游零售商 ← 旅游者

（b）旅游促销的拉式策略

图 3-1　旅游促销的推式和拉式策略

📖 课堂小测验

结合成功的旅游营销案例说明旅游市场营销组合中的主要内容。

（三）旅游营销组合的特点

旅游企业提供给旅游消费者的产品，本质上是一种服务，旅游服务营销组合是"7Ps"组合，即包括产品、价格、渠道、促销、人员、有形展示及过程七要素。以下结合旅游业的行业特征，分别介绍旅游人员要素、旅游有形展示要素及旅游过程要素的特点。

1. 旅游人员要素

对于旅游服务营销来说，这里的"人员"不仅包括旅游服务的提供者——员工，还包括旅游服务的消费者——旅游消费者。

旅游企业的员工（特别是一线员工）参与旅游服务的"生产"过程，他们是旅游产品的重要组成部分。尽管可以有这样或那样的质量标准和服务程序，但不同的精神状态、服务热情会给旅游者带来截然不同的心理体验。在旅游者眼中，他们代表企业；在企业眼中，他们还是"兼职"的营销人员。正因为员工的素质影响旅游营销的效果，越来越多的旅游企业开始重视员工的服务素质培训，并在企业内部开展内部营销管理活动，希望通过提高服务员工的满意度来提高旅游者的满意度。

旅游者的行为、参与度及旅游者之间的接触也会影响旅游者的满意度。比如，在同一个旅行团里，不遵守时间安排的旅游消费者会延误总的旅行计划，降低其他旅游消费者的满意度。因此，旅游企业也需要加强对旅游者的引导和必要的规范。

2. 旅游有形展示要素

旅游有形展示是指旅游企业为提高产品的吸引力，将自身的服务特色进行有效的实物化，并通过展示使产品更容易被旅游者把握和感知。旅游环境、旅游信息及旅游结果所涉及的一切有形载体和设施都可以划归为有形展示的范畴。旅游有形展示的方式多种多样，一句好的广告词、一首经典的旅游景点歌曲、一张详细的旅行地图、一套精美的景区图片、一部风景宜人的旅游宣传片都可以达到吸引游客的目的。

旅游企业在设计营销组合时，应根据自身资源的特点，制定科学、有效的有形展示策略，将旅游服务的特色展现出来，以吸引目标消费者。

3. 旅游过程要素

旅游产品的过程性是旅游服务的本质特性。由于旅游者参与服务的生产过程、服务过程通常被认为是服务产品的组成部分，旅游者对服务的满意不仅来自旅游产品的实物组成，同时也来源于服务的传递过程。旅游过程是旅游服务营销组合中的重要因素。

旅游企业为提供旅游服务所进行的所有工作活动都是服务过程，包括交付给旅游者的程序、任务、日程、结构、活动和日常工作等。从旅游者的购前信息咨询，到旅程中的吃、住、交通、游览、娱乐、购物等各项服务，再到旅游结束后的客户关系服务，都是旅游过程要素的组成部分。旅游过程设计规定了每个环节的行为规范、服务标准、参与协作的前、后台及支持人员的工作任务，最终归结到旅游者对服务质量的反馈。

服务过程的设计在一定程度上关系到一线服务人员提供服务的成本、效率、质量及难易程度。在旅游过程设计中，游客的参与度越高，服务人员提供满意服务的可能性就越高。

📚 课堂小测验

举例让自己印象深刻的旅游有形展示要素，从旅游人员要素来说如何做好营销工作？

（四）旅游市场营销组合的作用

（1）它提供了一种科学地分析和运用各种营销因素的思路和方法，指导企业经营者把影响营销效果的各种因素有机地结合起来，达到企业整体营销效果最优化。

（2）为企业参与市场竞争提供了有力的手段。企业不再只有价格竞争，而是可以采用更为合理灵活的营销组合，充分利用非价格因素来形成差别优势，提高企业的竞争能力。

■ 知识活页

旅游市场营销组合的分类方法

1. 麦克塞分类法

麦克塞分类法是旅游市场营销组合中应用得最广泛的分类法，它把市场营销组合概括为"4P"组合，即产品、价格、销售渠道和促销的组合。

2. 科特勒分类法

科特勒营销组合分类法主要包括战术性的4P（产品、价格、销售渠道、促销）和战略性的4P（探查、分割、优先、定位）。这种分类法在旅游市场营销组合中应用广泛，将市场营销组合概括为"4P"组合，包括产品（product）、价格（price）、销售渠道（place）和促销（promotion）。此外，科特勒还提出了战略性4P，即探查（probing）、分割（partitioning）、优先（prioritizing）和定位（positioning）。战略性4P强调了市场细分、目标市场选择和市场定位的重要性，帮助企业在竞争激烈的市场环境中找到自己的定位和优势。

3. 考夫曼分类法

考夫曼是美国著名的饭店市场营销学家。他经过多年的悉心研究，提出了组成饭店市场营销的12个因素。这12个因素分别是：产品计划、定价、牌号、销售渠道、人员推销、广告、促销、组合、陈列展示、服务、储存和市场调查。1980年，他在《饭店营销》一书中将上述因素简化为6个P，即人、产品、价格、促销、实施和组合。

4. 雷诺汉分类法

美国康奈尔大学市场学教授雷诺汉认为，饭店餐馆等服务型企业和生产企业在营销方面有着质的区别，把旅游饭店的营销组合归纳为三个次组合，即产品与服务次组合、表象次组合和信息传递次组合。

（1）产品与服务次组合。旅游者往往把产品与服务视为一体，从得到的产品实体和服务中获得满足，而不是仅以占有产品实体获得满足。因此，这与过去从工业、商业中引入的营销组合侧重于有形产品有较大的不同，它要求旅游企业应把整个产品、服务组合连成一体，而不应把产品或服务当作孤立的销售对象。

（2）表象次组合。表象包括能使企业产品和服务成为有形的所有因素。这些不同的因素使消费者区别出各个不同的旅游企业。表象一般由以下因素构成：建筑、地理位置、气氛、价格和服务人员等。这些因素使本酒店区别于其他酒店，其中酒店的气氛可使服务更具有形象，影响购买者决策，服务人员的外表、态度影响着宾客对服务质量的感受。

（3）信息传递次组合。造就顾客对服务的质量期望，形象化的信息传递有助于刺激顾客的购物欲望，达到推进酒店产品销售的目的。

（五）旅游市场营销组合战略

旅游市场营销组合战略是有效地涉及和实现各种营销手段的综合运用，即在组织营销活动时，针对不同的旅游市场环境和内部条件，将以上因素进行最佳组合，使它们相互配合，产生协同的综合作用，而不是相互矛盾甚至起相互抵消作用。

旅游市场营销组合是旅游企业可控制的经营手段的组合，旅游企业可以根据自己的调研分析，设计具体独特的旅游产品，制定合理的价格，选择适合的营销渠道，进行适度的营销促进等形成自己具有竞争优势的组合战略。但因为旅游企业处于不可控的外部营销环境中，种种不可控的因素会对旅游的正常经营产生制约和影响。因此，旅游企业在进行营销组合时应时时关注外部环境的变化，以便能及时调整内部可控因素，使内部、外部因素相协调，从而适应外部环境的变化。

双创元素

济南市 12 项荣登"山东省优秀旅游产品活动案例"名单

项目小结

1. 旅游市场有狭义和广义之分，从经济学角度来说主要有市场主体、市场客体和旅游市场中介三个组成要素；从现代营销学角度来说，旅游市场是由四个要素构成的，即旅游者、购买力、购买欲望和购买权利。

2. 旅游市场具有异地性、季节性、波动性、开放性和竞争性的特点。

3. 旅游市场具有产品交换、经济调节、信息反馈、产品检验的功能。

4. 旅游市场细分是在全球化背景下提出的，划分为若干个相应的消费群体的过程。

5. 旅游市场细分一般遵循层次性、衡量性、适合性、效益性、占领性、空白性的原则。

6. 要进行有效的市场细分，必须找到科学的细分依据。旅游市场细分标准主要有按地理变量细分市场、按人口变量细分市场、按心理变量细分市场、按行为变量细分市场。

7. 随着旅游业的发展，旅游企业的营销观念同其他各种类型企业的营销观念一样，也不断发展变化，表现为传统市场和现代市场营销观念。

8. 旅游市场营销组合是指旅游企业针对目标市场需求，对自己可控制的各种营销因素（产品质量、包装、价格、服务、广告、渠道和企业形象等）实行优化组合和综合运用，使之协调配合，扬长避短，发挥优势，以便满足目标市场需要，更好地实现营销目标。

思考与练习

1. 试阐述旅游市场的组成要素、特点和功能。
2. 试阐述旅游市场细分的步骤。
3. 查阅资料，试以我国某一旅游企业为例，分析其旅游细分市场。
4. 根据所学，为济南市研学旅游市场提出旅游市场营销组合策略。

材料分析

旅游市场中的"她经济"①

近年来，女性群体几乎成为家庭旅游消费的主要决策者。2022 年 3 月 8 日，在三八妇女节来临之际，携程、同程旅行、飞猪、途牛等多家 OTA 都发布了女性旅游消费数据报告。其中，有 OTA 的数据显示，"她经济"成为近年来的热词，近七成旅行消费的决策由女性做主。女性不仅更舍得在旅游上花钱，玩法也越来越多元化。同时，女性在住宿标准上也有一定

① 七成决策由女性做主 旅游市场中的"她经济"［N］. 北京商报，2022 - 03 - 08.

的追求，高星及有特色的酒店、民宿受到了越来越多女性的青睐。作为旅行消费的主力军，女性的旅游需求也逐渐成了商家们关注的焦点。

同程旅行发布《2022年女性旅行报告》（以下简称《报告》），对国内女性的旅行消费进行分析。同程旅行平台大数据显示，近七成旅行消费的决策由女性做主。《报告》调研分析，女性旅行者的职业以上班族占比最大，"80后""90后"用户合计占比69%，显示出这部分群体在工作生活之外，也有强烈的旅行意愿。

不仅如此，女性出游也更舍得花钱。根据携程发布的《2022"她旅途"消费报告》，2021年女性为旅游支付的人均花费高于男性33%，直播订单中女性下单占比为62%。花得多、买得多、省得多是当代女性旅游消费的三大特点。同时，超六成家庭旅行度假是由女性主导，无论是目的地、预算和行程安排，女性都发挥着关键的主导作用。

在消费升级的大背景下，高品质旅游日益成为消费者的普遍需求，而女性选择出游的玩法也越来越丰富。在途牛发布的《女性旅游消费洞察报告》（以下简称《洞察报告》）中，近年来徒步、攀岩、跳伞、滑雪、潜水、冲浪等极限运动纷纷上榜"她旅行"愿望清单，相关产品搜索量和预订量持续上涨。

另外，"悦己消费"成为女性旅行消费的一大热点。小猪民宿发布的《中国女性旅行消费报告》显示，女性用户独自出游频次提高，同比增长超30%，其中"90后"女性成为增量最大的消费群体，"00后"女性正成为场景、新消费的主要引领者。

住宿一直占据着旅游消费的"大头"，同时女性也更注重旅游住宿的品质。《洞察报告》中指出，女性出游时在住宿方面的支出呈现持续正向的增长态势，高星酒店及更多有特色的酒店、民宿受到了越来越多女性的青睐。2021年度，高星酒店成为半数途牛女性用户的心动之选。在主题公园热的加持下，上海玩具总动员酒店、珠海长隆企鹅酒店、广州长隆熊猫酒店、诺金度假酒店等主题酒店纷纷跻身"爆款"，吸引了大批量女性乐园玩家亲身体验。

在酒店预订的类型选择上，女性也有她们自己的"爱好"。《报告》显示，相较于普通的星级酒店，电竞酒店、宠物酒店等不同类型的主题酒店深受女性用户关注。除了偏好高星酒店、特色主题酒店，女性对旅游品质的需求还体现在其他方面。携程方面表示，影响女性出游决策的因素还有服务品质，女性高级别（钻石、金钻、黑钻）会员的增长速度高于男性会员，高级别女会员的旅游人均花费比男会员高21%。

小猪民宿度假产品负责人钟静伟表示，女性在旅行住宿消费上更追求自我表达，更乐意尝试多元化、个性化的选择，闺蜜出行、情侣度假、亲子互动，为自己爱好的投资。

随着直播越发流行，不少女性更偏爱在家购物，而在疫情防控常态化的大背景下，旅游产品和其他商品一样迈进了直播时代。途牛方面还指出，"她力量"对旅游直播的推动作用十分显著，女性开始习惯在直播间里完成旅游产品咨询、种草、购买、分享等一系列行为。在旅游直播领域，女性占据着主导地位且蕴藏着巨大的消费潜力，女性新的旅游消费理念和习惯也势必将推动旅游行业相关产品、消费场景、服务模式的同步革新。

伴随着女性对于旅游的需求变得更多元化、个性化，多家旅游企业也在加速布局，推出"酒店+""旅游+"等新玩法，定制游、私人团等旅游产品的不断涌现，也让"她们"的旅游有了更多选择。

在业内人士看来，随着女性对生活和旅行品质要求的逐渐提升，未来旅游业的发展也会与女性有着密不可分的联系，针对她们所推出的旅游产品也会越来越多、越来越精致。

问题：

1. "她经济"体现的旅游市场细分标准有哪些？

2. 阐述旅游企业如何针对"她经济"开展营销。

■ 设计展示

旅游市场营销案例分析

利用所学的相关旅游市场知识，选择某一旅游市场营销案例进行分析，主要步骤如下：

1. 依据班级人数，对学生进行合理分组，自行选择旅游市场营销案例进行分析（每组选择不得重复）。

2. 利用资料搜集法、实地调研等方法对旅游市场营销案例进行全面分析，主要包括营销背景分析、营销目的与产品受众分析、营销内容分析、营销活动实施及营销效果分析。

3. 形成旅游市场营销案例分析报告。

4. 尝试为其提出营销发展建议。

5. 梳理资料，以 PPT 形式进行展示汇报。

项目二　旅游市场现状

📊 学习目标

知识目标	★掌握全球旅游市场客流分布格局、六大市场状况及特点，掌握中国旅游市场入境、出境和国内状况及特点。 ★熟悉中国旅游市场的发展现状及趋势。 ★了解中国在国际旅游市场竞争中存在的问题及解决途径
能力目标	★能够收集旅游行业信息，分析全球旅游市场、中国旅游市场的发展现状和未来趋势。 ★能够在分析中国旅游市场现状的基础上，提出旅游发展的建议
素质目标	★关注旅游市场前沿动态，感受当代文旅从业者引领潮流、勇于创造的时代精神，增强创新意识。 ★利用国际旅游活动促进中西方文化的相互交融，开阔国际视野，树立国际竞争意识
价值目标	★顺应旅游市场发展趋势，在新时代把握游客需求，打造旅游精品，培养解放思想、求真务实、突破陈规、大胆创新、奋勇争先、追求卓越的时代精神

📊 案例导入

"中国年"燃旺旅游消费：国内长线旅游回暖，
东南亚成境外游赢家[①]

兔年新春假期收官，旅游业强势回暖，中国年再次燃旺相关消费市

---

① "中国年"燃旺旅游消费：国内长线旅游回暖，东南亚成境外游赢家［EB/OL］. 21 世纪经济报道，2023 - 01 - 29.

场。经文化和旅游部数据中心测算，兔年春节假期全国国内旅游出游 3.08
亿人次，同比增长 23.1%，恢复至 2019 年同期的 88.6%；实现国内旅游
收入 3758.43 亿元，同比增长 30%，恢复至 2019 年同期的 73.1%。

2023 年春节假期，各地纷纷举办丰富多彩的迎春活动，年味儿浓，旅游
市场也异常火爆。全国游客纷纷涌入各大景区，赏年俗、返乡游成为热点。
众多景区实时路况"红到发紫"，乡村旅游火爆，跨省旅游复苏。玩主题乐
园、逛庙会灯会、体验冰雪运动、游览名山大川、打卡文博展览等，成为
春节出游的热门主题，民俗游、品质游、返乡旅游同样火热。

随着人们出游需求的加速释放和游客的纷至沓来，酒店住宿业也迎来
新的"春天"。锦江酒店（中国区）经营数据显示，兔年春节全国酒店入
住率、满房酒店数、RevPAR（平均每间可供出租客房收入）均创近几年
同期新高，呈"量价齐升"的良好发展态势。部分热门旅游线路的城市甚
至出现一房难求的情况。

针对兔年春节情况及趋势，驴妈妈旅游网 CEO 表示，春节市场的火
爆，为文旅产业快速复苏开了个好头。讲究品质享受，追求个性体验，重
视精神文化满足，拥抱新潮流业态，是文旅消费的趋势。

境外游蓄势待发，开始了复苏的步伐。根据携程 2023 年 1 月 27 日发
布的《2023 年春节旅游总结报告》，春节期间出境游整体订单同比增长
640%，内地旅客预订境外酒店订单量同比增长超 4 倍，跨境机票订单增长
4 倍以上。相较国内热门景点的人山人海，一些尚处于价格低位且体验舒
适的海外旅游产品吸引了首批海外过年游客。其中，旅游资源充沛又热情
好客的东南亚更是成为春节档大赢家。

■ 项目设计

对中国旅游市场进行调研，在描述现状的基础上，对旅游市场存在的
问题进行分析，尝试提出发展建议。

任务一　全球旅游市场

一、全球国际旅游客流量

国际游客客流量是指一定时期内进入同一目的地国家或地区的旅游者

数量。

　　现代全球旅游业从第二次世界大战之后开始蓬勃发展，全球旅游人数与旅游收入总体展现出持续增长的趋势。

　　随着社会的发展，旅游业已成为全球经济发展中势头最强劲和规模最大的产业之一，旅游业的发展为促进国民经济有关部门的发展起着重要的作用。《世界旅游经济趋势报告（2024）》数据显示，十余年来，全球旅游总收入占 GDP 的比例均在 6% 以上，2020 年这一比例骤降至 3.8%，2023 年恢复至 5.5%，比 2022 年高 0.9 个百分点，旅游经济在全球经济中的比重正在增加，如图 3-2 所示。

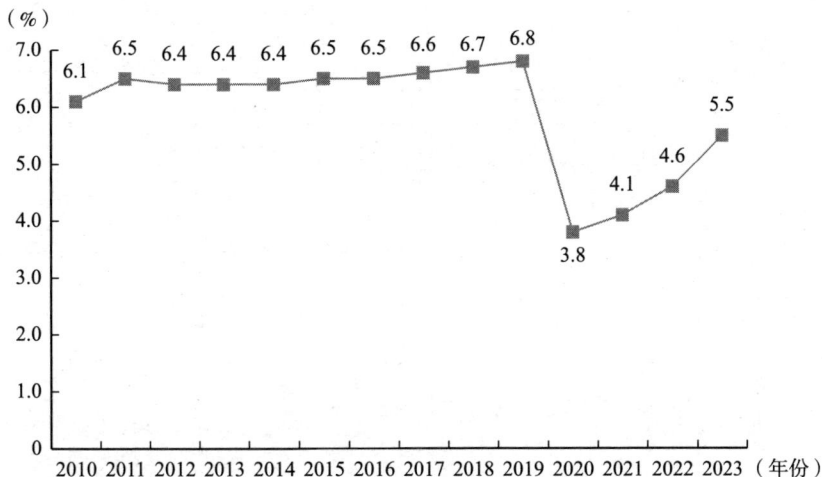

图 3-2　2010~2023 年全球旅游总收入占全球 GDP 的比例

资料来源：世界旅游经济趋势报告（2024）。

　　2023 年全球旅游总人次（含国内旅游人次和国际旅游人次）达到 126.73 亿人次，同比增长 41.6%，恢复至 2019 年的 87.4%，全球旅游总收入（含国内旅游收入和国际旅游收入）达到 5.54 万亿美元，同比增长 21.5%，恢复至 2019 年的 94.8%。2010~2019 年十年间，除疫情期间的波动外，全球旅游经济增长稳定，全球旅游总人次年均增长率保持在 7.3%，全球旅游总收入年均增长率为 4.6%，如图 3-3 和图 3-4 所示。随着人们生活水平的提高以及消费主体和消费观念的改变，旅游市场在未来十年内还将继续平稳增长。

（亿人次）　　　　　　　　　　　　　　　　　　　　　　　　　　　（%）

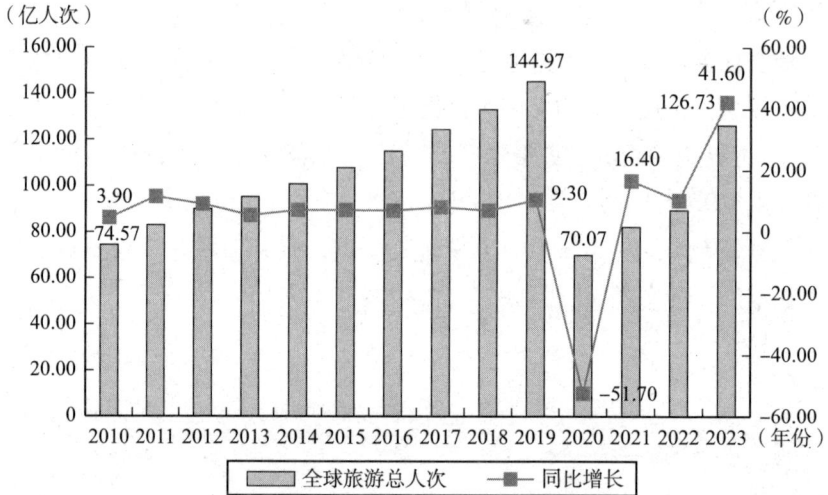

图 3 - 3　2010 ~ 2023 年全球旅游总人次及其增速

资料来源：世界旅游经济趋势报告（2024）。

（万亿美元）　　　　　　　　　　　　　　　　　　　　　　　　　　（%）

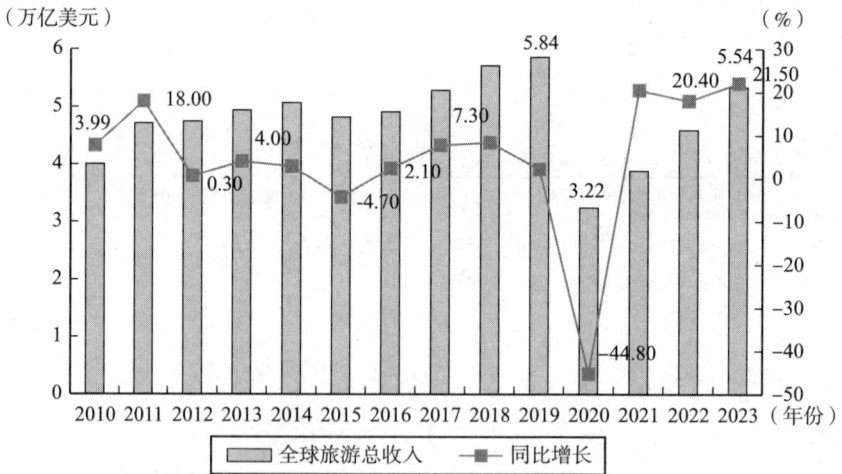

图 3 - 4　2010 ~ 2023 年全球旅游总收入及其增速

资料来源：世界旅游经济趋势报告（2024）。

二、全球国际旅游客流分布

（一）国际旅游客流分布的概念

国际旅游客流分布指在一定时期内国际旅游者根据自己的旅游动机与经济能力及其他客观条件等因素所选择的目的地及从出发地到目的地的流动方向。

（二）世界六大旅游市场

根据各个地区的经济、文化、交通、地理、旅游者流向与流量等因素，世界旅游组织将全球旅游市场划分为六大区域市场，即欧洲市场、美洲市场、中东市场、非洲市场、南亚市场、东亚及太平洋市场。全球旅游总体形成欧洲、美洲和亚太地区"三足鼎立"的格局。近年来，亚太地区旅游业的发展速度远远超过世界平均值，居世界之首。

1. 欧洲市场

欧洲市场无论在接待旅游者人数和旅游创汇还是在出境旅游人次上，均列世界六大旅游市场第一位，并且在相当长时期内一直占据首位。

主要原因：

第一，欧洲本身是近代和现代旅游最发达的地区，有发达的旅游基础设施，为人们外出旅游提供方便。

第二，欧洲各国各民族有较相近的文化背景、语言背景，交流不会产生很大的陌生感。

第三，欧洲本身有较为丰富的旅游资源，能吸引大量的旅游者。

第四，尽管欧洲面积不大，但自然地理条件存在一定的差异，特别是气候上。

第五，欧洲内部地区经济的发展，各国政治、经济、社会等各方面合作的加强，国与国之间的商贸来往、文化交流等均相应增加。

第六，由于地区内部经济发展存在差异性，各国之间物价水平的不同，医疗费用、医疗技术的不同，也有利于产生购物旅游、医疗旅游等。

2. 美洲市场

美洲市场起步较早，自第二次世界大战以后，美洲旅游业的开展规模仅次于欧洲，成为世界第二大旅游兴旺地区，以其丰富的自然景观、多元的文化遗产和独特的旅游体验而著称。在北美，美国和加拿大作为经济发达国家，旅游市场发展较早且成熟，吸引了众多旅游爱好者，南美洲则以独特的文化、历史遗迹和自然景观吸引着全球游客。随着科技的不断进步和全球化的深入发展，美洲市场有望继续保持增长态势，为游客提供更多元化、便捷化和个性化的旅游体验。

3. 东亚及太平洋地区市场

东亚太地区包括东北亚、东南亚和太平洋地区，具有优越的自然生态环境和丰富的生态旅游资源、独特的河湖水体景观和生物景观、多样的社会文化和经济环境，以及多彩的人文景观。亚太地区各国经济的多样性和互补性促进了旅游业的蓬勃发展，该地区已是最富有潜力的旅游客源地。东亚及太平洋地区旅游市场由于其经济的快速稳步发展、政治局势的稳定和社会治安良好而发展迅速，已经成为世界旅游市场的新生力量，并且将在世界旅游市场发展中占有最重要的地位。

4. 非洲市场

非洲市场由于其经济发展缓慢、社会动荡不安，使旅游业受到很大影响，该区域旅游业起步晚。丰富的历史文化遗迹、迷人的自然风光和奇异的野生动植物，使非洲有"世界自然资源博览会"之称。但是由于其基数较小，在未来相当长的时期内有较高的增长率。

5. 中东市场

该区域素有"世界石油宝库"之称，是世界三大宗教发源地，人文和自然旅游资源极其丰富，形成了发展旅游业的便利条件。中东市场由于局势动荡而影响了旅游业的发展，该地区局势稳定是旅游业发展的前提。

6. 南亚市场

该区域旅游业起步晚，发展慢，起伏大。其以文明、佛教和印度教的发源地，悠久的历史文化，珍奇的名胜古迹，独特的民俗风情，优美的海滨风光形成巨大的发展潜力。南亚市场经济稳步发展，局势相对稳定，因此该市场拥有巨大的发展潜力。

▌ 小组讨论

说一说亚太地区成为旅游热点区域的原因？

■ **知识活页**

《2024 世界旅游经济趋势报告》发布①

自 2016 年开始，世界旅游城市联合会（WTCF）联合中国社会科学院旅游研究中心每年编撰《世界旅游经济趋势报告》，围绕全球旅游经济，揭示趋势特征，把握年度热点，预测未来趋势。

世界旅游城市联合会与中国社会科学院旅游研究中心最新成果《2024 世界旅游经济趋势报告》预测，2024 年全球旅游业有望形成国内旅游、国际旅游双增长格局，总体营收规模将突破 2019 年的高值，由此超越历史最高水平。总体来看，全球旅游业正在进入中长期的增长周期。2024 年全球经济增长仍然疲软，多重因素对经济增长形成掣肘。在此格局下，旅游经济在全球经济中的份额仍将上升，并将成为拉动全球经济增长的重要动力。

报告显示，2023 年全球旅游恢复至 2019 年的九成左右。2023 年全球旅游总人次（含国内旅游人次和国际旅游人次）达到 126.73 亿人次，同比增长 41.6%，恢复至 2019 年的 87.4%；全球旅游总收入（含国内旅游收入和国际旅游收入）达到 5.54 万亿美元，同比增长 21.5%，恢复至 2019 年的 94.8%。2010～2019 年十年间，除疫情期间的波动外，全球旅游经济增长稳定，全球旅游总人次年均增长率保持在 7.3%，全球旅游总收入年均增长率为 4.6%。

报告显示，2023 年发达经济体旅游恢复程度更高。就旅游总人次而言，2023 年发达经济体达 35.52 亿人次，恢复至 2019 年的 96.2%；新兴经济体为 91.21 亿人次，恢复至 2019 年的 84.4%。就旅游总收入而言，2023 年发达经济体达 3.34 万亿美元，恢复至 2019 年的 96.8%；新兴经济体为 2.20 万亿美元，恢复至 2019 年的 92.0%。

报告提出，重点城市多元化复苏发展。诸多旅游城市均以大型活动为拉力，依托世界级体育赛事、国际性展会、大型节庆活动等，积极开展"线上＋线下"宣传推广活动，形成轰动效应，提升城市知名度。许多有

---

① 《2024 世界旅游经济趋势报告》发布［EB/OL］.中国旅游新闻网，2024 － 04 － 24.

着深厚历史底蕴、浓郁文化特色的历史文化名城，以文化复兴为引力，吸引旅游者前来参观体验。以合作为纽带，全球旅游城市之间，旅游城市各部门之间，旅游城市与企业、机构之间，互学互鉴、协作共生、互助互利、合作共赢，合力推进旅游发展。

报告同时提出，2023 年，受高通胀、高利率和地缘冲突等因素影响，全球经济增速放缓。从各国际机构对全球经济的预测上看，2023 年、2024 年全球经济增速大幅放缓。发达经济体的增长放缓幅度较大。发达经济体的经济增速从 2022 年的 2.6% 下降至 2023 年的 1.6%，预计 2024 年仍将保持在1.5% 的低迷水平；新兴市场和发展中经济体则展现出强于预期的韧性，其经济增速将持续保持在 4.1% 的水平。全球旅游经济 80% 集中于旅游总收入排名前 20（即 T20）的国家。2023 年，除俄罗斯、中国、巴西、日本、美国的经济增速有所提升，其他 T20 国家的经济增速均出现不同程度的下滑趋势。

三、全球旅游市场的发展趋势

（一）市场细分化趋势

随着旅游者收入水平和需求层次的提高，也随着旅游者出国旅游次数的增加，人们已不再满足于城市观光游览这种传统的旅游方式，而趋于追求能够满足其特殊需求且富于刺激性的旅游方式。现代旅游市场出现了市场细分化趋势，每一种细分市场都具有其独特之处，能够满足某一类型旅游者的特殊需求。旅游组织者将注重从更深层次来开发人们的旅游需求，根据人们的年龄、职业、爱好等不同情况组织各具特色的旅游产品来面向不同的细分市场。

特殊旅游、专题旅游也越加盛行。除传统的观光旅游、度假旅游和商务旅游外，目前比较盛行的旅游方式有宗教旅游、探险旅游、考古旅游、研学旅游、蜜月旅游、购物旅游、奖励旅游、民族风俗旅游等。每一种旅游方式又可以进一步细分。随着国际游客对特殊旅游需求的增加，人们期待着更多、更为丰富多彩的专题旅游路线的不断推出。

小组讨论

举例旅游者目前喜欢的旅游方式表现。

（二） 从观光型旅游为主向度假型旅游为主转变

由于每年出国旅游已成为一种生活定式，越来越多的游客已不满足于在各个旅游点之间长途跋涉、疲于奔命的旅游方式。旅游目的也从传统的开阔眼界、增长见识向通过旅游使身心得到放松和休息、陶冶生活情趣等转变。在未来的市场发展中，观光型旅游并不会完全失去市场，但在传统的旅游客源国家中度假旅游将更为盛行，将会逐步取代观光旅游成为国际旅游的主体。

（三） 追求更为灵活多变的旅游方式

在追求个性化的浪潮下，旅游者不再青睐于旅行社固定包价的旅游方式。散客旅游和家庭旅游在旅游者人数中所占比例将逐渐增加。散客旅游盛行的原因，在于它比包价旅游更为自由随意，可以随时按照个人兴趣来调整旅游计划。随着世界各地旅游设施的建立健全，世界性预订服务网络的普及完善，使散客旅游越来越方便，目前世界上散客旅游人数已超过包价旅游人数。非包价式的家庭旅游兴起的主要原因在于私人交通工具的普及化。人们可以利用私人拥有的现代交通工具合家出游，尽享天伦之乐。目前家庭旅游还主要集中于中短距离和区域内。旅行社在组织团体包价旅游的过程中也改变过去单纯集中统一的做法，而采取能满足游客个性需求的灵活多变的组团方式。同时，小包价、个人委托代办服务也占有越来越重要的市场份额。

（四） 在旅游中追求更多的参与性和娱乐性

旅游者在旅游过程中，旅游者渴求能亲身体验当地人民的生活，直接感受异国的民族文化风情。希望通过参与和交流得到感情的慰藉和心灵的撞击，旅游者喜欢那些轻松活泼、丰富多彩、寓教于乐、游娱结合的旅游方式。

因此，各国在旅游产品设计开发中都注重安排丰富的娱乐活动，改变旅游方式，增加游客的参与感，那些具有浓郁的民族风情和传统地方特色同时又和娱乐相结合的旅游产品尤受游客喜爱。

（五） "银色市场" 不断扩大

"银色市场"是指老年人客源市场。按照世界现行标准，一个国家老年人人口比例超过总人口比例的7%即为老年型国家。西方主要客源国大都进入老年型国家，目前老年人占人口总数的比例仍在增加，所谓银色市场有不断扩大的趋势。现代的老年人是一个有钱、有闲、健康活跃的阶层。老年人市场具有几大优势：首先，和其他年龄组相比，老年人更为富裕，支付能力更强；其次，老年人有充裕的闲暇时间，不必因时间的限制而缩短旅程；最后，老年人在退休前后仍然身体健康，思想活跃，出游欲望强烈。目前，银色市场已成为各旅游接待国极为重视、积极开拓的市场。老年人对异国的古老传统文化表现出比年轻人更多的兴趣。研究老年人的需求习惯和特点，开发适合老年人的旅游产品，对旅游市场营销来讲具有更为突出的意义。

小组讨论

老年人的旅游需求特点是什么？如何针对老年人需求开发设计旅游产品？

（六）对旅游安全更为重视

世界局势的根本缓和，使世界避免爆发全球性毁灭战争。但世界上局部战争和冲突将时有发生。民族冲突、宗教冲突、国际恐怖主义将随时对国际旅游业的发展形成局部威胁。在具备闲暇时间和支付能力的条件下，唯一能使旅游者放弃旅游计划的因素就是对安全的顾虑。旅游者考虑的安全因素主要有：局部战争和冲突、恐怖主义活动、旅游目的地政局不稳定、传染性疾病流行、恶性交通事故的发生、社会治安状况恶化。旅游者只有对各方面的安全因素确定无疑后才会启程。因此，各旅游接待国都越加重视安全因素对市场营销的影响，力求从每一个环节把好安全关。

（七）区域旅游仍将盛行

对大部分国家来说，邻近市场仍将是本国旅游客源的主体市场。区域旅游盛行不衰的原因是多方面的：首先，邻近国家之间政治、经济、文化联系更为紧密。其次，区域旅游时间短，花费少。进行长距离洲际旅游总要受到一定的时间限制，而进行短期的区域旅游则可利用节假日，甚至周末就可进行。洲际旅游要支付昂贵的国际交通费用，其平均花费要比区域旅游平均花费高出一倍以上，这就加强了区域旅游的替代性。这些因素都会促进区域以外的旅游迅猛发展。但区域旅游由于其"地利、人和"的优势，总是会以更高的速度增长，在可以预见的将来，区域旅游仍将是世界旅游业的发展主流。

任务二　中国旅游市场

一、中国入境旅游市场

（一）入境旅游的概念

入境旅游是指非所在国的居民在该国的经济疆域内进行的旅游。

根据我国对海外旅游者的界定，我国旅游业的海外客源由三部分人构成：外国人（包括外籍华人在内）、海外华侨、中国港澳台同胞。

（二）中国入境市场发展历程

中国入境旅游市场发展自 20 世纪 70 年代开始。开始阶段，政府采取了一系列的开放政策，以吸引外国游客。从 1978 年开始到 20 世纪 80 年代中期，大力发展创汇导向的入境旅游是我国旅游业发展的重点，也是服务改革开放的时代需求。在这期间，我国旅游政策的指向、优先领域和重点都集中于入境旅游。

1978 年，中国旅行游览事业管理局改为中国旅行游览事业管理总局，直属国务院领导。标志着我国旅游业的管理体系开始向专业化、系统化管理转型。1982 年，该机构进一步更名为国家旅游局，正式成为国务院主管旅游工作的直属机构。这一系列的改革和更名，为中国旅游业的快速发展和国际化进程奠定了坚实的基础，开始进行国际旅游宣传和业务发展。此后，我国逐渐建立了旅游业的基础设施和服务体系，包括酒店、景区、交通等。在 20 世纪 80 年代和 90 年代，我国入境游市场逐渐规模化，并吸引了越来越多的外国游客。2001 年，中国加入世界贸易组织，这一事件对我国的旅游业发展产生了巨大的影响。中国加入 WTO 后，国际旅游市场进一步开放，外国游客的数量和质量都有了显著增长。我国的旅游业也从传统的红色旅游和自然景区旅游发展为多样化的形式，如城市观光、文化旅游、购物旅游等。

随着我国经济的快速发展和人民生活水平的提高，中国的入境旅游市场呈现出了爆发式增长的态势。2009年，中国取代德国成为世界最大的旅游出境国。国外游客在中国的消费也不断增加，对中国旅游业的贡献度不断提高。为了进一步推动中国入境市场的发展，中国政府出台了一系列有利于旅游业发展的政策，如简化签证手续、提高入境游服务水平、加大旅游宣传推广等。同时，中国旅游业也积极与各国旅游机构和商会展开合作，开展联合推广和市场开发活动。

新冠疫情的冲击使我国入境旅游的发展跌入了低谷，自2023年初提振入境旅游成为我国旅游政策的重要内容，在入境旅游政策设计上出现了许多积极的变化。

中国入境旅游市场的发展历程充分展示了中国作为一个旅游目的地的吸引力和潜力。随着中国的国际形象的提升和旅游业发展的不断完善，中国入境旅游市场有望继续保持良好的发展势头，吸引更多的外国游客来华旅游。

（三）中国入境市场发展表现及面临挑战

近年来，我国入境旅游市场总体上呈现小幅增长的趋势。原国家旅游局发布的《2016年中国旅游业统计公报》显示，2016年我国入境旅游人数为1.38亿人次。中国旅游研究院发布的《2019年旅游市场基本情况》显示，2019年我国入境旅游人数达到了1.45亿人次。2020年初，由于新冠疫情的影响，我国入境旅游遭遇巨大冲击，几乎进入停滞状态。2023年，随着世界各国陆续放开跨境旅游市场，我国入境旅游有所恢复。国家统计局发布的《2023年国民经济和社会发展统计公报》显示，2023年全年入境游客8203万人次，恢复到2019年的56.6%；国际旅游收入530亿美元，为2019年的40.4%。

当前，我国国际游客接待环境持续优化，国内旅游新产品、新场景为入境游客提供了更多选择，各旅游目的地持续推出富有文化底蕴的旅游体验项目和活动，丰富入境游客可体验的文旅场景和内容。但是，我国入境旅游发展仍面临四个方面的挑战：一是全球经济增长乏力，国际旅行成本较高，国际关系和地缘政治摩擦影响因素增多；二是国内热门旅游目的地拥挤，景区、住宿企业服务入境游客的意识有限；三是在华旅游便利度有待提升，打车难、热门景点预约难等问题仍需解决；四是我国入境旅游仍需搭建合作朋友圈。

■ **知识活页**

《中国入境旅游发展年度报告（2022－2023）》在京发布①

　　中国旅游研究院发布的《中国入境旅游发展年度报告（2022－2023）》（以下简称《报告》）在京发布。报告指出，伴随中国入境隔离、签证政策进一步优化调整，入境旅游复苏和回暖的政策窗口逐步打开；入境签证政策逐步放宽，根据多个驻外使领馆发布的消息，2022年6月以来放松来华工作、商务、探亲、留学等人员的签证申请条件，自2022年8月24日起，允许持有效亚太经济合作组织（APEC）商务旅行卡和中国学习类居留许可的外籍公民入境，并逐步恢复留学生签证申请；中国对国际航班的管制进一步放松，并在11月取消了入境航班的熔断机制，有效地保障了国际航班的较快恢复。

　　与此同时，潜在来华旅游需求明显回升。谷歌搜索的数据显示，2022年，海外对来华航班和住宿的搜索量较2021年同期有明显的回升。尤其在2022年6月以来，伴随着中国入境隔离、签证政策的放宽，加之国际航班数量持续增多，海外对来华航班和住宿的搜索量显著上升。

二、中国国内旅游市场

（一）中国国内旅游市场的范围及构成

　　我国国内旅游市场是指大陆范围内的旅游市场，即境内旅游市场。国内旅游市场包括城镇居民旅游和农村居民旅游。

　　城镇居民国内旅游是指居民离开常居住地到国内其他地方从事旅游游览、度假、参观、探亲访友、商务和公务、疗养、文化、体育、宗教活动等。

　　农村居民国内旅游是指农村居民不以谋求职业、获取报酬为目的，乘坐长途交通工具进行的旅游活动，是一种以休闲、娱乐为主要目的的旅行

---

　　① 《中国入境旅游发展年度报告（2022－2023）》在京发布［EB/OL］. 中国旅游研究院，2022－12－28.

方式，旨在让农村居民暂时离开日常生活环境，享受不同的文化和生活体验。这种旅游形式通常不涉及任何商业活动或职业行为，纯粹是为了个人的休闲和放松。

（二）中国国内旅游市场的基本情况

国内旅游市场规模大，发展迅速。从 1978 年改革开放以来，我国国内旅游随着人们经济发展水平的提高呈现出快速增长的趋势。特别是 1999 年起实施了"春节""五一""十一"等休假制度后，国内旅游市场发展更加迅速，无论消费水平还是旅游品质方面都有了较大的提升。中国文旅部统计数据显示，2010～2019 年，国内旅游市场持续平稳增长；国家统计局数据显示，2019 年国内旅游人数突破 60 亿人次，达到 60.06 亿人次，2019 年国内旅游总收入为 5.73 万亿元，创历史新峰，年均复合增长率达到了 17.36%。近年来，国内旅游市场呈现波荡式发展阶段，继 2019 年达到发展高峰，在经历 3 年低迷期后，2023 年旅游市场强劲恢复。2023 年，国内旅游总人次 48.9 亿人次，居民国内出游总花费 4.91 万亿元，分别同比增长 93.28% 和 140.69%，分别恢复至 2019 年的 81% 和 86%，如图 3 - 5 所示。旅游市场强劲复苏，旅游业在稳增长、扩内需、促消费、强信心等方面的作用进一步彰显。

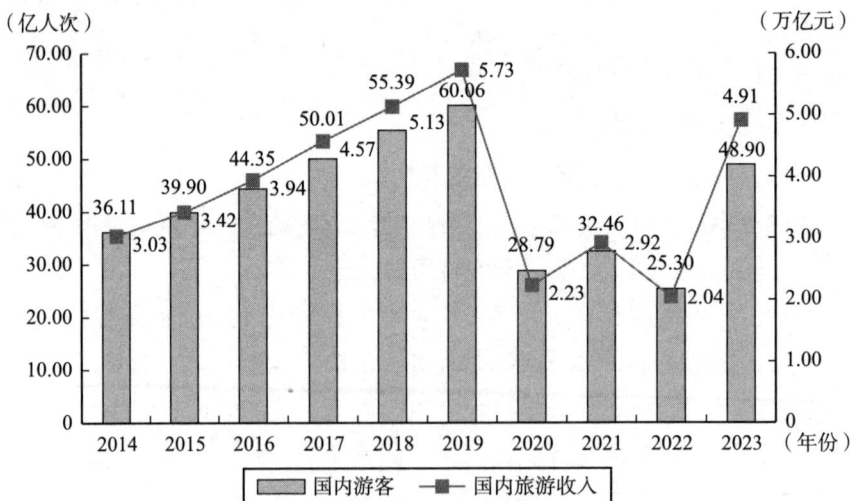

图 3 - 5　2014～2023 年国内游客人次及旅游收入情况

资料来源：国家统计局。

随着国民生活水平的提高及消费主体和消费观念的改变，旅游市场在未来十年内还将继续平稳增长。到"十四五"末期，将会形成一个百亿人次、十万亿元消费的国内旅游大市场。到2035年，按照发达国家居民每人每月出游一次的频率，城乡居民现在每个季度才出游一次的频率，国内旅游市场规模至少有3倍的成长空间。

（三）中国国内旅游市场的发展特征

（1）旅游新业态加速演进，线上化、数字化加速向更多旅游业场景延伸。旅游大数据平台、智慧旅游公共服务、云旅游平台、线上数字化体验、沉浸式旅游场景等加速发展。

（2）"七普"数据（第七次人口普查）释放积极信号。我国有14亿人口，有4亿多人为中等收入群体，人口受教育程度明显提高，人口流动集聚的趋势更加明显，人口数量红利在向人口质量红利转换，作为世界最大的国内旅游市场具有巨大发展潜力。

（3）"一老一小"成为市场热点。我国少儿人口和老年人口比重双双上升。在生育政策潜力充分释放的同时，人口老龄化已成为我国的长期基本国情。研学旅行、亲子旅游、老年旅游、康养旅居等具有广阔市场前景。

（4）幸福产业与旅游深度融合。我国人民群众对美好生活的品质化、便利化、定制化需求不断提升，旅游与文化、体育、健康、养老等幸福产业进一步融合发展。

（5）碳中和催生绿色旅游发展。实现"双碳"目标带来旅游产业的结构调整和发展转型，将促进生态旅游、绿色旅游、低碳旅游等发展。

课堂小测验

阐述我国国内旅游市场的发展表现。

知识活页

《中国国内旅游发展年度报告（2022－2023)》发布①

中国旅游研究院发布《中国国内旅游发展年度报告（2022－2023)》，对国内旅游的市场规模、客源地、目的地和旅游流等进行了系统分析。报告表明，城镇居民和高学历人群是我国最主要的旅游客源市场，占比分别达到72.15%和42.27%。国内旅游呈现本地化、近程化特征，省内旅游客流占国内旅游客流的81.24%，且81%的省际旅游客流为相邻省份间的旅游流动。

报告显示，本地游和周边游成为重要形式。受新冠疫情影响，2022年国内旅游的出游距离和目的地游憩半径明显收缩，近程旅游和本地休闲成为国内旅游的空间特征。国内旅游呈现出短时间、近距离、高频次等新特征，"轻旅游""微度假""宅酒店"等成为新亮点；旅游新产品新业态受到青睐。2022年在冬奥会的带动下，以京张体育文化旅游带为代表的户外体育运动活跃，滑雪、露营、登山、徒步、骑马、滑草、漂流等活动成为人们亲近大自然的新兴玩法。2022年夏季国内多地高温，滨水休闲、生态康养、乡村田园、都市休闲、避暑旅居等旅游产品受到游客喜爱；中老年旅游者成为重要客源。2021年45岁以上的中老年旅游者合计出游11.94亿人次，占据了国内旅游客源市场的36.81%。与此同时，14岁及以下青少年旅游者增速较快。"一老一小"成了国内旅游的亮点和重点，老年旅游、康养旅游、研学旅行等具有广阔前景。

📇 思政元素

山东文旅市场强劲复苏，2023年春节迎来"开门红"

---

① 《中国国内旅游发展年度报告（2022－2023)》：国内旅游呈现本地化、近程化特征［EB/OL］. 中国旅游新闻网，2022－12－12.

三、中国出境旅游市场及其特点

（一）中国出境旅游市场的概念界定

出境旅游是指中国公民到境外其他国家和地区的旅游，它是我国公民境内旅游需求向境外的延伸，是我国旅游业发展的必然结果。我国公民的出境旅游包括出国旅游、边境旅游和中国港澳台地区旅游。

（二）中国出境旅游的主要特点

（1）中国出境旅游确定性和不确定性交织。长期的确定性因素：国民经济保持长期稳定发展态势，从经济面上保障了出境旅游市场的持续复苏和未来发展。人口是旅游需求的基础，也是出境旅游需求的基础。我国自1995 年以来一直处于人口年龄结构红利期，有利于保障出境旅游市场的稳定发展。城市化进程的加快会激发人民的旅游需求，有利于出境旅游的发展。交通基础设施在持续改善，持续消解曾经的空间障碍，为出境游提供便利条件。为了吸引更多的中国游客，众多目的地国家进一步放宽对中国居民的签证，简化签证手续，启用电子签证，缩短办理时间，使入境更便利。

短期的不确定因素：出境旅游容易受短期不确定因素的影响，如经济恢复压力、未来收入的预期、旅游安全问题、疫情带来的旅游从业人员流失问题和猴痘等传染病的突发、一些国家和地区收紧的签证政策和签证办理进程缓慢，以及近期国际政策形势不确定性都给出境旅游的恢复带来了现实阻碍。不仅如此，境外目的地国内旅游市场和其他客源地市场的快速恢复，导致对中国出境旅游市场的资源挤出效应明显。

中国旅游研究院研究数据显示，在过去的十年中，得益于经济的快速增长、居民可支配收入的增加和中产阶级的扩大，中国旅游业经历了显著的变革。出境旅游市场的迅猛发展，使中国成为全球最大的出境旅游客源国和旅游消费大国。2019 年，中国游客约有1.55 亿人次出境旅游，海外旅游支出约2550 亿美元。目前，中国出境旅游市场的复苏增长势头强劲。2023 年，中国居民出境旅游已接近1.1 亿人次，得益于一些国家的免签证政策，这一数字将继续增长，如图3-6 所示。

（亿人次）
（%）

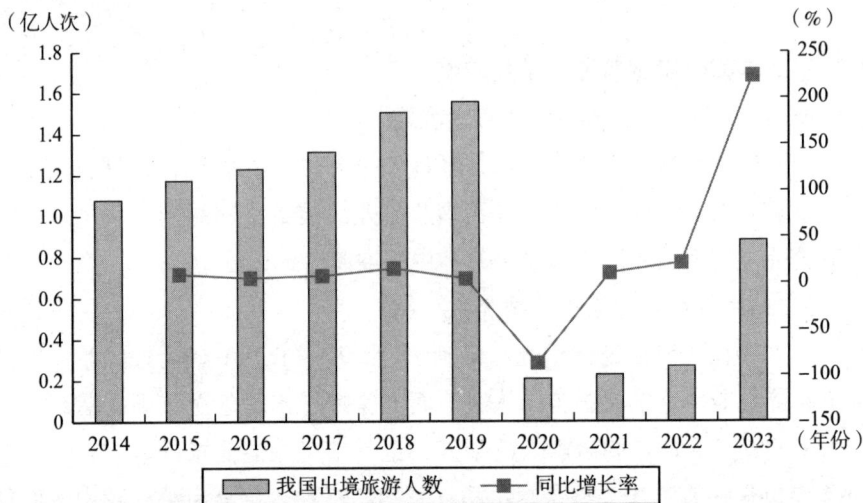

图3-6 2014~2023年我国出境旅游人数及增长率

资料来源：中国旅游研究院发布的《中国出境旅游发展报告（2023-2024）》。

（2）出境旅游目的地以亚洲国家和地区为主，出境旅游的目的地结构依然保持稳定，亚洲继续在洲际目的地上占据首位，中国港澳台地区依然是最主要的目的地。总体来看，我国出境游客的结构占比中，赴中国港澳台地区游客占比高于出国游客的占比，但是这种差距正在逐渐缩小。2023年以来，中国游客的出境选择更为多元化，欧洲、北美洲、非洲等占比提升，亚洲国家和地区仍然位列榜首。

（3）在出境消费行为上，中国游客的消费方式正在实现从"走走走""买买买"到"慢慢慢""游游游"的理性转变。虽然近年来游客在境外购物仍然为花费最高的项目，但购物所占比重在收缩。世界旅游城市联合会的调查报告显示，中国游客境外旅游不再只是走马观花式的游览和热衷于购物，随着出境次数的增加和旅游意识的提高，中国游客境外旅游逐渐回归旅游的本源，更加注重对目的地特有的自然和人文的深度体验。

项目小结

1. 入境旅游是指非所在国的居民在该国的经济疆域内进行的旅游。根据我国对海外旅游者的界定，我国旅游业的海外客源由三部分人构成：外国人（包括外籍华人在内）、海外华侨、中国港澳台同胞。

2. 亚洲地区持续是中国入境旅游的主要客源市场，入境旅游市场结构不断优化。

3. 我国国内旅游市场是指大陆范围内的旅游市场，即境内旅游市场。国内旅游市场包括城镇居民旅游和农村居民旅游。

4. 到"十四五"末期，将会形成一个百亿人次、十万亿元消费的国内旅游大市场。

5. "一老一小"成为市场热点，研学旅行、亲子旅游、老年旅游、康养旅居等具有广阔市场前景。

6. 出境旅游目的地以亚洲国家和地区为主，出境旅游的目的地结构依然保持稳定，亚洲继续在洲际目的地上占据首位，中国港澳台地区依然是最主要的目的地。

7. 中国游客境外旅游不再只是走马观花式的游览和热衷于购物，随着出境次数的增加和旅游意识的提高，中国游客境外旅游逐渐回归旅游的本源，更加注重对目的地特有的自然和人文的深度体验。

思考与练习

1. 试阐述中国国内旅游市场、出入境旅游市场的特点。
2. 查阅资料，阐述中国旅游市场的区域旅游表现。
3. 查阅资料，举例"轻旅游""微度假""宅酒店"的市场表现。

材料分析

2023 年春节假期文化和旅游市场情况①

2023 年春节假期，文化和旅游部坚决贯彻落实党中央、国务院决策部

_____

① 2023 年春节假期文化和旅游市场情况［EB/OL］. 中华人民共和国文化和旅游部，2023 – 01 – 27.

署，高效统筹疫情防控和经济社会发展，全力做好文化和旅游假日市场各项工作。经文化和旅游部数据中心测算，2023年春节假期全国国内旅游出游3.08亿人次，同比增长23.1%，恢复至2019年同期的88.6%；实现国内旅游收入3758.43亿元，同比增长30%，恢复至2019年同期的73.1%。春节假日全国文化和旅游市场总体安全平稳有序。

一、文化和旅游产品供给丰富

在落实好安全生产和疫情防控要求的前提下，10739家A级旅游景区正常开放，占全国A级旅游景区总数的73.5%。文化和旅游部、国家体育总局联合发布"春节假期体育旅游精品线路"，开展新春旅游休闲推广活动。北京、天津、河北联合推出10条京津冀主题旅游精品线路，举办京津冀冰雪旅游季。演出、展览、灯会、乡村"村晚"等活动精彩纷呈。87个平台的160个账号参与直播了"文艺中国2023新春特别节目"，直播观看量2715.41万人次。全国共举办群众文化活动约11万场，参与人数约4.73亿人次。据不完全统计，春节假期全国营业性演出共9400余场次，较2022年同比增长40.92%，比2019年增长22.5%，票房收入3.78亿元，观演人数约323.8万人次。各地开展非遗传承实践活动10522场，"文化进万家——视频直播家乡年"活动参与视频总量超过6.5万个，直播超过580场。

二、惠民措施助推文旅消费回暖

各地相继出台景区门票减免或打折、发放文化和旅游消费券等惠民利民政策措施。据不完全统计，春节期间免费开放A级旅游景区1281家，占全国A级旅游景区总数的9%，其中62家5A级旅游景区实行免票。河南洛阳52家A级旅游景区，贵州遵义会议会址、赤水丹霞旅游区、黄果树景区等377家A级旅游景区推出免门票活动。山东省级财政安排2.1亿元用于发放文旅惠民消费券、景区门票减免等。河北、内蒙古等地统筹安排，为消费者提供一揽子惠民礼包。

三、文化和旅游活动迎春氛围浓厚

各地举办丰富多样的文化和旅游活动，受到当地民众和游客的欢迎。上海以"乐嗨过大年，皆得你所愿"为主题，推出丰富"年味"大餐，包括十大主题近500项新春文旅活动。山西11市举办七大类650余项活动，合力打响"欢乐中国年，地道山西味"品牌。海南三亚推出游艇旅游、水上旅游、低空旅游、乡村旅游等特色旅游产品和旅游线路，组织开展新春集市、国潮园游会等活动。黑龙江以"醉美冰雪季、非遗过大年"为主题，举办"第二届黑龙江冰雪非遗周"，开展"百人百米百图剪纸展""非遗迎春灯光秀"等活动。

四、夜间文化和旅游消费成为市场亮点

多地聚焦"不夜城"特色，激发夜间消费活力。据数据监测，243个国家级夜间文化和旅游消费集聚区客流量5212.2万人次，平均每个集聚区每夜3.06万人次。北京八达岭夜长城首次在春节期间对公众开放。四川成都开展夜游锦江、成都灯会、光影节、火花节等系列夜游活动，宜宾集中推出夜饮、夜景、夜娱、夜购、夜游等新业态新场景。陕西西安以"华彩闪耀梦长安，温暖祥和中国年"为主题，举办城墙新春灯会。重庆举办都市艺术节，推出焰火表演、灯光秀、无人机表演等系列活动。

问题：

1. 结合身边案例，阐述2023年春节假日全国文化和旅游市场表现。

2. 阐述推进文旅市场融合发展的要点和思路。

■ 设计展示

中国旅游市场的发展现状及建议

请学生自由分组，选择中国旅游市场进行分析，可以选定国内旅游市场、入境旅游市场或者出境旅游市场，对其进行调研，在描述现状的基础上，对存在的问题进行分析，尝试提出发展建议，主要步骤如下所示。

1. 依据班级人数，对学生进行合理分组，自行选择中国旅游市场进行分析（可以选定国内旅游市场、入境旅游市场或者出境旅游市场）。

2. 利用资料搜集法等调研方法对中国旅游市场进行分析，具体内容主要包括：（1）中国旅游市场现状分析；（2）中国旅游市场发展建议。

3. 梳理资料，以PPT形式进行展示汇报。

模块四

旅游行业管理

学习重点

通过本模块学习，重点掌握以下知识要点：

➢旅游组织的概念及其职能。

➢主要国际旅游组织的运作过程，如世界旅游组织。

➢我国行政组织发展历程及主要的行业组织的运作。

➢旅游行业管理的概念、特征与对象。

➢旅游标准化管理的四大模式。

➢我国现有的两大旅游行业管理制度。

➢政府干预与调控旅游业发展的手段。

➢我国旅行社的经营管理制度（包括旅行社业务经营许可证制度、旅行社质量保证金制度、旅行社公告制度）。

➢导游人员从业管理制度（导游人员资格证书制度和导游人员等级考核制度）。

➢旅游安全事故及处理。

➢《中华人民共和国旅游法》对旅游者权利、义务的规定。

➢旅游者权益保护体系。

学习内容

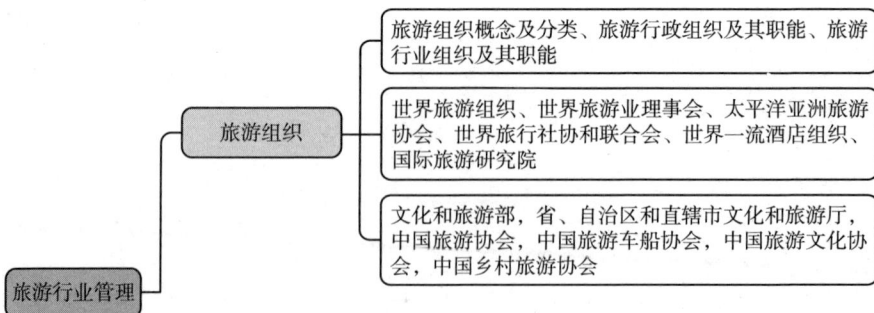

旅游行业管理 — 旅游组织

- 旅游组织概念及分类、旅游行政组织及其职能、旅游行业组织及其职能
- 世界旅游组织、世界旅游业理事会、太平洋亚洲旅游协会、世界旅行社协和联合会、世界一流酒店组织、国际旅游研究院
- 文化和旅游部，省、自治区和直辖市文化和旅游厅，中国旅游协会，中国旅游车船协会，中国旅游文化协会，中国乡村旅游协会

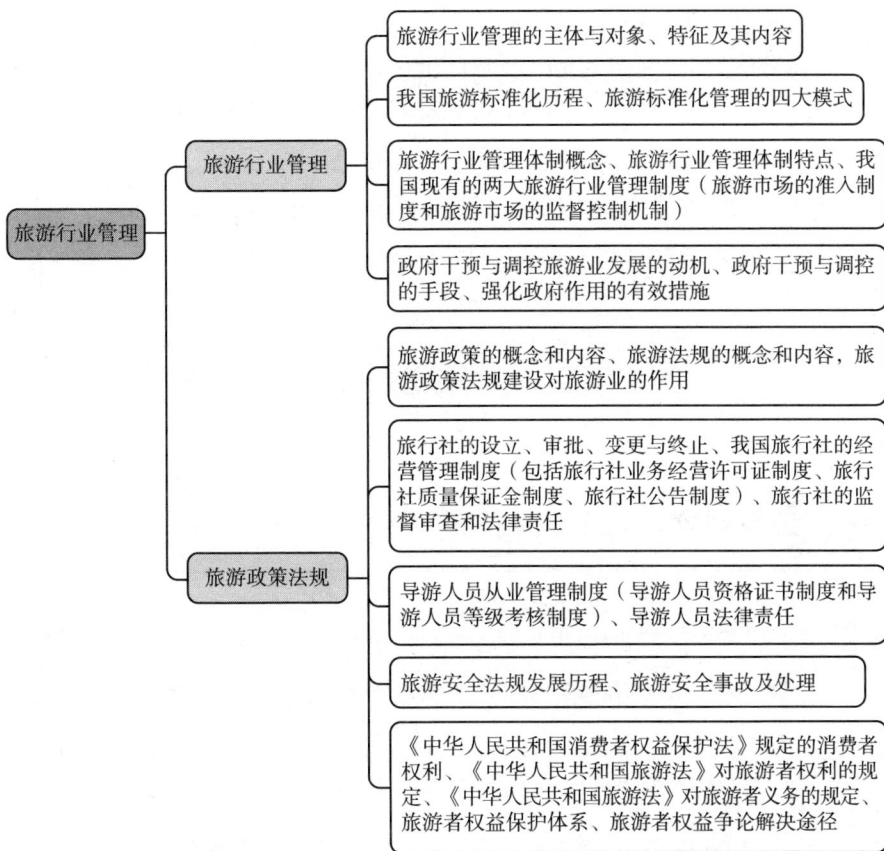

旅游行业管理 —— 旅游行业管理
- 旅游行业管理的主体与对象、特征及其内容
- 我国旅游标准化历程、旅游标准化管理的四大模式
- 旅游行业管理体制概念、旅游行业管理体制特点、我国现有的两大旅游行业管理制度（旅游市场的准入制度和旅游市场的监督控制机制）
- 政府干预与调控旅游业发展的动机、政府干预与调控的手段、强化政府作用的有效措施

旅游政策法规
- 旅游政策的概念和内容、旅游法规的概念和内容，旅游政策法规建设对旅游业的作用
- 旅行社的设立、审批、变更与终止、我国旅行社的经营管理制度（包括旅行社业务经营许可证制度、旅行社质量保证金制度、旅行社公告制度）、旅行社的监督审查和法律责任
- 导游人员从业管理制度（导游人员资格证书制度和导游人员等级考核制度）、导游人员法律责任
- 旅游安全法规发展历程、旅游安全事故及处理
- 《中华人民共和国消费者权益保护法》规定的消费者权利、《中华人民共和国旅游法》对旅游者权利的规定、《中华人民共和国旅游法》对旅游者义务的规定、旅游者权益保护体系、旅游者权益争论解决途径

核心概念

旅游行政组织（tourism administration organization）

旅游行业组织（tourism industry organization）

世界旅游组织（world tourism organization）

中华人民共和国文化和旅游部（ministry of culture and tourism of the people's republic of China）

旅游行业管理（travel industry management）

旅游标准化管理（tourism standardization management）

旅游行业管理体制（travel industry management system）

旅游政策（tourism policy）

旅游法规（tourism regulation）

旅行社法规（travel agency regulation）

政府干预与调控（government intervention and regulation）

导游人员法规（rules and regulations of tour guides）

旅游安全事故及处理（tourism safety accidents and handling）

旅游者权益（tourist' rights）

项目一　旅　游　组　织

学习目标

知识目标	★掌握旅游组织的概念界定、分类。 ★熟悉世界旅游组织、中华人民共和国文化和旅游部、中国旅游协会等旅游组织的宗旨、职能。 ★了解国家旅游行政组织的概念、职能与常用模式，旅游行业组织的概念与职能
能力目标	★能够在了解旅游行业组织运作业务的基础上，提出促进旅游业健康发展的思路。 ★能够从政府角度思考旅游发展问题并初步提出调控旅游发展的措施
素质目标	★认同中国国家乃至地方旅游行政组织，树立旅游行业的综合管理意识，强化学科素养。 ★认同中国旅游协会等行业组织对行业发展的推动作用，形成以主人翁的态度促进旅游业高质量发展的使命担当
价值目标	★关注国际旅游组织动态，感受国际旅游活动中的中国故事、中国担当，培养良好的国际视野、增强民族自信

案例导入

中文正式成为联合国世界旅游组织官方语言[①]

联合国世界旅游组织（UNWTO）和西班牙政府正式通报，自 2021 年

---

① 中文正式成为联合国世界旅游组织官方语言［EB/OL］. 文化和旅游部网站，2021 - 02 - 21.

1 月 25 日起，中文正式成为 UNWTO 官方语言。UNWTO 为此专门制作了秘书长祖拉布·波洛利卡什维利的相关视频，以示祝贺。

UNWTO 是全球最具影响力的政府间国际旅游组织，现有 159 个成员国，总部设在西班牙马德里，西班牙为其存约国。中国于 1983 年加入该组织。2007 年 11 月，在 UNWTO 全体大会第 17 届会议上，中方提议将中文列为该组织官方语言。全体大会采纳了中方提议，并通过了对《世界旅游组织章程》第三十八条的修正案，即"本组织的官方语言为阿拉伯文、中文、英文、法文、俄文和西班牙文"。根据 UNWTO 章程规定，该修正案经全体大会通过后，尚需 2/3 以上成员国履行批准手续后方可生效。自 2007 年修正案通过以来，为推动各成员国尽快履行批准手续，促成中文成为 UNWTO 官方语言早日生效，中方联合 UNWTO 做了大量工作。2021 年 1 月，修正案批准国达到 106 个，符合法定数量，修正案正式生效。

语言是人类观念和思想表达的工具，是文化的重要载体。随着我国综合国力的不断增强，中文的国际影响力持续扩大，中文在国际社会上得到更加广泛的认可。中文成为 UNWTO 官方语言，提升了 UNWTO 作为联合国专门机构的完整性和权威性，提高了中文在国际组织的使用地位和使用比例，有利于我国在全球国际旅游事务中发挥更加积极的作用，更好地分享中国旅游业发展经验和机遇，为实现提高国家文化软实力、推进社会主义文化强国建设的目标，为推动构建人类命运共同体作出积极贡献。

■ 项目设计

女性参与旅游业的全球报告[①]

世界旅游组织发布了"女性参与旅游业的全球报告（第二版）"，审查促进旅游业性别平等。报告指出了挑战，确定了减轻不平等的方法，并利用旅游业的潜力促进全球性别平等和妇女赋权。报告发现：54% 的旅游业从业者是女性；相比之下，更广泛的经济领域就业人口中只有 39% 是女

---

① 世界旅游组织：女性参与旅游业的全球报告（第二版）［EB/OL］. 新浪网，2024 - 04 - 28.

性。旅游业从业女性收入比男性低 14.7% ；更广泛的经济领域女性从业者收入比男性低 16.8% 。23.0% 的旅游部长是女性；而政府整体部长中只有20.7% 是女性。

根据以上材料，以小组 4 ~ 6 人为单位，完成以下任务，并以 PPT 形式进行分组汇报：

1. 从调查报告的主要数据可得出什么结论？每个小组总结 2 ~ 3 个结论，并予以阐述。

2. 世界旅游组织开展这项调查的意义是什么？

3. 各小组再找出 1 ~ 2 则其他国际旅游组织的相关事件或新闻，并由此阐述该国际旅游组织的业务与运营。

任务一　旅游组织及其职能

一、旅游组织概述

旅游组织指为了加强对旅游行业的引导、管理和协调，促进旅游业的健康、稳定、持续发展，以国家、旅游企事业单位、个人等为成员而组建起来的具有行政管理、行业协调、行业自律、旅游学术研究等职能的组织机构。

根据不同的标准，可以将旅游组织划分为不同的类型。

（一）按旅游组织的性质分类

根据旅游组织性质的不同，可将其分为旅游行政组织和旅游行业组织。

旅游行政组织是指国家各级行政管理机构中以发展旅游事业为己任，能够行使国家在旅游方面的行政权力，管理国家旅游行政事务的组织机构。

旅游行业组织是指为加强行业间及旅游行业内部的沟通与协作，促进旅游行业及行业内部各单位的健康发展，由与旅游相关的个人、企事业单位或其他组织在自愿的基础上，基于共同利益所组成的一种民间性、非营利性的社会团体。

（二）按旅游组织涉及的空间范围分类

根据旅游组织所涉及空间范围的不同，一般将其分为国际旅游组织、国家旅游组织和地方性旅游组织。

国际旅游组织有狭义和广义之分，狭义的国际旅游组织是指成员来自多个国家并为多国利益工作和服务的国际旅游组织；广义的国际旅游组织是指所有与旅游事务相关的国际组织。

国家旅游组织是指站在国家层面上，负责对一个国家各类旅游事务的协调、管理、服务的各类旅游组织。

地方性旅游组织是指国家内各级地方成立的与旅游相关的各类行政组织和行业组织。

上述各类旅游组织中，对旅游业发展作用最大的是各类国家旅游组织。

二、旅游行政组织及其职能

国家旅游组织是为国家政府所承认，负责管理全国旅游行政事务的组织，通常情况下，一个国家最高旅游行政管理机构都代表这个国家的国家旅游组织。成立于1901年的新西兰旅游局是世界上最早的国家旅游组织。

（一）国家旅游行政组织设置的模式

由于旅游业发展给一个国家政治、经济、社会文化、环境等方面带来的巨大好处，致使全世界的绝大多数国家纷纷建立国家旅游行政管理机构，加大政府对旅游业发展的干预力度。但各国在政治体制、经济发展水平等方面的差异性使国家旅游行政组织设置的模式也不尽相同，概括起来主要有以下几种模式。

1. 独立的旅游部或部级旅游局模式

在政府内设立一个独立的旅游部或相当于部级的旅游局，行政级别为部级，管理职能单一。目前，埃及、墨西哥、菲律宾、希腊、黎巴嫩、印度、牙买加、罗马尼亚、马耳他等国均采用这种模式，我国的国家旅游局直属于国务院，也属于此种模式。

2. 混合职能部模式

将旅游与其他职能部门组成一个综合性的部门，行政级别为部级，直属于内阁或国务院。如澳大利亚设有"体育、娱乐与旅游部"、肯尼亚设有"旅游与野生动植物保护部"、马来西亚设有"文化旅游部"、意大利设有"戏剧旅游部"、印度尼西亚设有"旅游邮电部"、土耳其设有"旅游与新闻部"、法国设有"建筑、住宅、运输与旅游部"、斯里兰卡设有"旅游与民航部"等。

3. 职能部门下设旅游局模式

在政府某一职能部门下设旅游局或旅游处，行政级别较低。如美国在商务部下设旅游管理处，加拿大在工业、贸易与商业部下设旅游局，韩国在交通部下设旅游管理局，比利时在文化部下设旅游局，英国在遗产部下设旅游局，德国在联邦经济部下设旅游局，西班牙在经济财政部下设贸易、旅游和中小企业国务秘书处，瑞典在外交部下设旅游局，新加坡在工商部下设旅游局（处）、日本在国土交通省下设国际观光局，荷兰在经济事务部下设旅游政策分局等。

4. 旅游委员会模式

在内阁或议会下设立旅游委员会作为全国最高级别的旅游决策机构或协调机构。机构成员由与旅游业相关的各个政府部门代表组成，主要负责制定全国性的旅游法规与长期规划，协调各部门关系，促进本国旅游业的发展。该类机构的负责人多由内阁（政府）的副首相或副总理兼任，行政级别高于或等同于部级。如匈牙利的全国旅游事业管理委员会直属于部长会议领导，泰国的旅游委员会设于总统府下，日本在总理府中设立观光对策联络会议。我国也曾于1986年成立"国务院旅游协调小组"，组长由副总理担任，成员来自国家计委、国家旅游局、国家经委、财政部、中国人民银行、建设部、轻工业部、铁道部、交通部、民航总局、物价局、文化部等。

（二）旅游行政组织职能

尽管国家旅游行政组织的职能不同、地位有高有低、权力有大有小，但它们作为旅游业发展的管理机构，一般具有以下职能。

1. 宏观调控职能

国家旅游行政组织的宏观调控职能主要表现在对旅游投资方向调整、旅游优惠政策调整、旅游发展环境营造、旅游产业结构优化、旅游规划引导和经济周期调整等方面。通过起草旅游法规拟定旅游业发展方针、政策、规章制度，制定标准进行市场秩序和服务质量管理，保证旅游服务质量。

2. 规范市场职能

通过明确管理角色、强化自身约束、完善法治建设、强化市场监督和建立诚信体系五个方面来规范市场。监督管理是规范市场的重要手段，贯彻执行国家的旅游政策，监督旅游政策的实施，运用行政职权对旅游业实行全面管理。

3. 计划与控制职能

与有关部门做好旅游资源普查、开发和保护，研究人才需求，编制人才培训标准和大纲，加强人员培训和职业教育，直接投资或资助开办培训机构或院校；控制旅游行业发展规模。

4. 沟通协调职能

为了整个国家的利益，就有关旅游发展的重大事宜在中央与地方之间、区域之间、部门之间、行业之间进行沟通协调，主要包括利益沟通、目标沟通、效率沟通等。

5. 微观规划职能

旅游发展总体规划是旅游发展的纲领性文件，是旅游业健康、持续、稳定发展的根本保证。国家旅游组织不仅要制定科学的规划，确定合理的发展方向、目标与重点，更要按照总体规划的目标与思路，科学制定发展的阶段、步骤与政策，有计划、有步骤地发展旅游业，保证旅游业健康、持续、稳定发展。确定旅游业在国民经济发展中的地位；制定旅游发展的长期规划，编制中短期规划；监督和协调旅游资源开发。通过旅游市场准入规制、价格规制、质量规制、行政许可规制和旅游资源环境规制来实现这一职能。

6. 促销职能

旅游促销是国家旅游组织的基本职能，通常也是其最大的职能区域。国家旅游组织的市场部门通常会提出旅游促销策略，并负责广告策划、宣传资料设计，以及通过传媒及旅游交易会等进行旅游促销。将国家作为一个旅游目的地向海外推销，确立国家整体旅游形象，和其他国家或地区开展合作，设立旅游办事处，为国家或地区促进旅游业发展进行广告宣传，举办展览会，参加国际旅游博览会，推销旅游产品。

三、旅游行业组织及其职能

旅游行业组织是对政府官方旅游行政管理机构的补充，在旅游行业管理中发挥着重要作用。旅游行业组织通常是一种非官方组织，各成员采取自愿加入的原则，行业组织所制定的规章、制度和章程对于非会员单位不具有约束力。

例如，2002 年在国内引起极大反响和广泛讨论的《中国旅游饭店行业规范》就是由我国旅游行业组织——中国旅游饭店业协会制定和颁布的。它不仅是中国旅游饭店行业第一部行业规范，而且是整个旅游行业，乃至国内整个消费行业第一部行业规范，因而具有划时代的意义。

旅游行业组织按地域可分为全球性旅游行业组织、世界区域性旅游组织、全国性旅游组织和国内区域性旅游组织等。

旅游行业组织按会员性质可分为旅游交通机构或企业组织、饭店与餐饮业组织、旅行社协会组织，以及由旅游专家和研究人员组成的旅游学会等。

旅游行业组织具有服务和管理两种职能，其具体职能包括：

（1）作为行业代表，与政府机构或其他行业组织商谈有关事宜。

（2）加强成员间的信息沟通，通过再版刊物等手段，定期发布行业发展统计分析信息。

（3）开展联合推销和市场开拓活动。

（4）组织专业研讨会，为行业成员开展培训班和专业咨询业务。

（5）制定成员共同遵循的经营标准、行规会约，并据此进行仲裁与调解。

（6）对行业的经营管理和发展问题进行调查研究，并采取相应措施加以解决。

（7）阻止行业内部的不合理竞争。

■ **知识活页**

两美丽村庄入选世界"最佳旅游乡村"[①]

据文化和旅游部官网消息，北京时间 2022 年 12 月 20 日晚，中国广西

---

① 两美丽村庄入选世界"最佳旅游乡村"[EB/OL]. 人民网，2022 – 12 – 21.

大寨村和重庆荆竹村入选联合国世界旅游组织2022年"最佳旅游乡村"。

据悉，联合国世界旅游组织"最佳旅游乡村"评选始于2021年，旨在通过旅游促进乡村文化遗产保护和可持续发展。2022年共有来自57个国家的136个候选乡村参选，最终32个乡村入选，中国入选数量名列亚太地区第一。加上此前入选的浙江余村和安徽西递村，我国已有4个乡村入选联合国世界旅游组织"最佳旅游乡村"。

近年来，中国式乡村旅游发展模式不仅成为乡村全面振兴、旅游市场复苏的强劲动力，还开启了以中国乡村讲述中国故事、开展文明互鉴、推动建设美好世界的新路径。

大寨村位于广西壮族自治区桂林市龙胜各族自治县。大寨村充分利用当地的农耕梯田、红瑶文化和自然风光发展乡村旅游，形成了"西山韶月""千层天梯""金佛顶"等梯田景观，通过展示晒红衣、红瑶长发、红瑶织布技艺，举行集体婚礼、篝火晚会等，把红瑶传统文化转变为旅游业态。同时，以旅游收入反哺古民居、古建筑保护，实施梯田景观修复。

荆竹村位于重庆市武隆区仙女山街道。荆竹村以现代创意活化传统乡愁，一方面，保留根植于独特地理文化环境的生活方式和建筑特色；另一方面，引入现代创意再造公共文化空间，利用当地的瓷砖、木材和夯土墙来呼应和推广村庄传统文化，为古老村庄注入生机活力。

任务二 国际旅游组织

国际旅游组织有狭义和广义之分。狭义的国际旅游组织是指其成员来自多个国家并为多国利益工作和服务的全面性国际旅游组织，如世界旅游组织。广义的国际旅游组织则还包括那些工作内容涉及国际旅游事务的国际组织，以及专门涉及某一旅游行业的国际性旅游同业组织。

一、世界旅游组织

世界旅游组织，其英文全称是"world tourism organization"，由于世界贸易组织的英文全称也是"world tourism organization"，为了避免发生混淆，2003年开始，世界旅游组织的简称改用"UNWTO"，意指作为联合国特别代理机构的世界旅游组织。

世界旅游组织（UNWTO）是联合国专门机构，是目前世界上唯一全面涉及国际旅游事务的全球性政府间机构，同时也是当今旅游领域中最具知名度并且最具有影响力的国际性组织。

世界旅游组织的宗旨是推动和发展旅游，促进各国经济发展，增进国家间的相互了解，维护世界和平。世界旅游组织成立于 1975 年 1 月 2 日，总部设在西班牙首都马德里。

世界旅游组织的成员分为正式成员（主权国家政府旅游部门）、联系成员（无外交实权的领地）和附属成员（直接从事旅游业或与旅游业有关的组织、企业和机构）。联系会员和附属成员对世界旅游组织事务无决策权。截至 2012 年，世界旅游组织有正式成员 154 个。

1975 年 5 月，世界旅游组织承认中华人民共和国为中国唯一合法代表。1983 年 10 月 5 日，世界旅游组织第五届全体大会通过决议，接纳中国为正式成员国，成为该组织的第 106 个正式会员。1987 年 9 月，在第七次全体大会上，中国首次当选为该组织执行委员会委员，并同时当选为统计委员会委员和亚太地区委员会副主席。1991 年，中国再次当选为该组织执行委员会委员。

1979 年 9 月，世界旅游组织第三次代表大会正式决定 9 月 27 日为世界旅游日（world tourism day），它是旅游工作者和旅游者的节日。为了阐明旅游的作用和意义，加深世界各国人民对旅游的认识和理解，促进旅游业的发展，世界旅游组织从 1980 年起每年都为世界旅游日确定一个主题，提出一个宣传口号，以便突出一个旅游宣传的重点。世界各国根据这一口号的精神，开展旅游宣传，从而推动世界旅游业的共同发展。例如，2022 年、2021 年世界旅游日的主题口号分别是"重新思考旅游业""旅游促进包容性增长"。

■ 知识活页

世界旅游组织机构设置及工作任务

世界旅游组织的机构设置包括：

1. 全体大会。全体大会是最高权力机构，每两年召开一次会议。

2. 执行委员会（以下简称"执委会"）。执委会由大会按照每5个正式成员国选举1个的比例选举产生，每届任期4年。每年至少开两次会。执委会由22个成员国组成，下设5个委员会——计划和协调技术委员会、预算和财政委员会、环境保护委员会、简化手续委员会、旅游安全委员会。

3. 秘书处。秘书处负责日常工作。秘书长由执委会推荐，大会选举产生。

4. 常驻代表。由世界旅游组织成员国在使馆设立世界旅游组织常驻代表。

5. 地区委员会。地区委员会为非常任机构，每年召开一次会议。共有6个地区委员会，它们是欧洲委员会、非洲委员会、中东委员会、南亚委员会、东亚及太平洋委员会、美洲委员会。

世界旅游组织近年来的工作任务主要围绕技术合作、信息、统计、教育培训、简化旅游手续、旅游者安全及旅游设施保护、旅游环境保护等方面进行。该组织负责收集、分析旅游数据，定期向成员国提供统计资料、研究报告，制定国际性旅游公约、宣言、规划、范本，提供技术专家援助，组织研讨会、培训班，召集国际会议。

世界旅游组织根据各国提供的资料，不断分析研究世界旅游发展态势，并出版一系列完整的期刊，以及涉及旅游方面的统计报告。其出版的刊物有：《世界旅游组织消息》《旅游发展报告（政策与趋势）》《旅游统计年鉴》《旅游统计手册》《旅行及旅游动态》季刊和《世界旅游的发展（有关旅游倾向的区域性专题）》年刊等。世界旅游组织还着力通过旅游信息交流网络（TIENET）形成世界资料交流中心。

二、世界旅游业理事会

世界旅游业理事会（world travel & tourism council，WTTC）成立于1990年，由美国前国务卿基辛格发起，总部设在伦敦。该组织是全球旅游业的商业领袖论坛组织，其成员包括全球旅游业中近百位最著名企业的总裁、董事长和首席执行官。作为全球范围内代表世界旅游业界企业们的唯一机构，对全球旅游业有着其独特的影响力和见解。该组织以"提升政府、公众认识旅游、旅行对经济和社会影响力"为核心任务，通过与各国政府通力合作，推动世界旅游业理事会标志资源的开发，拓展国际旅游市场。WTTC为保持其组织的高规格和权威性，实行定额邀请加淘汰式会员制。会员企业必须达到全球性的经营范围，或者被认为是行业或者地区内的重要参与者，才有资格被邀请加入。

由世界旅游业理事会举办的世界旅游旅行大会自2000年起，每年4月或5月在世界不同城市召开，通过举办峰会、专项会议和社交活动，探讨全球旅游界关注的重大问题，旨在实现旅游业内公共及私有部门决策者最具实效的对话。大会的主要参加者包括WTTC会员、相关国家政要、各国知名旅游企业领导、旅游学术界知名人士和世界著名媒体，被称为"旅游界的奥林匹克"。第十届世界旅游旅行大会于2010年5月25日至27日在中国北京举行，第十四届世界旅游旅行大会于2014年4月24日至25日在海南三亚海棠湾举行，显示了中国旅游业在国际旅游中的重要地位。

■ 案例链接

2016世界旅游旅行大会聚焦"中美旅游年"①

2016年4月12日，一年一度的世界旅游旅行大会在美国得克萨斯州达拉斯举行。此次大会吸引了众多国家政府、旅游旅行机构，以及知名的旅游业界企业的参与。与会者针对旅游安全、持续性，以及地缘政治动荡和科技发展对旅游业带来的影响做了深入讨论。在大会期间，中美旅游年受到了普遍关注。

大会主办方、世界旅游业理事会（WTTC）首席执行官大卫·斯科斯尔表示，旅游旅行已经构成世界经济的重要组成部分。全球的旅游业每年贡献7.2万亿美元，对全球经济的贡献率约占世界GDP总量的10%，同时也提供了世界上9%的就业（2.77亿个职位）。

大卫·斯科斯尔特别提到了中国旅游业的亮眼表现，他说，2015年中国在股市和汇市经历了一些冲击，但是并未拖累旅游业增长。一旦人们开

---

① 王竹.2016世界旅游旅行大会聚焦"中美旅游年"［EB/OL］.国际在线，2016－04－12.

始旅行，他们就不愿停下脚步。中国旅游业已然是仅次于美国的全球第二大旅游业——将在未来十年中每年增长7%，超过4%的全球增速，并将在2024年超过美国的规模。

美国商务部长普利茨克在讲话中也提到，旅游业除了在经济上的可观贡献，在增强国与国之间的联结和人民之间的相互了解方面有不可估量的作用。普利茨克表示，他十分看好中美两国间政府和私营企业合作共同推动旅游业发展。2016年也是中美两国领导人共同倡议发起的中美旅游年。如今，旅游年的各项合作正在由美国商务部和中国国家旅游局共同实施完成。目前，中美旅游年已经取得了一些阶段性成果，如2016年3月启动的"千名美国游客游长城活动"。

世界旅游业理事会的中国会员单位北京首旅集团代表在大会上表示，近年来中国出境游一直增长强劲，尽管世界经济增速放缓，但是2015年中国消费者引发了一场旅游观光热潮。2015年，中国游客在中国内地以外地区的消费额达2150亿美元，较2014年的1400亿美元增长了53%。中国出境游人数、境外旅游消费连续3年位居全球第一，对全球旅游收入的贡献年均超过13%，国际影响力日益增强，旅游大国的地位和作用凸显。随着中国出境游市场的强劲增长，以及各国在政策面的持续向好，将带动全球的出境游规模和消费，旅游产业发展正顺势而上，成为拉动经济增长的主要驱动力。

三、太平洋亚洲旅游协会

太平洋亚洲旅游协会是具有广泛代表性和影响力的非政府间国际旅游组织，1951年1月成立于夏威夷，原名太平洋临时旅行协会，1953年改名为"太平洋地区旅游协会"，1986年在吉隆坡召开的年会上决定改用现名，总部设在美国旧金山，还另设有两个分部：一个设在菲律宾的马尼拉，负责处理东亚地区的事务；另一个设在澳大利亚的悉尼，负责管理南太平洋地区的事务。

我国于1993年加入该组织，并成为其官方会员。同时，协会内的中国台湾所有会员更名为"中国台北"。该协会还在全球38个国家和地区设有77个分会。1994年1月8日，太平洋亚洲旅行协会中国分会正式成立，分会秘书处设在国家旅游局国际联络司，分会现有16名会员。

太平洋亚洲旅游协会的宗旨：（1）联合亚洲及太平洋地区所有热心于旅游的团体和组织，鼓励和支持本地区旅游业的发展，保护本地区特有的旅游资源；（2）发展、促进和便利世界其他地区的游客前来亚太地区各国旅游，以及本地区各国居民在本地区内开展国际旅游；（3）宣传和促进发展本协会会员国的旅游业，加强会员国之间的旅游业务联系；（4）召开国际会议，交流经验，协调旅游和运输部门的工作，在组织广告、制定规划和完善旅游企业及服务行业管理方面，对本协会会员给予实际援助；（5）分析和研究市场行情，简化各种旅游手续，促进合作，发展本地区国家间的业务和文化联系。

该协会每年召开一次年会，讨论和修订协会的工作和长期计划。协会设有4个常务委员会，即管理工作常委会、市场营销常委会、开发工作常委会和调研工作常委会。该协会出版发行各种旅游教科书、专题报告、宣传资料、旅游指南及多种期刊，其中主要期刊为《太平洋旅游新闻》。

四、世界旅行社协会联合会

世界旅行社协会联合会（united federation of travel agents' associations，UFTAA）是世界上最大的民间性国际旅游组织，其前身是1919年在巴黎成立的欧洲旅行社和1964年在纽约成立的美洲旅行社，1966年这两个组织合并，在罗马正式成立世界旅行社协会联合会，总部设在比利时布鲁塞尔。该协会的成员有两类：正式成员由国家旅行社协会组织参加，联系会员为私营旅行社和与旅游业务有关的机构。

该协会的宗旨是：负责国际政府间或非政府间旅游团体的谈判事宜，代表并为旅游业和旅行社的利益服务。该组织每年召开一次全体大会，交流经验，沟通情报。20世纪70年代末已有76个国家参加，代表着18000多家旅行社，其中美国的旅行社最多。1995年8月，中国旅游协会被接纳为正式成员。

世界旅行社协会联合会出版发行《世界旅行社协会联合会议时报》（COURRIERUFTAA），每月一期。

五、世界一流酒店组织

世界一流酒店组织（the leading hotels of the world，LHW）是世界性的

一流酒店和订房组织，1928 年在瑞士成立，创办时有近 50 家成员。该组织的宗旨：（1）吸收世界上最佳旅馆为成员，促进世界各地一流酒店提高和保持其卓越地位、一流服务和优良传统；（2）每年召开一次年会，交流经验，相互学习，相互促进；（3）组织成员之间相互介绍客人。

该组织主要是欧洲国家投股，委托英国管理集团进行管理。总部设在美国纽约，并在纽约、洛杉矶、墨西哥城、伦敦、法兰克福、米兰、中国香港地区、东京、新加坡、悉尼、布宜诺斯艾利斯、里约热内卢、圣保罗等地设有 18 个办事处。为方便客人预订房间，各地的办事处通过地球卫星通信系统由电脑连接，能非常准确、及时地提供每个世界一流酒店里的客房信息，并能处理、确认宾客的预订。

要申请作为世界一流酒店组织的成员，必须在位置、组织、管理、服务、烹饪、装饰和环境等方面都具备最佳条件和最高标准，并具有设备先进、管理技术现代化、格调高雅、豪华、舒适的优质服务条件，以及达到最高的服务水平，经过专门的严格检查和审定，包括现场考察后提交执委会讨论通过，合格者才能被接纳为该组织的正式成员。我国广州白天鹅宾馆、北京贵宾楼、北京王府饭店都为该组织成员。

六、国际旅游研究院

国际旅游研究院（international academy for the study of tourism，IAST）是第一个国际性旅游研究机构。1988 年 6 月 21 日至 24 日，11 个国家的 20 名学者在西班牙北部名城圣丹德尔开会，宣告第一个国际性旅游研究机构——国际旅游研究院成立。该研究院的成立是由美国威斯康星—斯道特大学贾法尔·贾法里教授创议并在西班牙旅游当局的资助下得以实现的，贾法里教授被选为首任院长。

该研究院的任务是推进对旅游业的学术研究和专业调查；鼓励应用研究成果；促进旅游知识的国际传播和交流。该院确定吸收会员上限为 75 名；新会员提出申请并且经现有会员推荐，通过院年度选举才能接纳为会员。

任务三　中国旅游组织

　　我国旅游组织主要分为旅游行政组织和旅游行业组织两大类。旅游行政组织主要是文化和旅游部及省、自治区、直辖市及地方旅游行政机构组成，负责管理全国旅游行业的发展。旅游行业组织的主要职能是加强行业间的协作和行业的经营管理研究，扩大行业影响，提高行业信誉和效益，如中国旅游协会。

一、旅游行政组织

（一）国家层次的旅游行政组织——中华人民共和国文化和旅游部

1. 国家旅游局

　　国家旅游局最早成立于 1964 年，当时名为"中国旅游事业管理局"。1978 年，该局由代管局升格为国务院直属机构，并更名为"中国旅游事业管理总局"。1982 年 8 月，经全国人大批准，又将"中国旅游事业管理总局"正式更名为"中华人民共和国国家旅游局"，从而最终确立了其作为国务院旅游行业主管部门的地位。国家旅游局作为国务院主管全国旅游业行政管理的直属机构，它对外代表我国的国家旅游组织，对内负责统管我国的旅游业。国家旅游局自成立以来，为推进我国旅游业的发展、完善我国旅游业的管理发挥了巨大的作用。

2. 文化和旅游部

　　2018 年 3 月，根据第十三届全国人民代表大会第一次会议批准的国务院机构改革方案，将国家旅游局的职责整合，与文化部合并，组建中华人民共和国文化和旅游部，不再保留国家旅游局和文化部。与原国家旅游局相比，文化和旅游部的主要职责基本保持不变，机构设置上有所调整。

　　文化和旅游部是国务院组成部门，为正部级。文化和旅游部的主要职责是：

　　（1）贯彻落实党的文化工作方针政策，研究拟订文化和旅游政策措施，起草文化和旅游法律法规草案。

（2）统筹规划文化事业、文化产业和旅游业发展，拟订发展规划并组织实施，推进文化和旅游融合发展，推进文化和旅游体制机制改革。

（3）管理全国性重大文化活动，指导国家重点文化设施建设，组织国家旅游整体形象推广，促进文化产业和旅游产业对外合作和国际市场推广，制定旅游市场开发战略并组织实施，指导、推进全域旅游。

（4）指导、管理文艺事业，指导艺术创作生产，扶持体现社会主义核心价值观、具有导向性、代表性、示范性的文艺作品，推动各门类艺术、各艺术品种发展。

（5）负责公共文化事业发展，推进国家公共文化服务体系建设和旅游公共服务建设，深入实施文化惠民工程，统筹推进基本公共文化服务标准化、均等化。

（6）指导、推进文化和旅游科技创新发展，推进文化和旅游行业信息化、标准化建设。

（7）负责非物质文化遗产保护，推动非物质文化遗产的保护、传承、普及、弘扬和振兴。

（8）统筹规划文化产业和旅游产业，组织实施文化和旅游资源普查、挖掘、保护和利用工作，促进文化产业和旅游产业发展。

（9）指导文化和旅游市场发展，对文化和旅游市场经营进行行业监管，推进文化和旅游行业信用体系建设，依法规范文化和旅游市场。

（10）指导全国文化市场综合执法，组织查处全国性、跨区域文化、文物、出版、广播电视、电影、旅游等市场的违法行为，督查督办大案要案，维护市场秩序。

（11）指导、管理文化和旅游对外及对中国港澳台地区的交流、合作和宣传、推广工作，指导驻外及驻中国港澳台地区的文化和旅游机构工作，代表国家签订中外文化和旅游合作协定，组织大型文化和旅游对外及对中国港澳台地区的交流活动，推动中华文化走出去。

（12）管理国家文物局。

（13）完成党中央、国务院交办的其他任务。

2018 年 3 月 13 日，文化和旅游部组建，意味着我国的旅游行政管理进入新的阶段。文化和旅游部设有 11 个职能司（厅），分别为：

（1）办公厅：负责机关日常运转工作。组织协调机关和直属单位业务，督促重大事项的落实。承担新闻宣传、政务公开、机要保密、信访、安全工作。

（2）政策法规司：拟订文化和旅游方针政策，组织起草有关法律法规草案，协调重要政策调研工作。组织拟订文化和旅游发展规划并组织实施。承担文化和旅游领域体制机制改革工作。开展法律法规宣传教育。承担机关行政复议和行政应诉工作。

（3）人事司：拟订人才队伍建设规划并组织实施。负责机关、有关驻外文化和旅游机构、直属单位的人事管理、机构编制及队伍建设等工作。

（4）财务司：负责部门预算和相关财政资金管理工作。负责机关、有关驻外文化和旅游机构财务、资产管理。负责全国文化和旅游统计工作。负责机关和直属单位内部审计、政府采购工作。负责有关驻外文化和旅游机构设施建设工作。指导、监督直属单位财务、资产管理。指导国家重点及基层文化和旅游设施建设。

（5）艺术司：拟订音乐、舞蹈、戏曲、戏剧、美术等文艺事业发展规划和扶持政策并组织实施。扶持体现社会主义核心价值观、具有导向性、代表性、示范性的文艺作品和代表国家水准及民族特色的文艺院团。推动各门类艺术、各艺术品种发展。指导、协调全国性艺术展演、展览及重大文艺活动。

（6）公共服务司：拟订文化和旅游公共服务政策及公共文化事业发展规划并组织实施。承担全国公共文化服务和旅游公共服务的指导、协调和推动工作。拟订文化和旅游公共服务标准并监督实施。指导群众文化、少数民族文化、未成年人文化和老年文化工作。指导图书馆、文化馆事业和基层综合性文化服务中心建设。指导公共数字文化和古籍保护工作。

（7）科技教育司：拟订文化和旅游科技创新发展规划和艺术科研规划并组织实施。组织开展文化和旅游科研工作及成果推广。组织协调文化和旅游行业信息化、标准化工作。指导文化和旅游装备技术提升。指导文化和旅游高等学校共建和行业职业教育工作。

（8）非物质文化遗产司：拟订非物质文化遗产保护政策和规划并组织

实施。组织开展非物质文化遗产保护工作。指导非物质文化遗产调查、记录、确认和建立名录。组织非物质文化遗产研究、宣传和传播工作。

（9）产业发展司：拟订文化产业、旅游产业政策和发展规划并组织实施。指导、促进文化产业相关门类和旅游产业及新型业态发展。推动产业投融资体系建设。促进文化、旅游与相关产业融合发展。指导文化产业园区、基地建设。

（10）资源开发司：承担文化和旅游资源普查、规划、开发和保护。指导、推进全域旅游。指导重点旅游区域、目的地、线路的规划和乡村旅游、休闲度假旅游发展。指导文化和旅游产品创新及开发体系建设。指导国家文化公园建设。承担红色旅游相关工作。

（11）市场管理司：拟订文化市场和旅游市场政策和发展规划并组织实施。对文化和旅游市场经营进行行业监管。承担文化和旅游行业信用体系建设工作。组织拟订文化和旅游市场经营场所、设施、服务、产品等标准并监督实施。监管文化和旅游市场服务质量，指导服务质量提升。承担旅游经济运行监测、假日旅游市场、旅游安全综合协调和监督管理。

除以上 11 个主要的职能司（厅），文化和旅游部还设立有文化市场综合执法监督局、国际交流与合作局（港澳台办公室）、机关党委（党组巡视工作领导小组办公室）、离退休干部局，分管不同的工作。

（二）地方层次的旅游行政组织——省、自治区和直辖市文化和旅游厅（局）

我国各省、自治区和直辖市设有文化和旅游厅（局），分别主管所在省、自治区和直辖市的旅游行政工作。这些旅游行政机构在组织上属于地方政府部门编制，在业务工作上接受地方政府领导和文化和旅游部指导。主要职能为负责本省、自治区和直辖市旅游业发展的规划、开发、旅游业管理，以及旅游宣传和促销工作。

2018 年 2 月的十九届三中全会作出的《中共中央关于深化党和国家机构改革的决定》明确提出要"赋予省级及以下机构更多自主权""除中央有明确规定外，允许地方因地制宜设置机构和配置职能"，上下级之间既允许"一对多"，也允许"多对一"。之后有些地区参照国务院做法，将文化和旅游部门合并，但在一些旅游业作用重要的地区，依然有必要根据工作需要单独设立。

（三）省级以下的地方旅游行政机构

在省级以下的地方，很多地、市、县也设立旅游行政管理机构，负责其行政区范围内的旅游业管理工作。在未设立专职旅游行政机构的县、市，有关旅游业开发与管理方面的事务则在其上级政府旅游行政管理部门的指导下，由当地政府配合承担。

课堂小测验

我国旅游行政组织机构设置经历了哪几种模式？

思政元素

2023"中国北方冰雪旅游海外推广季"新加坡专场活动拉开帷幕

二、旅游行业组织

旅游行业组织是指为加强行业间及旅游行业内部的沟通与协作，实现行业自律，保护消费者权益，同时促进旅游行业及行业内部各单位的发展而形成的各类组织。通常是一种非官方组织，各成员采取自愿加入的原则，行业组织所制定的规章、制度和章程对非会员单位不具有约束力。旅游行业组织是对政府官方旅游行政管理机构的补充，在旅游行业管理中发挥着重要作用。

全国性的旅游行业协会主要包括中国旅游协会、中国旅行社协会、中国旅游饭店业协会、中国旅游车船协会、中国旅游文化学会和中国乡村旅游协会等。

（一）中国旅游协会

中国旅游协会于 1986 年 1 月 30 日成立，是中国旅游行业的有关社团组织和企事业单位在平等自愿的基础上组成的全国综合性旅游行业协会。

中国旅游协会的任务主要包括：

（1）对旅游业发展的战略、管理体制和有关方针政策、国内外旅游业发展态势等进行调查研究，向国务院、国家旅游主管部门和有关方面提供建议和咨询。

（2）联系各旅游专业行业组织、旅游学术团体及旅游企事业单位，交流情况和经验，研究有关问题，探索解决方法，促进旅游经营管理水平的提高。

（3）加强旅游经济等理论研究，开展艺术交流活动。

（4）编辑出版有关刊物、资料，传播交流国内外旅游信息和研究成果。

（5）开展与国外旅游同行业组织的友好交往，促进旅游科技交流与合作。

（6）向政府有关部门反映国内外旅游者的意见和建议，承担政府和旅游主管部门交办的任务，接受旅游企事业单位委托的事宜等。

中国旅游协会只接受团体会员，不接受个人会员，实行入会自愿、退会自由的制度。中国旅游协会的最高权力机构是会员代表大会，由各团体会员单位的法人代表组成。会员代表大会负责制定和修改协会的章程，选举、罢免理事，审议本会的工作报告和财务预决算等协会的重大事项。会员代表大会必须有 2/3 以上代表方能召开，会员代表大会的决议必须有出席代表的半数以上通过方能生效；在决定该协会的重大事项问题时，如章程修改、协会的撤并等，须有出席代表的 2/3 以上通过方能生效。会员代表大会每届任期 4 年，每届召开一次大会。

（二）中国旅游车船协会

中国旅游车船协会是由全国各旅游汽车和游船企业自愿组成的联合组织，前身是"中国旅游汽车理论研讨会"，成立于 1988 年 1 月，1989 年 1 月召开第二届"研讨会"时，改名为"中国旅游汽车联合会"，并设立了杂志编辑部、干部培训部、信息部和配件部。同年 8 月，经国家旅游局局长办公会议研究决定，正式同意成立这个行业组织，并建议把接待旅游者的游船企业也包括进来。1990 年 3 月，中国旅游车船协会召开了第一届会员大会，通过了新的协会章程和领导机构，正式定名为"中国旅游车船协会"。

协会的主要任务包括：

（1）研究和探讨在市场经济形势下，旅游车船行业的经营策略及行业的发展趋势，提出建议或实施意见。

（2）组织协会中的成员参加培训、学习、经验交流及出国考察等活动。

（3）代表行业同有关的国内外车船制造厂商及汽车配件厂商交流，研讨旅游车船生产制造，调剂供销渠道，保证行业健康发展。

（4）沟通会员之间的横向联络，收集整理、传递本行业信息，开展技术、经验交流，促进行业的不断发展。

（5）组织大的旅游城市之间的联运网络，根据我国的汽车工业产业政策，促成行业间的投资，开办旅游汽车企业经济实体，为旅游业的发展作贡献。

（三）中国旅游文化学会

中国旅游文化学会是在 1989 年 8 月经民政部批准的具有全国性社团法人资格的民间性学术团体，于 1989 年 9 月 18 日在北京正式成立。

学会的宗旨是研究旅游文化的理论与实践，推动我国事业的发展。

中国旅游文化学会的主要任务包括：

（1）组织和推动我国旅游文化的研究和旅游文化的创作。

（2）举办各种类型的旅游文化研讨会和旅游文学笔会，并组织有关的国内和国际的交流活动。

（3）组织有关方面和有关专家，为历史文化名城、著名风景名胜区和待开发的旅游区就旅游资源的开发和利用进行研讨和咨询，为促进旅游文化的发展提供服务。

（4）为各地开发具有中国风格、民族特色和地方特点的旅游纪念品和晚间文娱活动提供咨询、人才和服务。

（5）编辑、出版有关旅游文化和旅游文学的书刊、资料；承接委托摄制有关旅游文化的影视片等。

（四）中国乡村旅游协会

中国乡村旅游协会，原名"中国农民旅游业协会"，于 1987 年 12 月成立。1990 年更名为"中国乡村旅游协会"。它是由广大乡村旅游事业的专家、学者、知名人士和有关的单位、团体等组成的全国性行业组织，挂靠国家旅游局，具有社会团体法人资格。

协会的宗旨是：根据党的"一个中心，两个基本点"的基本路线，坚持走中国式的旅游发展道路，大力发展具有中国特色的社会主义乡村旅游事业，探索国际、国内旅游业发展的新趋势，促进我国乡村精神文明和物质文明建设，为中国旅游的全面发展作出贡献。协会在政府有关部门和会员之间，发挥桥梁与纽带作用，为会员提供信息、经验和服务，维护会员合法权益。

■ 知识活页

全国省级乡村旅游协会联盟成立[①]

2019 年 12 月 14 日，经过紧张筹备，全国省级乡村旅游协会联盟在吉林长春慢山里国家级研学营地成立。

此次，共有 7 家省级乡村旅游协会加入联盟，分别为广东省乡村旅游协会、河北省乡村旅游协会、四川省乡村旅游协会、湖北省乡村旅游协会、广西乡村旅游协会、云南省乡村旅游协会和吉林省乡村旅游协会，这 7 家省级乡村旅游协会也是目前我国全部的省级乡村旅游协会。

联盟的成立旨在促进全国乡村旅游协会之间客源共享，实现优势互补、互惠互利、共同发展，进而共同推动我国乡村旅游发展，激发旅游消费，服务"三农"，共同构建乡村旅游共同体，助力国家乡村振兴战略。

联盟成立大会前，各省协会代表进行了座谈交流，并达成一致合作意见，联盟成立后，要互惠互利，资源融合，共享联盟发展成果，共同推动乡村旅游整体发展。

各省协会代表为联盟成立剪彩，并进行了集体倡议和宣言。

---

① 全国省级乡村旅游协会联盟成立 共建乡村旅游共同体［EB/OL］. 凤凰网，2019 - 12 - 18.

项目小结

1. 旅游组织是指为了加强对旅游行业的引导、管理和协调，促进旅游业的健康、稳定、持续发展，以国家、旅游企事业单位、个人等为成员而组建起来的具有行政管理、行业协调、行业自律、旅游学术研究等职能的组织机构。

2. 世界旅游组织（UNWTO）是联合国专门机构，是目前世界上唯一全面涉及国际旅游事务的全球性政府间机构，同时也是当今旅游领域中最具知名度并且最具有影响力的国际性组织。其宗旨是推动和发展旅游，促进各国经济发展，增进国家间的相互了解，维护世界和平。

3. 2018 年 3 月，国家旅游局与文化部合并，组建中华人民共和国文化和旅游部。

思考与练习

1. 旅游组织有哪些类别？
2. 旅游行政组织与旅游行业组织职能的差别。
3. 对行业发展起推动作用的国际旅游组织有哪些？
4. 简述我国旅游行政组织的发展历程。
5. 我国旅游行政组织的设置模式。
6. 举例我国主要的旅游行业组织。

材料分析

泰国的旅游管理体制

旅游业是泰国的支柱产业，随着旅游经济的发展，泰国政府对旅游业的管理也在不断加强，管理职能由单一的市场促销逐渐扩展到行业管理，从中央到地方，形成了一套集权式的旅游管理体制。

泰国最高层次的旅游管理机构是旅游委员会。它由内务部、交通部、外交部、国家环境委员会、国家经济和发展委员会、立法委员会的高级官员和泰国航空公司总裁、泰国旅游局局长及行业工会领袖等人士组成。主席由总理或总理放权的部长担任。旅游委员会的职责是制定旅游政策和旅游法规，管理和监督旅游局的工作。

泰国旅游局是旅游委员会领导下的旅游行政管理机构，其职责包括市场促销、投资引导、信息统计、教育培训、行业管理、景点开发、受理游客投诉等。投资开发和市场促销是泰国旅游局的主要职能，泰国旅游局每年都要制定年度计划和发展战略，通过广泛宣传，引导旅游企业的投资方向和经营方式。同时，泰国旅游局对旅行社、饭店也实行严格的管理，保证了旅游服务的质量。

泰国的地方旅游机构由泰国旅游局直接设置、派驻人员并提供经费。

应泰国旅游局的要求，泰国政府还设立了旅游警察，负责受理游客投诉，保障游客安全。旅游警察属警察署领导，同时接受协调，经费由旅游局提供。旅游警察在打击旅游活动中的犯罪现象、保障游客利益、保证旅游服务质量等方面发挥了有效作用。

思考：

1. 泰国旅游行政组织机构的模式是什么？

2. 简述泰国旅游行政组织机构设置的优劣势。

3. 思考旅游管理体制的形成与什么因素有关？

■ 设计展示

旅游行业组织设计

基于所学知识，针对旅游行业发展的特点和需求，设计一个旅游行业组织（包括构架和运作模式），要点包括但不限于：

1. 给出这个组织的名称、宗旨和主要职能。

2. 描述组织架构，列出主要的部门或委员会及其职责范围。

3. 阐述这个组织与政府、旅游企业、旅游者之间的关系，以及在旅游行业发展中可能发挥的作用。

4. 就组织的资金来源、人员编制等提出合理化建议。

项目二　旅游行业管理

学习目标

知识目标	★掌握我国两大旅游行业管理制度、政府干预与调控的手段。 ★熟悉旅游标准化历程及旅游标准化管理的主要模式。 ★了解旅游行业管理的概念、特征与对象
能力目标	★能够理解旅游行业管理制度与规律，分析旅游标准化、数字化、全球化发展趋势及其带来的行业管理挑战。 ★能够结合新时代旅游发展新特征，提出旅游行政或行业管理的创意和思路
素质目标	★关注旅游行业管理的前沿动态，形成严谨的行业管理逻辑、专业的旅游管理体系，培养求真务实、开拓创新的科学精神
价值目标	★感受新时代新常态旅游业高质量发展带来的管理与体制的创新，培养国际视野下旅游业革新发展的气魄和精神，热爱旅游行业，强化爱国热情

案例导入

文旅部：确定 21 家旅游景区为国家 5A 级[①]

根据中华人民共和国国家标准《旅游景区质量等级的划分与评定》和《旅游景区质量等级管理办法》，经有关省（区、市）文化和旅游行政部门推荐，文化和旅游部按程序组织综合评定，以下 21 家旅游景区达到国家 5A 级旅游景区标准要求，拟确定为国家 5A 级旅游景区，现予公示。名单如下：

1. 北京市北京（通州）大运河文化旅游景区
2. 河北省唐山市南湖·开滦旅游景区

---

① 文化和旅游部关于拟确定 21 家旅游景区为国家 5A 级旅游景区的公示［EB/OL］. 中华人民共和国中央人民政府，2024－01－28.

3. 内蒙古自治区呼伦贝尔市呼伦贝尔大草原·莫尔格勒河景区

4. 辽宁省本溪市五女山景区

5. 吉林省松原市前郭查干湖景区

6. 上海市崇明区西沙明珠湖景区

7. 江苏省连云港市连岛景区

8. 浙江省丽水市云和梯田景区

9. 安徽省滁州市琅琊山景区

10. 福建省厦门市厦门园林植物园景区

11. 山东省青岛市奥帆海洋文化旅游区

......

■ 项目设计

认识地方文旅部门

根据所学知识，以 4~8 人为小组开展讨论，个人完成讨论报告，上交课程作业。讨论报告围绕如下内容：

1. 地方文旅部门作为旅游行政组织，它与地方旅游行业组织是什么关系？

2. 地方文旅部门干预旅游业发展的手段有哪些？找出 1~2 个家乡所在县、市旅游行业相关事件或新闻，并加以阐述。

3. 地方旅游行业组织通常有哪些作为？找出 1~2 个家乡所在县、市旅游行业相关事件或新闻，并加以阐述。

任务一　旅游行业管理概述

旅游行业管理是旅游行政组织和旅游行业组织通过对旅游业的总体规划和总量控制，制定促进旅游业发展的方针、政策和标准，并以此为手段，对各种类型的旅游企业进行宏观、间接的管理。但实际上因为旅游业行业范围的广泛性和模糊性，难以进行全面、整体的管理，通常情况下所说的旅游行业管理更多的是狭义的概念，即直接从事旅游服务的旅行社业、交通客运业、饭店业、游览娱乐业和旅游购物业的旅游企业。

一、主体和对象

（一）旅游行业管理的主体

旅游行业管理的主体包括旅游行政组织和旅游行业组织。政府主管部门的职能是行政，旅游行政管理部门作为政府行政权力机构，代表政府行使行政权力。旅游行业组织是旅游企业自愿联合的社会旅游组织，如旅游协会、旅馆业协会等，它们以自愿和非营利为原则，积极参与旅游的发展活动，为国家协调旅游业的发展创造良好条件。

（二）旅游行业管理的对象

旅游行业管理的对象有狭义与广义之分。狭义的旅游行业管理对象是指直接从事旅游经营活动的企业；广义的旅游行业管理对象不仅包括直接从事旅游经营活动的企业，而且还包括为旅游经营活动服务的社会机构。

根据经营业务范围来分，狭义的旅游行业管理对象可以分为旅行社业、以饭店为代表的住宿业、旅游交通运输业、旅游景区业四大旅游经营行业的企业。广义的旅游行业管理对象不仅包括上述四大行业，还包括娱乐业、旅游商品、旅游信息（通信、新闻媒体等传播机构）、旅游咨询业（诊断、策划、规划、设计、认证等机构）、旅游教育、法律服务、医疗服务等行业的社会机构。

二、旅游行业管理的特征

（一）综合性

旅游行业管理具有综合性的特征。旅游业是一个关联性极强的行业，旅游业的六大要素"食、住、行、游、购、娱"使旅游行业管理涉及的范围非常广泛，旅游行业管理不仅涉及旅游行业内部，还涉及其他相关行业。

（二）宽泛性

旅游行业管理幅度具有宽泛性特征。旅游活动是涉及多个地区、多个部门的活动，由此旅游行业管理涉及的职能部门广泛，旅游行政管理部门协调难度大，在现实中存在较为严重的"政出多门""多头管理"的现象。

（三）动态性

旅游行业管理具有动态性特征。旅游行业管理是一个动态的管理，涉及旅游企业运行的全过程。比如，以旅行社为例，旅游行业管理从许可证的审批、质量保证金的收缴、年检、投诉处理、不合格企业的处理等，形成了一个动态的管理过程。

（四）脆弱性

旅游行业管理具有脆弱性的特征。旅游产业的综合性使旅游部门的行业管理应是一个综合性的管理，但目前我国旅游主管部门却没有综合部门的职权，其职权范围仅涉及旅行社、饭店、景区等级评定、旅行社准入等旅游核心领域，其他相关领域则由其他政府职能部门按相关法规和授权各自管理，没有形成大旅游、大市场的格局。这种情况使旅游行业管理的困难较大，管理基础比较脆弱。

（五）滞后性

旅游行业管理方式和手段具有滞后性特征。我国旅游行业管理过程中政府对市场主体的微观经营行为直接干预过多，行业协会的管理协调职能薄弱，政企不分等现象还较为突出。随着我国旅游市场的逐步发展，应对目前的行业管理模式进行相应的改革。

三、旅游行业管理的内容

（一）促进旅游产业规范化

目前，我国旅游供求存在着总量和结构的失衡，旅游竞争较为激烈、无序，市场处于相对混乱的状态，行业内外对维护旅游行业秩序的要求很强烈。因此，应加快旅游行业法治建设，加强对旅游行业的监督和执法力度，给旅游业的发展创造一个良好的环境。

（二）提供行业服务

随着我国市场机制的逐步成熟，旅游行政管理部门对旅游企业的直接干预应逐渐减少，行业管理的重点将向为旅游行业的健康发展提供行业性服务转移。这些行业性服务包括以下内容。

（1）旅游信息服务。旅游信息服务包括旅游信息的统计和发布，旅游信息市场和信息平台的建设等，这是行业管理部门服务整个行业，提供公共产品的重要方面。

（2）旅游宣传。旅游宣传包括旅游产品的促销以及国家和旅游地的形象宣传。

（3）协调有关部门的关系。旅游业涉及众多的产业部门，旅游管理职能也涉及众多的政府部门，旅游行政主管部门应在这些错综复杂的关系中做好协调工作。

（4）旅游教育培训工作。对行业的从业人员进行教育培训是一个行业可持续发展的重要保证之一，因教育培训有较强的外部性和准公共物品的属性，旅游行业管理部门应加大这方面的投入，通过适当的机制鼓励市场主体的参与。

（5）旅游标准化工作。旅游标准化对于规范旅游企业的经营行为，明确旅游企业和旅游消费者之间的权利义务关系，形成统一的旅游市场等具有重要的意义，旅游主管部门和旅游行业协会应加大旅游行业标准的制定和执行力度。

（三）编制实施旅游规划

各国政府都重视旅游规划的编制和实施。旅游规划是旅游业发展的重要指导文件，是各级政府确定旅游业发展方向，实现旅游业发展目标和旅游生产力布局，实施宏观调控，引导企业行为的重要手段。

（四）促进旅游业的国际交流

在全球经济一体化的背景下，旅游市场的竞争已经不再仅局限于一国之内，而是上升为包括国家与国家之间、本国企业与外国企业之间的竞争。同时，旅游业的国际合作和交流也日趋紧密。提升本国旅游业的国际竞争力，促进旅游业的国际交流与合作，是旅游行业管理的又一重要内容。

（五）保护旅游资源，实现可持续发展

在旅游资源的开发和使用过程中，政府职能部门应对企业的行为进行有效的监督和管制。要协调好短期利益与长期利益、个别利益与公共利益的关系，为旅游业的可持续发展打下基础。

■ **知识活页**

旅游行业管理的手段

旅游行业管理的手段主要有以下方面。

1. 旅游市场准入手段

为了保证旅游经营者和从业人员的基本素质，确保旅游产品质量，我国旅游管理部门制定实施了相应的旅游政策和法规，建立了旅游市场准入制度，主要有旅行社许可证制度、导游人员资格证制度、旅游定点和饭店星级评定制度。旅游市场准入制度是通过授予相关主管部门行政审批权来实现的。

2. 旅游市场监督管理手段

对于已经进入旅游市场的经营者和从业人员，我国旅游行业管理部门也形成了一套规范监督其行为的机制。比如，旅游投诉制度、旅行社质量保证金制度、年检与复核制度、旅游市场专项整治制度等。旅游市场监督管理制度集中体现了政府运用行政权力对市场主体行为的规范和约束。

3. 旅游市场引导和服务手段

除强制性的行政管理手段外，我国还形成了引导旅游企业行为，服务旅游市场的制度和惯例，例如，制定出台各级各类旅游规划、开展旅游标准化工作和旅游信息服务等。旅游市场引导和服务手段体现了政府职能和行业管理方式的转变，更适应我国市场经济体制的发展状况，在今后的工作中应该得到进一步的强化。

在我国现有的旅游行业管理制度中，行业管理的范围较宽，基本全由政府行使管理职能，政府主导明显，各级行业协会在行业管理中的作用非常有限。管理的手段以行政手段为主，一方面，干预了市场主体的正常经营行为；另一方面，在政府"失灵"存在的情况下，可能会出现决策失误、寻租、部门利益争夺等现象，降低了行业管理的有效性和效率。随着我国市场经济的逐步完善，我国旅游行业管理体系需要作出创新改革。

任务二 旅游标准管理

行业标准化管理作为规范服务产品质量和生产过程的管理方式，在优化制度环境、促进区域合作与发展、提高产品服务质量、促进资源优化组合、保护企业和旅游者合法权益等方面有着不可替代的作用。

一、我国旅游标准化历程

我国旅游服务行业的第一个国家标准是国家旅游局（现文化和旅游部）于1987年启动的《旅游涉外饭店的星级划分与评定》（2003年修订并更名为《旅游饭店星级的划分与评定》），1993年发布实施，开创了我国旅游服务领域实施标准化管理的先河。

1995年，国家旅游局（现文化和旅游部）成立旅游标准化专业机构全国旅游标准化技术委员会（简称全国旅标会），主要负责旅游领域的国家标准编制和修订工作，对口国际标准化组织旅游及相关服务技术委员会。随后起草制定了《全国旅游标准化技术委员会章程》《全国旅游标准化技术委员会秘书处工作细则》等。

2000年，颁布实施《旅游标准化工作管理暂行办法》，在旅游标准化工作的宗旨、范围、任务、管理，以及旅游标准的制定、审查、发布、实施、监督等方面作出具体规定。同年发布《旅游业标准体系表》，构筑了以旅游六要素为基础的二维旅游标准体系框架。

2005年，国家旅游局（现文化和旅游部）起草制定《全国旅游标准化发展规划（2006－2010）》，2009年起草《全国旅游标准化发展规划（2009－2015）》，对旅游标准化管理进行战略规划。

2010年，国家旅游局（现文化和旅游部）在全国范围内全面推进旅游标准化试点工作，并颁布《全面推进旅游标准化试点工作实施细则》。2011年，旅游标准化试点工作在全国各重点旅游城市展开，进一步推动了旅游标准化工作的普及。

课堂小测验

地方和国家在旅游标准建设与管理工作方面做出了哪些尝试？收集资料进行阐述。

二、旅游标准化管理的操作模式

我国旅游标准化建设为政府主导，由全国旅游标准化技术委员会具体负责。标准化工作首先要对旅游业发展现状进行调研，摸清需要标准化的对象、要素和范围，并根据标准化建设情况（如标准的系统化、体系化和综合标准化）等进行立项申请、上报国家市场监督管理总局和国家标准化管理委员会审批；审批通过后以招标或定向委托的方式组织业内专家开展编制工作，标准的审查工作也由文化和旅游部组织全国旅标会委员和业内专家完成；审查过后将标准文本（报批稿）提交到国家市场监督管理总局和国家标准化管理委员会发布；标准发布后实施、宣贯、认证、监督和复查等工作由文化和旅游部相关部门组织相关专家进行。

下面主要介绍标准发布后相关工作的操作模式。

（一）"认证认可"模式

这一模式对各项标准的宣贯、推广、评估主要通过两种操作路径实现。一是由文化和旅游部自行成立认证中心，全面主导各项标准的宣贯、评估和监管工作。但此类路径工作量过大，宣传和评估的推行主体也过于单一。二是委托第三方建立认证中心，文化和旅游部采取政府采信、打包下放的方式，由第三方负责大部分标准的认证工作。第三方认证模式的推行使标准化的宣贯执行和评估监管工作更为专业化，也更具技术性，但也存在第三方公信力的缺失，以及由于认证工作涉及的利益问题衍生出的设租寻租、权力旁落与难以管控等。

（二）"合作伙伴"模式

这一模式与"认证认可"模式相类似，即在各类旅游标准由旅标委等机构制定的基础上，文化和旅游部广泛发动社会力量，选择有资质的第三方机构作为合作伙伴，由第三方负责开展旅游标准的宣贯和评估工作，文化和旅游部负责部分评估与监管工作。

"合作伙伴"模式能够更好地配置社会资源，调动多方力量，但也存在第三方机构的知名度不够、公信力难以保障等问题。

（三）"行业协会"模式

这一模式主要针对各类国标、行标，对于制定好的标准，文化和旅游部和各地政府委托各地的行业协会组织实施标准的宣贯、推广和评估工作；若无行业协会，则由各地文化和旅游局负责宣贯、实施和评估。

"行业协会"模式在各地的推行比较广泛，体系较为成熟，但这一模式主要适用于国标、行标（如星级饭店评定标准等）；且协会提供的是有偿服务，长久以来利益协调问题越发突出，也难以避免行业协会对所负责实施的标准挑挑拣拣。

（四）"主体联动，分类推进"模式

实践证明，旅游标准化既要坚持旅游行政主管部门统一管理，又要充分发挥各行业部门的监督工作，这种统一管理和分工负责的管理模式是确保标准化工作运行顺畅、推行有序、监督有力的有效手段。

一般来说，基础类、安全性标准由文化和旅游部会同各地政府主推并负责宣贯实施全过程，以确保标准的权威性与公信力；旅游业重点标准、旅游业要素类标准、旅游业支持系统类标准（即各类行标）由对应的行业协会组织实施宣贯、推广和评估工作；旅游业前瞻性标准、相关产业融合类、环保类标准采取政府采信、打包下放的方式，委托第三方设立认证中心，代表政府来组织标准的宣贯执行工作；旅游业工作标准、旅游企业内部操作类标准则由大企业或企业联盟来主导宣贯、推广和评估工作，对于运行良好、效果突出的企业标准，政府应鼓励其上升为行业标准。

■ 知识活页

两项无障碍旅游行业标准获批立项[①]

从全国旅游标准化技术委员会获悉，由四川省残疾人无障碍环境建设促进会、四川省文化和旅游厅、四川省残疾人联合会等起草的行业标准《无障碍旅游线路设计指南》《无障碍旅游从业人员培训指南》获批立项。

据了解，无障碍旅游是随着现代旅游行业发展而逐步兴起的一种旅游概念，是指残疾人和老年人等具有机能性障碍的特殊群体能够在旅游活动中独立、平等、有尊严地接受旅游服务和产品的一种新型旅游形态。

据介绍，随着经济发展和社会进步，人民生活水平提高，近些年来残

---

① 两项无障碍旅游行业标准获批立项［EB/OL］. 中华人民共和国文化和旅游部，2022 - 11 - 08.

疾人、老年人等特殊群体旅游休闲需求日益增长，无障碍旅游日益成为国家和社会高度关注的重点领域。制定《无障碍旅游线路设计指南》《无障碍旅游从业人员培训指南》两个行业标准，将有利于完善无障碍旅游服务的标准化、规范化水平，对加快全面推进旅游业高质量发展具有重要意义。两个行业标准将以现有的无障碍环境建设和旅游服务标准为基础，聚焦残疾人等特殊群体的旅游服务需求，完善旅游服务标准体系建设，推动和引领残疾人等特殊群体旅游服务的规范和健康发展。

目前，两个标准已获批立项，此后相关单位将集合来自多个相关领域的专家共同编写，在充分遵循现行相关法律法规的基础上，根据国家相关政策文件的基本要求，依据现有国家标准、行业标准，参考相关团体标准和地方标准，科学编写两项标准。

任务三 旅游行业管理体制

一、旅游行业管理体制概念

旅游行业管理体制是指政府部门和旅游行业组织运用法律、经济及行政手段对旅游行业的发展进行指导、规范、制约及相互协调而组成的一套体系。该体系主要解决了旅游行业在整个经济的运行过程中的各项活动由谁来管、管些什么和怎么来管的问题，能够推动旅游经济的顺利发展、各种旅游活动的顺利进行、协调旅游行业中的各种角色之间的利益关系等。

中国旅游行业的全面管理工作从 20 世纪 80 年代初起步，建立了国家旅游局（现文化和旅游部）和各级旅游部门，形成独立的旅游管理系统；20 世纪 90 年代中后期进入比较系统和完整的阶段，陆续出台了关于旅游行业的规范性文件，如《旅行社管理条例》等。尤其是 21 世纪以来，行业管理的深度和广度进一步加强，全国旅游工作会议逐年召开，标志着我国的旅游行业发展上升为国家战略决策。

二、旅游行业管理体制的特点

（一）综合协调特征

旅游涉及的行业、企业众多，其相互之间形成一定的经济团体，影响了各方面的经济效益关系，比如，旅游管理部门和旅游企业之间的效益关系、旅游企业之间的效益关系等。旅游行业的发展对于整个国民经济而言，可谓是牵一发而动全身，但是旅游行业的发展主要依赖于旅游行业的管理体制的建设和发展，其管理体制一方面要与整个经济的发展形势相一致，另一方面也要符合国内旅游行业的发展特点，所以旅游行业的管理体制的综合协调性非常重要。

（二）灵活应变特征

旅游行业难免会受到天气、气候、传统、交通等多个方面的影响，又或是受到政治、经济、社会等因素的影响，这些因素稍有变化都会引起旅游需求的变化，导致旅游行业的不稳定性，相应地，旅游管理应具备灵活应变性，从而促进旅游行业的活动顺利进行。

三、我国现有的旅游行业管理体制

（一）旅游市场的准入制度

为保证旅游经营者和旅游从业人员的基本素质，确保旅游服务质量，我国旅游行业管理部门通过旅游政策法规的颁布和实施，建立起了旅游市场准入制度。旅游市场准入制度包括：许可证制度、定点制度、资格证制度。

（二）旅游市场的监督控制机制

在市场经济发展的大环境下，旅游行政管理部门必须加强对市场的检查、监督和管理，明确各类企业的生产经营的卫生和管理标准，确保各类企业经营活动的整体效益和经济效益。监督控制制度包括：旅行社质量保证金制度、受理投诉制度、年审年检与复核制度，以及其他相关整顿和规范旅游市场秩序的专项活动。

（三）旅游市场服务系统

除强制性的行政管理外，我国旅游行业管理还形成了一套引导旅游企业行为和服务旅游市场主体的制度和惯例，进而实现促进旅游经济健康发展的目标。主要包括：各级各类旅游规划、旅游标准化制度、旅游信息服务制度、旅游市场推广服务等。

■ **知识活页**

旅游行业管理的日本模式

日本旅游最高决策机构是直接受首相领导的，"内阁观光对策省厅联络会议"主要负责旅游方针政策的制定。运输省的国际运输观光局具体负责方针政策的实施和行业管理，其主要职责是：统筹全国旅游规划、资源开发、景点整治，对旅行社、饭店旅馆审批、注册、指导、监督，国际联络与对外宣传，旅游调研统计等。在旅游企业市场准入方面，根据1996年修订的《旅行代理商法》（the travel agency law），日本旅行社实行双重注册制度和定期注册制度（3年），申请登记时必须交纳营业保证金。对企业的经营行为政府除颁布一般旅游业标准合同和代理店旅游合同予以规范外，均由商法和国家公平交易委员会来约束和监督。日本政府对旅游经济实行间接管理，旅游企业必须是相关行业协会的会员，大量的行业协会履行着行业管理职能，如日本导游执照考试和培训由运输省委托国际观光振兴会组织，旅行主管（the certified travel supervisor）资格考试由日本旅行代理商协会（JATA）组织。

任务四 政府干预与调控

一、政府干预与调控旅游业发展的动机

各国支持本国旅游业发展的动机并非完全相同。随着时代发展和国情变化，政府支持旅游业发展的动机也会有所调整。其动机主要分为以下三个方面。

（一）政治动机

早在16世纪，人们就已经认识到，旅行活动的开展有助于"增加对异国他乡的风土民情、生活方式及政体组织的了解"（Young，1973）。进入现代社会后，国际旅游活动规模的扩大和民间交往的增多，客观上也起到了增进国际了解、促进世界和平的作用。事实上，对于一个国家来说，国际旅游的发展不仅有助于"了解别人"，而且可有效地"宣传自己"，因

而客观上可起到民间外交的作用。国际旅游的这一作用，一直都被联合国和世界旅游组织所强调和看重。

此外，现代旅游发展的历史还表明，有些国家政府发展旅游业，其中一个重要的动机便是与该国的政治和外交需要有关。以新中国成立初期的情况为例，当时我国政府之所以安排组建华侨旅行社（时称华侨服务社）、中国国际旅行社，以及兴建旅游接待设施，根本目的在于通过发展同友好国家和国际友好人士的交往，粉碎当时帝国主义孤立和封锁红色中国的图谋。事实上，一直到1978年实施改革开放政策之前，我国涉外旅游工作的开展一直都带有服务于外交工作的政治色彩。

（二）社会动机

世界旅游组织（WTO）在《马尼拉宣言》中提出，旅游度假已成为现代社会中人类的基本需要之一，并因此倡议各国政府应将国民旅游纳入本国社会发展的内容，为国民参与旅游活动创造条件，使旅游度假成为人人享有的权利。随着工业化和城市化的发展，人们的工作和生活压力加大，影响和威胁着人们的身心健康。旅游活动的开展不仅有益于人们恢复体力和放松身心，而且有助于人们开阔视野、增加阅历，在促进社会发展方面，有助于改善和提高国民素质。

因此，很多国家都将发展旅游业和推动国民旅游活动发展纳入本国社会发展的工作议程。例如，1961年美国联邦政府开始设立"美国旅游事务署"（USTS）。该机构的三大宗旨之一便是"尽最大可能为美国人民的健康和福利作贡献"。此后，在美国正式颁布的《国家旅游政策法案》中，也强调指出："旅游和娱乐业对美国之所以重要，不仅是因为其市场和产业规模庞大，而且是因为它们会给个人及整个社会带来巨大福祉"。法国政府在其有关政策中也明确提出，法国发展旅游业的目的旨在提高国民的生活质量。随着大众旅游的兴起，西欧各国几乎都倡导并以不同的方式支持发展"社会旅游"，以帮助本国国民中的低收入阶层能够享有旅游度假的机会。可见，助推本国的社会发展是诸多国家政府支持发展旅游业的一项重要考虑。

（三）经济动机

通过发展旅游业去刺激和促进本国经济的发展，如今已成为众多政府支持发展本国旅游业的直接动机。具体地讲，这类经济性动机主要反映于以下三个方面。

（1）通过发展旅游业扩大外汇收入来源，改善本国的国际收支平衡；

（2）通过发展旅游业增加就业机会，为实现国民充分就业创造条件；

（3）通过发展旅游业缩小地区差别。

多数情况下，在支持发展旅游和旅游业方面，政府所持的动机往往不止一种，通常都是在偏重某一动机的同时，兼有其他方面的动机。

二、政府干预与调控的手段

政府对旅游发展的调控与干预的方式很多，既包括通过设立旅游行政机构进行直接干预，也涉及通过市场条件等介入方式进行介入，如相关立法、目的地规划文件等。一般将政府的干预与调控手段分为两类：一是影响和控制需求，二是影响和调控旅游供给。

（一）调控需求

1. 旅游目的地的对外促销与宣传

旅游目的地政府根据淡旺季情况，通过组织营销调节营销的力度与方式，以达到刺激或抑制游客量的目的。

2. 控制游客进入量

国家层面上，旅游接待国可以通过限制签证的发放量或禁止外国客运包机入境等方法，进而控制入境旅游需求。地方层面上，旅游目的地可以采取各种方式控制准入，避免区域游客接待量的超载，进而保证目的地旅游业的健康发展。

3. 影响价格

旅游目的地政府可以通过行使直接影响和行使间接影响这两大方式来影响当地旅游价格。行使直接影响是指旅游目的地政府可通过控制国有旅游企业的产品价格或服务收费标准，借助其对该地旅游供给市场的示范性影响，以刺激或抑制游客需求。行使间接影响是指旅游目的地政府可通过颁布有关的经济性指令来刺激或抑制游客需求，包括但不限于实行外汇管制、实行差别税率、设立免税商店等。

（二）调控供给

1. 控制土地的用途

这是目的地政府用于控制旅游供给的最基本的方法。制定和执行用地规划，以及在必要时实行强制性土地征购，是世界各地政府用于干预或调控旅游发展的基本手段。

2. 行使建筑物管制

这一手段经常用以配合用地控制。行使建筑物管制主要包括规定有关区域内建筑物的规模、高度、风格、颜色，以及与之配套的停车场安排。世界上很多著名的旅游城市（如英国伦敦、法国巴黎、意大利罗马等）都对其城市的建筑物长期行使一贯性管制，保持了其传统的建筑格局，并在世界范围获得了良好的调控成效。

3. 行使市场管制

旅游目的地政府可通过有关立法，对旅游市场进行必要的管制，以维护公平竞争，保护旅游消费者的利益。除了立法，还有其他的手段。例如，政府可借助旅游行业协会的地位，由行业协会去制定并组织本行业的行为规范，从而以间接方式实现政府管制市场行为的目的。

4. 实行特别征税

政府可以通过征收旅游税等特别税，进而影响和调控旅游供给。旅游税通常规定税率的应纳税额计入饭店的房价，由饭店经营者上缴政府税务部门，这种方式使旅游税并非完全由外来旅游者独立承担，而是由外来旅游者与饭店经营者共同分担。还可以对某些旅游行业实行特别征税，如机场税。有些国家或地区也会对某些类型的旅游企业征收特别税率。以欧美国家为例，在允许开设赌场的地区，当地政府得自赌场的税收高达赌场赌金收入净额的50%。

5. 实行投资鼓励政策

为鼓励旅游业发展，协调旅游业开发布局，以及消除旅游供给中的某些"瓶颈"问题，目的地政府都对项目投资商实行这样或那样的鼓励政策，主要分为以下三类。

（1）项目投资额的优惠政策。包括提供投资补贴、低息贷款、无息贷款、延长还贷期、提供基础设施、以低于市场价的价格提供建设用地、对有关开发项目所需建材的进口实行减免关税等。

（2）项目经营成本的优惠政策。包括在规定时期内实行减免纳税（即外国文献中所称的"tax holiday"，如开业 5 年内实行免税，此后 5 年中实行减税）、提供员工培训补贴、对营业所需物资的进口实行减免关税、提供特别折旧免税等。

（3）保证项目投资安全的政策。例如，由政府提供担保，保证该投资项目日后不会被国有化；保证外国投资者的资本、利润、利息可自由汇出境外；帮助提供贷款担保、提供投资咨询服务等。

📖 **思政元素**

《关于支持文化旅游高质量发展用地政策的通知》

广西壮族自治区人民政府办公厅印发的《关于支持文化旅游高质量发展用地政策的通知》，体现了政府通过土地调节旅游供给进而宏观调控旅游业发展，展现了地方政府促进旅游业高质量发展的责任和担当，增强了学生对国家的信任，以及融入社会、服务国家战略的责任担当。

三、旅游发展中强化政府作用的有效措施

（一）弱化政府功能，强化旅游行业协会力量

政府在旅游管理中的传统职能过于权威、强制与直接，可将政府功能适度弱化，将旅游形象宣传、旅游市场宏观调控等重要功能集中起来，放至旅游行业协会当中执行，进一步强化旅游行业协会力量，进而巩固旅游市场地位，形成一个旅游为主、政府为辅的旅游管理模式。

（二）加强立法，保证旅游业的可持续发展

随着《中华人民共和国旅游法》的颁布和实施，我国旅游业即将进入新的发展阶段。《中华人民共和国旅游法》在法理层面上把政府和旅游市场放在了彼此平等的法律主体地位。国家可以以《中华人民共和国旅游法》为基础，制定保证旅游业可持续发展的法律、法规，规范旅游市场经营行为，用法律手段来对旅游管理人员进行管制。

（三）完善旅游设施建设，保护生态平衡

旅游业是综合性行业，涉及面广，旅游活动所需的设施建设都离不开当地的政府支持，需要政府投入建设。然而，旅游业发展的同时给自然生态环境带来了一定程度的压力，造成生态环境失衡和社会环境的污染。政府作为旅游业与生态环境的中介，在旅游发展与保护生态平衡之间应找到一个平衡点，同时兼顾两者，在促进旅游业发展的同时，也达到保护生态环境的目的。

项目小结

1. 旅游行业管理的主体包括旅游行政组织和旅游行业组织。

2. 旅游行业管理的内容包括促进旅游产业规范化、提供行业服务、编制实施旅游规划、促进旅游业的国际交流、保护旅游资源、实现可持续发展。

3. 旅游标准化管理的操作模式包括"认证认可"模式、"合作伙伴"模式、"行业协会"模式和"主体联动，分类推进"模式四种。

4. 我国现有的旅游行业管理体制主要包括旅游市场的准入制度、旅游市场的监督控制机制和旅游市场服务系统。

5. 政府干预与调控手段分为两类：一是影响和控制需求，二是影响和调控旅游供给。调控需求方面包括旅游目的地的对外促销与宣传、控制游客进入量、影响价格和通过为到访游客提供信息服务行使需求管理。调控供给方面包括控制土地的用途、行使建筑物管制、行使市场管制、实行特别征税和实行投资鼓励政策。

思考与练习

1. 旅游行业管理的概念。

2. 旅游行业管理具有哪些特点？

3. 旅游行业管理的手段有哪些？

4. 旅游行业管理的发展过程中出现了哪些新趋势？

5. 政府干预和调控旅游业发展的动机有哪些？

6. 政府干预和调控旅游业发展的手段有哪些？

7. 思考政府干预和调控旅游业发展的必要性。

材料分析

文化和旅游信息化发展典型案例公布[①]

文化和旅游部科技教育司发布《2020 年度文化和旅游信息化发展典型案例名单》，58 个案例入选 2020 年度典型案例。

典型案例的遴选和推广旨在落实《国家信息化发展战略纲要》《"十三五"国家信息化规划》有关任务举措，促进科技成果向生产力转化，推动文化和旅游高质量发展。此次遴选出的典型案例主要是云计算、物联网、移动互联网、大数据、人工智能等相关信息技术在文化和旅游领域创新应用的案例。

2020 年度典型案例包括北京市文化和旅游局"以信用为基础的旅游行业新型监管平台"、天津图书馆"天津图书馆数字体验区"、河北旅游创新发展中心"河北省旅游云项目"、苏州市文化广电和旅游局"苏州旅游总入口"、浙江省文化和旅游信息中心"诗画浙江文化和旅游信息服务平台项目"、文化和旅游部信息中心"文化和旅游部综合监测与应急指挥平台"、中国艺术研究院（中国非物质文化遗产保护中心）"中国非物质文化遗产网·中国非物质文化遗产数字博物馆"、国家图书馆"公共数字文化工程'文旅 e 家'移动应用程序"、故宫博物院"'玩转故宫'小程序"、中国国家博物馆"中国国家博物馆预约服务系统"、中国旅游报社"文旅产业指数实验室"、文化和旅游部旅游质量监督管理所"12301 全国旅游投

---

① 文化和旅游信息化发展典型案例公布［EB/OL］.中华人民共和国文化和旅游部，2020 - 06 - 15.

诉举报平台"等。

问题：

1. 材料内容反映了旅游业发展的什么趋势？

2. 该趋势对旅游行业管理提出什么要求？

3. 政府作为旅游行业管理主体在这趋势下该如何应对？

■ 设计展示

导游协会之业务

导游协会是一个非营利性组织，旨在为导游提供专业支持和服务。导游协会的职责和作用非常广泛，包括维护导游权益、提高导游素质、促进导游行业发展等。通过资料收集查询、结合你对导游协会的理解，以济南导游协会为例，选定特定导游人群，设计一项具体业务或拟开展的活动，重点阐述导游协会的具体工作和愿景。

项目三　旅游政策法规

📊 学习目标

知识目标	★掌握旅游者权利与义务、旅游者权益保护体系。 ★熟悉我国旅行社的经营管理制度、导游人员从业管理制度、旅游安全事故及处理。 ★了解旅行社、导游人员、旅游安全、旅游消费者的相关法律法规
能力目标	★能够从旅游政策与法规角度，依法处理涉及旅行社、导游人员、旅游安全、旅游者权益等相关的事件。 ★明确旅游业从业人员应承担的法律责任，自觉履行义务，增强法律意识，切实保障游客的生命财产安全，促进旅游业健康有序高质量发展
素质目标	★认同并执行《中华人民共和国旅游法》等旅游政策法规，深入推进依法治旅、依法兴旅的理念，形成专业的法治意识和法治思维
价值目标	★依法维护自身和游客权益，提升旅游服务意识和职业精神，形成良好的职业精神和职业操守，进而确立正确的人生观、价值观

案例导入

自媒体平台经营旅行社业务①

2021 年 4 月 21 日，惠州市惠阳区文广旅体局在对网上旅游市场进行检查时，发现微信公众号"某某徒步运动会"发布组织游客前往××湾旅游的相关文章，经向许可部门查询，该公众号无登记从事旅行社经营业务的相关信息，此行为涉嫌未经许可从事旅行社业务。2021 年 4 月 25 日，惠阳区文广旅体局根据公众号发布活动的相关信息，联合公安局对旅游包车进行检查，活动组织者钟某某无法出示《旅行社业务经营许可证》，执法人员当场对当事人发出责令改正通知书。2021 年 4 月 26 日，惠阳区文广体局依法立案调查。经调查取证，当事人承认其未经许可经营旅行社业务。2021 年 5 月 18 日，惠阳区文广旅体局依法给予当事人如下行政处罚：(1) 没收违法所得壹仟叁佰贰拾元整（￥1320）；(2) 罚款人民币壹万元整（￥10000）。

项目设计

某高校外语系同学李某先后两次报名参与导游资格考试，均未合格。他急于从事导游工作，遂与某国际旅行社屡次联系，期望能被给予带团导游的实习机会。2021 年 7 月，正值旅游旺季，该国际旅行社导游缺乏，遂聘用李某充任导游人员，被旅游行政管理部门查出，以其未取得导游证，擅自进行导游活动给予了罚款惩罚。

根据以上材料，以 4～8 人为小组围绕任务问题进行讨论，小组完成讨论报告，课堂上进行分享讨论。主要任务如下：

1. 旅行社能否聘用李某从事导游工作？有何依据？

2. 李某对惩罚不服，认为自己并非擅自进行导游活动，而是受旅行社聘用从事导游工作的，旅游行政管理部门惩罚不当，遂向上一级旅游行政管理部门申请复议。问题：李某的看法是否成立？有何依据？

①　惠州市旅游市场未经许可经营旅行社业务行政处罚典型案例 [EB/OL]. 惠州市文化广电旅游体育局，2022－05－19.

3. 因网络的发达，出现众多网约导游、私人向导等，其中众多人没有考取导游资格证书，缺乏导游证。围绕"你如何看待黑导？"提出自己的观点。

任务一　旅游政策与法规概述

一、旅游政策与法规的概念

（一）旅游政策的概念

旅游政策是国家和最高旅游行政管理部门为实现一定时期内的旅游发展目标，根据旅游发展的现状水平和社会经济条件而制定的行动准则。它指导并服务于旅游业发展的全过程，同时也是衡量旅游事业取得成效的尺度。旅游政策包括宏观旅游政策和微观旅游政策。宏观旅游政策即发展方针，确立旅游产业发展目标及其在国民经济中的地位，对全局起指引方向和总揽大局的作用；微观旅游政策是针对具体的旅游事项和为旅游基本运作单位而制定的，起具体的指导作用。

（二）旅游法规的概念

旅游法规是指调整与规范旅游活动中产生各种社会关系的法律、法令、规章、条例、标准与条约的总称。旅游法规不是一个单一的法律文件，而是一系列的法律规范，它既包括国内规范，也包括国际规范，这一规范体系以旅游为主线统一起来。对于旅游法规的概念内涵，可分别从狭义和广义两个方面加以理解。

狭义上，旅游法规是指专门用于旅游部门的法律、法令、规章、条例、标准与条约，其中包括《中华人民共和国旅游法》（以下简称《旅游法》）、《旅行社条例》、《导游人员管理条例》、《旅行社投保旅行社责任保险规定》（以下简称《旅行社投保规定》）、《旅行社质量保证金赔偿暂行办法》（以下简称《质量保证金赔偿办法》）、《旅行社质量保证金赔偿试行标准》（以下简称《质保金赔偿标准》）与《中国公民出国旅游管理办法》等。这些法规不同于其他部门的法规制度，是专门规范旅游经营者、旅游者、旅游组织、旅游行政管理部门等旅游法律关系主体的行为准则。

广义上，旅游法规是指国家法律体系之中所有涉及旅游活动的相关法律、法令、规章、条例、标准与条约，其中包括《中华人民共和国宪法》（以下简称《宪法》）、《中华人民共和国民法典》（以下简称《民法典》）、《中华人民共和国消费者权益保护法》（以下简称《消费者权益保护法》）、《中华人民共和国保险法》（以下简称《保险法》）、《中华人民共和国出境入境管理法》（以下简称《出境入境管理法》等。

（三）旅游政策与旅游法规的关系

（1）旅游政策是制定旅游法规的依据，旅游政策指导旅游法规的实施。

（2）旅游法规并不包括全部旅游政策，只是一部分旅游政策的法律化。

（3）旅游政策比旅游法规更具有灵活性，能够及时准确地反映不同时期的国家旅游发展的客观要求。

二、我国旅游政策与法规的内容

（一）旅游政策的内容

一个国家的旅游政策体系包含诸多方面，它们之间密切联系、互为前提、互为条件。（1）旅游产业结构政策。其明确规定了旅游业在国民经济中的重要地位，以及与其他产业的关系。（2）旅游产业地区政策。根据地区旅游资源、区位条件、客源市场、经济基础等各种条件，确定地区旅游业在经济中的地位，以及在国家旅游业中的地位，从而促进各地因地制宜地发展旅游业，合理进行产业布局。（3）旅游资源开发政策。旅游资源是旅游业发展的基础，合理制定旅游资源开发政策，以此指导对旅游资源的调查、评价、开发与保护，促进旅游业的可持续发展。（4）旅游市场开发政策。旅游市场的扩大促进旅游业的发展，旅游市场开发政策是不可缺少的内容。（5）旅游服务政策。旅游服务是旅游业的核心产品，旅游服务质量是旅游发展的精髓。将服务范围、服务标准以政策形式确定下来，以指导旅游业经营者提高服务质量，提高游客满意度。（6）旅游技术政策。旅游技术政策指导和促进旅游业利用现代科学技术，运用新兴技术工具，增加科技含量，增强竞争力，推动旅游业的快速发展。（7）旅游实施保障政策。实施保障政策是综合性的政策体系，它不仅要求其政策内部的一致性，还要求与各个方面相协调。（8）旅游体制保障政策。其指导和保障旅游管理体制顺畅运作，在上下垂直管理、左右横向联络方面能很好地衔接，使政策能上传下达，顺利贯彻实施。

（二）我国现行的主要旅游法规

1978～1989 年是我国旅游法治建设的起步阶段，具有标志性的立法是 1985 年国务院发布的《旅行社管理暂行条例》，这是我国第一个规范旅游业的单行法规。1990～1998 年为我国旅游法治建设的发展阶段，1990 年国家旅游局（现文化和旅游部）初步完成了《旅游法》及其实施细则送审的起草工作，标志着我国旅游法治建设迈出了重要的一步。1990 年以来是我国旅游法治建设的完善阶段。2013 年 4 月 25 日，第十二届全国人民代表大会常务委员会第三次会议通过了《旅游法》，作为规范旅游行业的基本法，依据《宪法》而定，统领旅游行业的法律建设，以实现旅游法治建设战略目标。我国现已出台的旅游法规主要有《旅游法》《旅行社条例》《旅行社投保旅行社责任保险规定》《导游人员管理条例》《旅馆业治安管理办法》《风景名胜区管理条例》《旅游投诉处理办法》《中国公民出国旅游管理办法》，以及旅游安全管理规章制度中的《旅游安全管理办法》和《特别重大事故调查程序暂行规定》。

■ 知识活页

旅游安全法律秩序建设

法律秩序承载着权利确认、冲突调和、需求满足、利益保障、秩序维护，以及实现公民幸福与社会和谐的功能与作用。体系化是我国旅游安全法律秩序的发展趋势，构建完备科学的法律规则体系、运行有效的实施体系和穿透式监管体系，有利于克服现行旅游安全法律秩序中存在的"模式维持"冲突和"目标追求"颤抖性制度缺陷。

1. 确立三维度旅游安全法律规则体系

从主体与法律效力来源介入，将法律规则的内生因素，如道德、伦理、利益等立法精神与上位法律的授权委任相结合，建构旅游者利益保护、旅游经营者行为规范和目的地旅游业发展中旅游安全法律秩序的等级性动态有机系统。从私法语境下安全法律秩序规则内容构成介入，运用法律和合同双重配置当事人旅游安全权利和义务的结构。将涉及旅游者安全的特殊要素，如参与高风险旅游项目游客的年龄及身体状况要求、安全注意义务、风险责任与旅游保险，以及情势变更原则与规则等作为旅游合同的必备条款，经由法律确认其"书面形式"效力，并与侵权行为规则相衔接。通过对个案解决中形成的司法解释，为旅游安全特殊侵权行为"过错推定"归责原则的确立提供合理的规则依据，最终确定旅游经营者"负担第一顺位责任"，为文化和旅游领域旅游安全治理体系和治理能力现代化构筑牢固的法律秩序基础。

2. 厘清行政监管与司法规制的关系，构建穿透式旅游安全法律监管体系

从法治旅游的战略要求出发，将全面质量管理理念运用于以游客满意度为导向、全面提升旅游服务质量的旅游安全管控中。清晰界定行政监管与司法规制的边界，将现行以"政策为核心"的旅游安全风险阻断机制向以"法律为核心"的旅游安全实施体系与治理体系转变，构建旅游安全运行的"产品质量－行业准入－行为规制－标准控制－安全信用评估－损害补救与赔偿"法律机制，以及分业监管与属地监管相结合的穿透式行业法律监管体系，充分发挥司法规制、司法优位在旅游者利益保护中的效用，提高旅游安全行政监管效率。

3. 健全旅游安全权利救济体系

从旅游者利益诉求出发，建立旅游安全权利救济实体规则体系、机构组成体系和正当性程序体系。赋能旅游者对因旅游经营者方面的同一原因造成其人身损害、财产损失，"请求旅游经营者承担违约责任或侵权责任"的选择权，并通过援引旅游法律秩序规则中的安全权作为其主张安全利益保护的法律依据，从法德上自行解决或者通过法律、类法律方式获得一定的救济补偿或者赔偿。当然，旅游者为获得正当利益对救济权的行使，必须在司法行政救济方式和裁判的正当性程序以及调查、证据等规则运用中，如此才能产生公众信赖的、具有公正性和权威性的裁决结果，从而促进旅游者的选择及其旅游安全权的根本实现。

三、旅游政策法规建设对旅游业的作用
（一）明确旅游各主体的权利和义务，保护其合法权益

旅游行业是多部门合作、多行业协同、多产品组合的产业，旅游行

业对各部门产业经济的拉动作用是主要的，利益是共同的，成效是明显的。其矛盾是发展过程中的矛盾，解决此矛盾必须通过也只有通过旅游立法来加以规制调整，来明确旅游者、旅游经营者、旅游管理者之间的权利义务关系。旅游法规明确规定了各主体的权利和义务，对旅游活动中的各种社会关系起到了恰当合理的调整作用，维护了旅游行业发展的正常秩序。

（二）规范和引导旅游活动行为

调整因旅游产生的各种社会关系，以立法手段调整旅游社会关系就是规定旅游活动和旅游业务各主体的权利和义务，引导旅游活动和旅游业务各主体在法律允许的范围内行事。国家对合法、有效的行为不加干预，而对违法行为则必须干预甚至予以制裁，以达到调整社会关系的目的。旅游法律法规对人们在旅游活动行为中的行为模式、态度与观念起规范作用，这种直接的影响使人乃至社会群体的行为改变，从而推动旅游产业的发展；间接影响上表现得更为明显，通过在政府机关内设立旅游行政管理部门，扩大法律法规在旅游行业的影响，旅游行政管理部门的管理工作有利于旅游行业的法律环境形成，加快旅游行业的发展。

（三）对旅游行业进行宏观调控

在旅游行业的发展方面，制定旅游法律法规，确定旅游行业发展的基本原则、基本方针和产业政策，对旅游行业进行有效的宏观调控，把旅游行业纳入整个社会和经济发展之中，使旅游行业的发展能够起到促进社会和经济发展的作用。旅游法规对旅游行业进行了宏观调控，旅游行业的调控是指为实现旅游行业供需总量的平衡，保持旅游行业持续、稳定、协调发展，而对旅游市场进行的调节和控制。法治是加强旅游行业宏观调控的根本所在，通过出台一系列与旅游管理配套的政策、法律法规、措施，形成强有力的行政管理部门宏观调控机构，坚持发挥市场机制作用、健全宏观调控的原则，发挥行业管理的效力，真正改变部门各自为政的传统习惯。改变大量存在的局部利益和地方保护主义问题，使人们从与旅游相关的基本法、国家级旅游立法、地方性旅游立法等方面，了解并推进我国的旅游法治建设，使旅游行业的发展有法可依，这样才能保证我国旅游行业的良性发展。

（四）为旅游行业的发展提供法律保障，创设良好的法律环境

旅游法规对各主体的权利、义务、责任和行为规范进行明确规定，对旅游活动中的各种社会关系起到了恰当而合理的调整作用，进而维护旅游行业发展的正常秩序，为旅游行业的发展奠定法律基础，使各主体在法律允许的范围内从事自己的活动，各享其权、各尽其责、各得其利，从而保证旅游活动的有序进行，为旅游的发展创设一个良好的法律环境。此外，旅游法规规范人民的行为，能够把人民的行为引导到有利于旅游行业发展的秩序中去，为旅游行业提供可预见的保障措施，也为旅游行业的发展提供法律保障。

课堂小测验

1. 阐述《"十四五"文化和旅游发展规划》的核心内容。
2. 举例说明影响旅游业发展的其他旅游政策。

任务二　旅行社法规

一、旅行社的设立、审批与变更

（一）旅行社的设立条件

根据《旅游法》第二十八条规定的设立旅行社，招徕、组织、接待旅游者，为其提供旅游服务，应当具备的条件，以及《旅行社条例》中对旅行社设立条件的规定，将旅行社设立条件作以下总结。

（1）有固定的经营场所；

（2）有必要的营业设施；

（3）有符合规定的注册资本；

（4）有必要的经营管理人员和导游；

（5）法律、行政法规规定的其他条件。

（二）旅行社的审批与申请程序

1. 旅行社的审批

依照《旅行社条例实施细则》的规定，申请人应递交的文件有：设立

申请书，法定代表人履历表及身份证明，企业章程，经营场所的证明，营业设施、设备的证明或者说明，工商行政管理部门出具的《企业法人营业执照》。

2. 旅行社的申请程序

依照《旅行社条例》的规定，申请设立旅行社，经营国内旅游业务和入境旅游业务的，应当向所在地的省（自治区、直辖市）旅游行政管理部门或者委托的社区所在的市级旅游行政管理部门提出申请，并提交符合规定的相关证明文件。受理申请的旅游行政管理部门应当自受理之日起20个工作日内作出许可或者不予许可的决定。

（三）旅行社分支机构的设立

旅行社根据业务经营和发展的需求，可以设立不具有法人资格的旅行社分社和旅行社服务网点，以设立分社、服务网点的旅行社的名义从事规定的经营活动，其经营活动的责任和后果由设立社承担。旅行社应当加强对分社和服务网点的管理，实行统一的人事、财务、招徕、接待制度规范。

（四）旅行社的变更、终止

变更旅行社名称、经营场所、出资人、法定代表人等登记事项的，应当到工商行政管理部门办理变更登记后，持已变更的《企业法人营业执照》向原许可的旅游行政管理部门备案。

终止旅行社经营的，应当到工商行政管理部门办理注销手续后持注销文件，向原许可的旅游行政管理部门备案。外商投资旅行社的，适用《旅行社管理条例》第3章的规定。未经批准旅行社不得引进外商投资。

二、我国旅行社的经营管理制度

旅行社业务经营许可证制度、旅行社质量保证金制度和旅行社业务年检制度是我国旅行社行业管理的三大制度。其中许可证制度是最先设立的，也是保证金、年检制度得以建立和整个旅行社行业管理的基础。

（一）旅行社业务经营许可证制度

旅行社业务经营许可证是由国家旅游局（现文化和旅游部）统一印制的，由具有审批权的旅游行政管理部门颁发的、经营旅游业务的法定资格证明文件。许可证分为《国内及入境旅游业务经营许可证》和《出境旅游业务经营许可证》两种。未取得旅行社业务经营许可证的，不得从事旅游业务的经营活动。

旅行社业务经营许可证及副本由国务院旅游行政主管部门制定统一样式，国务院旅游行政主管部门和省级旅游行政管理部门分别印制。旅行社业务经营许可证及副本损毁或者遗失的，旅行社应当向原许可的旅游行政管理部门申请换发或者补发。申请补发旅行社业务经营许可证及副本的，旅行社应当通过本省、自治区、直辖市范围内公开发行的报刊，或者省级以上旅游行政管理部门网站，刊登损毁或者遗失作废声明。

旅行社业务经营许可证的有效期为 3 年。旅行社应当在许可证到期前的 3 个月内，持许可证到原颁证机关换发。许可证损坏或遗失，旅行社应当到原领证机关申请换发或补发。旅游行政管理部门应当向经审查批准申请开办旅行社的申请人颁发许可证。申请人应当在收到许可证的 60 个工作日内，带批准设立文件和许可证到工商行政管理部门领取营业执照。

（二）旅行社质量保证金制度

旅行社质量保证金是指由旅行社缴纳，旅游行政管理部门管理、用于保障旅游者权益的专用款项。旅行社应当自取得旅行社业务经营许可证之日起 3 个工作日内，在国务院旅游行政管理部门指定的银行开设专门的质量保证金账户，存入质量保证金，或者向作出许可的旅游行政管理部门提交依法取得的担保额度不低于相应质量保证金数额的银行担保。

旅游行政管理部门可以使用旅行社质量保证金的情形有以下几种：旅行社违反旅游合同约定，侵害旅游者合法权益，经旅游行政管理部门查证属实的；旅行社因解散、破产或者其他原因造成旅游者预交旅游费用损失的；人民法院判决、裁定及其他生效法律文书认定旅行社损害旅游者合法权益，旅行社拒绝或者无力赔偿的，人民法院可以从旅行社的质量保证金账户上划拨赔偿款。

旅游行政管理部门对质量保证金实行"统一制度、统一标准、分级管理"的原则。国家旅游行政管理机关统一制定保证金的制度、标准和具体办法；各级旅游行政管理机关在规定的权限内，依据有关法规、规章和程序，作出支付保证金金额的决定。

（三）旅行社公告制度

旅行社公告制度是指旅游行政管理部门对其审批设立的旅行社通过报刊等媒体或其他形式向社会公开发布告知的制度。2011 年 1 月 1 日国家旅游局（现文化和旅游部）根据《旅行社条例》及其实施细则，发布了《旅行社公告暂行规定》，明确了公告的事项、不同公告发布的权限、时限等。

旅行社公告事项（内容）共有 12 项，分别是：

（1）旅行社业务经营许可证的颁发、变更、注销、吊销；

（2）许可或暂停、停止旅行社经营出境、边境旅游业务；

（3）旅行社经营或暂停、停止经营赴台旅游业务；

（4）旅行社分社、服务网点设立与撤销备案；

（5）旅行社委托代理招徕旅游者业务备案；

（6）旅行社的违法经营行为；

（7）旅行社的诚信记录；

（8）旅游者对旅行社投诉信息；

（9）旅行社质量保证金交存、增存、补存、降低交存比例和被执行赔偿等情况；

（10）旅行社统计调查情况；

（11）全国和地区旅行社经营发展情况；

（12）旅游行政管理部门认为需要公开发布的其他有关旅行社的事项和情况信息。

课堂小测验

讨论旅行社公告制度对旅行社和旅游消费者的意义。

三、旅行社的监督审查

（一）相关行政部门对旅行社的监督检查

《旅行社条例》第四十一条规定："旅游、工商、价格、商务、外汇等有关部门应当依法加强对旅行社的监督管理，发现违法行为，应当及时予以处理。"工商、价格、商务、外汇等部门，应当遵守《旅行社条例》之外的相关法律，在职权范围内，对本条例已涉及或未涉及的旅行社行为进行监督管理并查处违法行为。

（二）行政管理部门监督管理公告制度

旅游、工商、价格等行政管理部门应当及时向社会公告监督检查的情况。公告的内容包括旅行社业务经营许可证的颁发、变更、吊销、注销情况，旅行社的违法经营行为，以及旅行社的诚信记录、旅游者投诉信息等。

四、旅行社的法律责任

依据《旅游法》《旅行社条例》及《旅行社条例实施细则》，对旅行社违法行为实施行政处罚的执法主体主要是旅游行政管理部门、工商行政管理部门和价格主管部门，以上三个执法主体对旅行社违法行为实施处罚的依据分别是各相关法律和行政法规。违反《旅游法》《旅行社条例》及《旅行社条例实施细则》的违法行为中损害旅游者合法权益的，应当承担相应的民事责任；构成犯罪的，依法追究刑事责任。

■ 知识活页

旅行社不正当竞争手段

不正当竞争，一般是指经营者采取违反诚实信用原则和公认的商业道德的手段，损害其他经营者和消费者的利益，扰乱市场经济秩序的行为。在旅行社业务中的不正当手段包括以下内容：

（1）假冒其他旅行社的注册商标、品牌和质量认证标志；

（2）擅自使用其他旅行社名称；

（3）串通制定垄断价格；

（4）低于成本价竞销；

（5）委托非旅行社单位或任何个人代理或变相代理旅游业务；

（6）散布虚假信息，损害其他旅行社的企业形象和商业信誉；

（7）散布虚假信息，招徕旅游者；

（8）其他被国家旅游行政管理部门认定的行为。

任务三　导游人员法规

一、导游人员从业管理制度

（一）导游人员资格证书制度

导游人员资格是一个导游人员从事导游工作生涯的起点，是从事导游职业的人首先需要解决的问题，只有取得导游人员资格的人，才能申请导游证，并以导游人员的身份进行导游活动。

1. 报考导游人员资格证书的条件

（1）必须是中华人民共和国公民；

（2）必须具有高中、中专或者以上学历；

（3）必须身体健康；

（4）必须具备导游需要的基本知识和语言表达能力。

2. 导游人员资格证的管理

国家实行统一的导游人员资格考试制度。其包括两层含义：一是国家对导游职业的重视，对导游职业实行资格准入；二是采取全国统一考试的方式。根据《导游人员管理条例》规定，除景区景点导游外，将其余的各种资格考试并轨，均实行全国统一考试。全国统一考试的具体内容包括"五个统一"：统一组织、统一试题、统一评判标准、统一公布结果、统一颁发资格证书。

国家旅游局（现文化和旅游部）负责导游人员资格考试政策、标准的制定和对各地考试的监督管理。

各省级、副省级、计划单列市旅游行政主管部门负责组织、实施本区域的导游人员资格考试工作。

3. 导游人员资格证书的发放

国家旅游局（现文化和旅游部）委托省级旅游局颁发导游人员资格证书。权力在国家旅游局（现文化和旅游部），省级旅游局是受委托开展工作。

（二）导游人员等级考核制度

1. 导游人员的等级划分

导游人员按照语种不同可以分为外语导游和中文导游两个系列，按照导游证的等级高低可以分为四个等级，即初级导游、中级导游、高级导游、特级导游。

2. 导游人员的等级考核办法

导游人员申报等级时，由低到高，逐级递升，经考核评定合格者，颁发相应的导游人员等级证书。导游人员等级考核评定工作按照"申请、受理、考核评定、告知、发证"的程序进行。

■ 知识活页

导游人员分类

由于工作范围、业务内容的不同，导游人员的服务对象和使用的语言各有差异，导游人员的业务性质和服务方式也不尽相同，即使是同一位导游人员，由于从事的业务性质不同，所扮演的社会角色也随之转变。主要有以下分类。

1. 按语种分类

（1）中文导游人员：一般为国内旅游者，回大陆探亲的中国香港、澳门、台湾同胞和回国的外籍华人旅游者提供相应语言服务的导游人员。

（2）外语导游人员：主要是为外国旅游者提供导游服务的人员。

2. 按工作区域分类

（1）地方陪同导游员（简称地陪）：地陪是指受接待旅行社委派，代表接待社实施接待计划，为旅游团（者）提供当地旅游活动安排、讲解、翻译等服务的导游人员。

（2）全程陪同导游员（简称全陪）：全陪是指受组团旅行社委派，作为组团社的代表，为旅游团（者）提供全旅程服务的导游人员。

（3）定点导游员（也称讲解员）：讲解员是指在重要景点或参观场所一定范围内对旅游者进行导游讲解的人员。

（4）国际导游员（一般称为领队）：领队是受派出方旅行社委派，负责陪同国际旅游团的全程旅游活动并协调与接待方旅行社关系的旅游工作人员。

3. 按等级分类

（1）初级导游人员：初级导游人员是指获得导游证资格证书 1 年后，

通过技能、业绩和资历三个方面考核合格，自动升级为初级导游人员。

（2）中级导游人员：中级导游人员是指获得初级导游人员资格 2 年以上，业绩明显，经考核合格晋升为中级导游人员，他们是目前我国旅行社的业务骨干。

（3）高级导游人员：高级导游人员是指取得中级导游人员资格 4 年以上，业绩突出，水平较高者，并在国内外同行中有一定影响，经考核合格晋升为高级导游人员。

（4）特级导游人员：获得高级导游人员资格 5 年以上，业绩优异，有突出贡献，有高水平的科研成果，在国内外同行中有较大影响，经评审考核合格者晋升为特级导游人员。

4. 按持有证书分类

（1）正式导游人员：正式导游人员是经过导游人员资格考试并合格，取得导游人员资格证书者。《导游人员管理条例》第八条规定，导游证的有效期限为 3 年。此外，正式导游证有效期限届满后可以申请办理换发导游证。

（2）临时导游人员：临时导游人员是指具有特定语种、语言能力的人员，虽然未取得导游人员资格证书，但是因旅行社需要聘请其临时从事导游活动的人员。由旅行社向省、自治区、直辖市人民政府行政部门申请领取导游证。临时导游证的有效期限最长不超过 3 个月，即可以是数天、1个月或者 2 个月，但是不得超过 3 个月。

思政元素

新时代新征程新伟业｜金牌导游做主播，
用心讲好"魅力烟台"故事

姜德利作为烟台的金牌导游，不仅业务能力精湛，而且坚持公益活动，"畅游仙境公益行"活动举办了 13 期，展示了烟台丰富的文旅资源和深厚的历史底蕴，体现了高尚的个人品德和爱岗敬业、无私奉献的职业品格，培养学生对旅游业的职业认同感、职业责任感和职业素养，树立"文旅创造美好生活" 的职业理想和个人担当。

二、导游人员法律责任

（1）无导游证进行导游活动的，由旅游行政部门责令改正并予以公告，处 1000 元以上 3 万元以下的罚款；有违法所得的，并处没收违法所得。

（2）导游人员未经旅行社委派，私自承揽或者以其他任何方式直接承揽导游业务，进行导游活动的，由旅游行政部门责令改正，处 1000 元以上 3 万元以下的罚款；有违法所得的，并处没收违法所得；情节严重的，由省、自治区、直辖市人民政府旅游行政部门吊销导游证并予以公告。

（3）导游人员进行导游活动时，有损害国家利益和民族尊严的言行的，由旅游行政部门责令改正；情节严重的，由省、自治区、直辖市人民政府旅游行政部门吊销导游证并予以公告；对该导游人员所在的旅行社给予警告直至责令停业整顿。

（4）导游人员进行导游活动时未佩戴导游证的，由旅游行政部门责令改正；拒不改正的，处 500 元以下的罚款。

（5）导游人员有下列情形之一的，由旅游行政部门责令改正，暂扣导游证 3 ~ 6 个月；情节严重的，由省、自治区、直辖市人民政府旅游行政部门吊销导游证并予以公告：（1）擅自增加或减少旅游项目的；（2）擅自变更接待计划的；（3）擅自终止导游活动的。

（6）导游人员进行导游活动时，向旅游者销售物品或者购买旅游者的物品的，或者以明示或暗示方式向旅游者索要小费的，由旅游行政部门责令更改，处 1000 元以上 3 万元以下的罚款；有违法所得的，并处没收违法所得；情节严重的，由省、自治区、直辖市人民政府旅游行政部门吊销导游证并予以公告；对委派该导游人员的旅行社给予警告直至责令停业整顿。

▦ 小组讨论

问题：分析导游自由执业的利与弊。

国家旅游局关于开展导游自由执业试点工作的通知[①]

吉林、上海、江苏、浙江、湖南、广东、广西、海南、四川省（自治区、直辖市）旅游发展委员会、旅游局：为贯彻 2016 年全国旅游工作会议精神，落实《国务院关于促进旅游业改革发展的若干意见》《国务院办公厅关于进一步促进旅游投资和消费的若干意见》要求，全面推进导游体制改革，拓宽导游执业渠道，推动旅游服务"供给侧改革"，适应人民群众不断发展的旅游需求，营造公平有序的旅游市场环境，国家旅游局决定于 2016 年 5 月正式启动在江浙沪三省市、广东省的线上导游自由执业试点工作，在吉林长白山、湖南长沙和张家界、广西桂林、海南三亚、四川成都的线上线下导游自由执业试点工作。现将《导游自由执业试点实施方案》《导游自由执业试点管理办法（试行）》印发给你们，请按照相关要求积极开展导游自由执业试点工作。在实施过程中发现问题，请及时反馈至国家旅游局。

国家旅游局
2016 年 5 月 5 日

任务四　旅游安全法规

一、旅游安全法规概述

旅游安全是指旅游活动可以容忍的风险程度，是对旅游活动处于平衡、稳定、正常状态的一种统称。旅游安全是旅游业的生命线，是旅游业可持续发展的核心要素。我国一直以来都非常重视旅游安全工作。

1990 年 2 月，国务院旅游主管部门发布了《旅游安全管理暂行办法》，

---

① 国家旅游局关于开展导游自由执业试点工作的通知 ［EB/OL］. 上海市旅游行业协会，2016 – 05 – 23.

1993 年又相继发布了《重大旅游安全事故报告制度试行办法》和《重大旅游安全事故处理程序试行办法》，1994 年发布了《旅游安全管理暂行办法实施细则》等一系列配套或相关规范性文件，初步形成了旅游安全管理的基本制度。随着旅游业发展和国内外安全形势动态变化，调整并出台新的旅游安全管理制度。2013 年，国务院旅游主管部门发布了《中华人民共和国旅游法》（以下简称《旅游法》），《旅游法》共包含 10 章内容，专门设置了"旅游安全"一章。2016 年 9 月，国务院旅游主管部门公布了《旅游安全管理办法》，并于 2016 年 12 月 1 日起正式实施。《旅游安全管理办法》共包含 6 章内容，基本覆盖了旅游安全管理的各项工作，分别是总则、经营安全、风险提示、安全管理、罚则与附则。我国旅游安全管理制度正逐渐走向系统化、全面化。

课堂小测验

1. 查找资料，并举例说明 1～2 项已经发生的旅游安全事故。
2. 分析旅游安全法规建设的重要性。

二、旅游安全事故及处理

依照《中华人民共和国安全生产法》《生产安全事故报告和调查处理条例》《旅游安全管理办法》《旅游安全管理办法实施细则》的规定，旅游安全事故发生单位在事故发生后应当按照以下程序处理。

（一）事故报告

旅游事故发生后，现场有关人员应立即向本单位和当地旅游行政管理部门报告。事故发生后，事故现场有关人员应当立即向本单位负责人报告；单位负责人接到报告后，应当于 1 小时内向事故发生地县级以上人民政府安全生产监督管理部门和负有安全生产监督管理责任的有关部门报告。

（二）保护现场和实施救援

旅游事故发生后，事故现场人员及有关单位应严格保护现场，并协同有关部门抢救。地方旅游行政管理部门和有关旅游经营单位及人员要积极配合公安、交通、救援部门，组织对旅游者进行紧急救援，并采取有效措施，妥善处理善后事宜。任何单位和个人都应当支持配合事故抢救，并提供一切便利条件。

（三）事故调查

事故调查应按照实事求是、尊重科学的原则，及时、准确地查明原因并总结教训，提出整改措施。特别重大事故由国务院或国务院授权有关部门组织事故调查组进行调查。重大事故、较大事故、一般事故分别由事故发生地省级人民政府、市级人民政府、县级人民政府负责调查。省级人民政府、市级人民政府、县级人民政府可以直接组织事故调查组进行调查，也可以授权或者委托有关部门组织事故调查组进行调查。

（四）事故处理

有关机关应当按照人民政府的批复，以及法律法规规定的权限和程序，对事故发生单位及有关人员进行处罚，对负有事故责任的国家工作人员进行处分，对本单位负有事故责任的人员进行处分。负有责任的人员如果涉嫌犯罪，应对其追究刑事责任。

▌知识活页

旅游交通事故预防及处理

《旅游安全管理暂行办法实施细则》中规定：凡涉及游客人身、财产安全的事故均为旅游安全事故。旅行社接待过程中可能发生的旅游安全事故，主要包括交通事故、治安事故、火灾事故、食物中毒等。交通事故预防与处理如下：

1. 交通事故的预防

（1）司机开车时，导游人员不要与司机聊天，以免分散其注意力。

（2）安排游览日程时，在时间上要留有余地，避免造成司机为抢时间、赶日程而违章超速行驶。不催促司机开快车。

（3）如遇天气不好（下雪、下雨、下雾）、交通堵塞、路况不好，尤其是狭窄道路、山区行车时，导游人员要主动提醒司机注意安全，谨慎驾驶。

（4）如果天气恶劣，地陪对日程安排可适当灵活调整；如遇有道路不安全的情况，可以改变行程；必须把安全放在第一位。

（5）阻止非本车司机开车。提醒司机在工作期间不要饮酒。如遇司机酒后开车，决不能迁就，地陪要立即阻止，并向领导汇报，请求改派其他车辆或换司机。提醒司机经常检查车辆，发现事故的隐患，及时提出更换车辆的建议。

2. 交通事故的处理

（1）立即组织抢救。导游人员应立即组织现场人员迅速抢救受伤的游客，特别是抢救重伤员，并尽快让游客离开事故车辆。立即打电话叫救护车（医疗急救中心电话：120）或拦车将重伤员送往距出事地点最近的医院抢救。

（2）立即报案，保护好现场。事故发生后，不要在忙乱中破坏现场，要设法保护现场，并尽快通知交通、公安部门（交通事故报警台电话：122），争取尽快派人来现场调查处理。

（3）迅速向接待社报告。地陪应迅速向接待社领导和有关人员报告，讲清交通事故的发生和游客伤亡情况，请求派人前来帮助和指挥事故的处理，并要求派车把未伤和轻伤的游客接走送至饭店或继续旅游活动。

（4）做好安抚工作。事故发生后，交通事故的善后工作将由交运公司和旅行社的领导出面处理。导游人员在积极抢救、安置伤员的同时，做好其他游客的安抚工作，力争按计划继续进行参观游览活动。待事故原因查清后，请旅行社领导出面向全体游客说明事故原因和处理结果。

（5）请医院开出诊断和医疗证明书，并请公安局开具交通事故证明书，以便向保险公司索赔。

（6）写出书面报告。交通事故处理结束后，需有关部门出具有关事故证明、调查结果，导游人员要立即写出书面报告。内容包括：事故的原因和经过；抢救经过和治疗情况；人员伤亡情况和诊断结果；事故责任及对责任者的处理结果；受伤者及其他旅行者对处理的反映等。书面报告力求详细、准确清楚、实事求是。

任务五　旅游者合法权益保护法

一、《消费者权益保护法》

旅游者是旅游活动的主体。旅游消费者是在旅游活动领域进行生活消费的消费者，具有消费者的一般特征。旅游者是自然人，其消费性质属于生活性消费，因此《消费者权益保护法》同样适用于旅游消费者。

《消费者权益保护法》规定了消费者享有九项权利，适用于旅游消费者。主要如下：

（1）安全保障权；

（2）知情权；

（3）自主选择权；

（4）公平交易权；

（5）索赔权；

（6）结社权；

（7）获取知识权；

（8）受尊重权；

（9）监督权。

二、《旅游法》对旅游者权利的规定

（一）旅游者的基本权利

（1）自主选择权：旅游者有自主选择旅游产品和服务的权利。

（2）拒绝强制交易权：旅游者有拒绝旅游经营者强制交易的权利。

（3）知情权：旅游者有知悉其向旅游经营者购买的旅游产品和服务真实情况的权利。

（4）要求旅游经营者履行约定权：旅游者有要求旅游经营者按照约定提供旅游产品和服务的权利。

（5）维护尊严权：旅游者有要求其人格尊严、民族风俗习惯和宗教信仰得到旅游经营者尊重的权利。

（6）请求救助和保护权：旅游者在人身、财产遇到危险时，有请求救助和保护的权利。

（7）依法获得赔偿权：旅游者人身、财产受到侵害的，有依法获得赔偿的权利。

（二）旅游者中特殊群体的权利

（1）旅游者中残疾人、老年人、未成年人这些特殊群体有依照法律、法规和有关规定享受便利的权利。

（2）旅游者中残疾人、老年人、未成年人这些特殊群体有依照法律、法规和有关规定享受优惠的权利。

三、《旅游法》对旅游者义务的规定

旅游者的义务，是指旅游者根据旅游法规的规定，在旅游活动中必须做出某种行为或者不做出某种行为的责任。旅游者在法律上既是权利的主体，又是义务的主体。旅游者既享有权利，又必须履行义务。权利的实现要求义务的履行，义务的履行要求权利的实现。《旅游法》对旅游者义务的规定包括：

（1）遵守社会公共秩序和社会公德的义务。

（2）尊重当地的风俗习惯、文化传统和宗教信仰的义务。

（3）爱护旅游资源的义务。

（4）保护生态环境的义务。

（5）遵守旅游文明行为规范的义务。

（6）旅游者在旅游活动中或者在发生纠纷、解决纠纷的过程中，对当地居民的合法权益不得损害、对他人的旅游活动不得干扰、对旅游经营者和旅游从业人员的合法权益不得损害等义务。

（7）旅游者向旅游经营者如实告知与旅游活动相关的个人健康信息的义务。

（8）为了保证旅游者在旅游活动中的安全，《旅游法》要求旅游者履行遵守旅游活动中安全警示规定的义务。

（9）旅游者应当履行配合的义务。如有关部门、机构或者旅游经营者为应对重大突发事件而采取的安全防范和应急处置措施，旅游者具有履行配合的义务。

四、旅游者权益保护体系

(一) 国家对旅游者合法权益的保护

在旅游消费过程中，旅游者客观上处于弱势地位。我国对旅游者的合法权益给予特别的保护，主要通过立法机关、行政机关、司法机关的相应法律措施来实现。

1. 立法保护

完善的法律、法规、政策体系是国家保护消费者合法权益的基础和依据。国家制定有关消费者权益的法律、法规、规章和强制性标准，应当听取消费者和消费者协会等组织的意见。现有的保护旅游消费者权益相关的法律法规主要有《民法通则》《中华人民共和国消费者权益保护法》《中华人民共和国合同法》《中华人民共和国反不正当竞争法》《中华人民共和国旅游法》《中国公民出国旅游管理办法》《旅行社条例》及其细则和《旅行社服务质量赔偿标准》等。

2. 行政保护

强有力的行政监督是保护消费者权益的重要环节。在确保消费者权利实现和经营者义务履行方面，国家行政机关担负着法定的重要职责。

各级人民政府工商行政管理部门和其他有关行政部门应当依照法律、法规的规定，在各自的职责范围内，采取措施，保护消费者的合法权益。有关行政部门应当听取消费者和消费者协会等组织对经营者交易行为、商品和服务质量问题的意见，及时调查处理。

3. 司法保护

有关国家机关应依照法律、法规的规定，惩处经营者侵害消费者合法权益的违法犯罪行为。人民法院应当采取措施，方便消费者提起诉讼。对符合起诉条件的消费者权益争议，必须受理，及时审理。旅游消费者对于损害其合法权益的经营者，可以向人民法院提起诉讼，要求人民法院判决经营者承担民事责任。如果经营者侵权行为情节严重，构成犯罪的，人民检察院可以对经营者提起公诉，人民法院应积极受理，依法及时作出判决。

(二) 消费者组织对旅游消费者合法权益的保护

保护消费者合法权益也是全社会的共同责任，国家支持一切组织和个人进行社会监督。广播、电视、报纸等大众媒介应做好宣传，对损害消费者合法权益的行为进行舆论监督。

消费者组织主要指中国消费者协会和地方各级消费者协会。消费者协会和其他消费者组织是依法成立的对商品和服务进行社会监督的保护消费者合法权益的社会组织。

五、旅游者权益争议的解决途径

旅游消费者权益争议是指消费者与经营者在交易的过程中，双方在权利与义务上发生的纠纷。消费者和经营者发生消费者权益争议的，可以通过下列途径解决。

（1）与经营者协商和解。这是解决争议最简便、成本最低的途径。在发生争议时，人们的第一念头往往是找经营者，经双方协商、和解。但并不是所有纠纷都可以和解解决，需要谋求其他解决途径。

（2）请求消费者协会或者依法成立的其他调解组织调解。消费者协会受理消费者的投诉，在进行充分调查后可以进行调解。消费者协会的调解应在双方自愿的基础上，以事实为依据，坚持合法、合理、公正的原则。调解不具有法律约束力，由当事人自愿履行。

（3）向有关行政部门投诉。旅游消费者可以向旅游行政管理机关、工商行政管理机关、技术质量监督管理机关和其他有关行政机关投诉。行政部门对于消费者投诉应及时处理。

（4）根据与经营者达成的仲裁协议提请仲裁机构仲裁。只有在消费者与经营者事先或事后达成仲裁协议的前提下才能提请仲裁机构仲裁。对于仲裁结果，当事人应自觉执行，不得起诉。如果经营者不履行仲裁裁决，旅游消费者有权向有管辖权的法院申请执行。

（5）向人民法院提起诉讼。凡当事人之间没有仲裁条款或仲裁协议的消费纠纷，无论是否经过协商、调解、投诉，消费者都可以直接向人民法院起诉。

项目小结

1. 旅游政策是国家和最高旅游行政管理部门为实现一定时期内的旅游发展目标，根据旅游发展的现状水平和社会经济条件而制定的行动准则。

2. 旅游法规是指专门用于旅游部门的法律、法令、规章、条例、标准与条约，其中包括《中华人民共和国旅游法》、《旅行社条例》、《导游人员管理条例》、《旅行社投保旅行社责任保险规定》、《旅行社质量保证金赔偿暂行办法》（简称《质量保证金赔偿办法》）、《旅行社质量保证金赔偿试行标准》等。

3. 旅游政策法规建设对旅游业的作用：明确旅游各主体的权利和义务，保护其合法权益；规范和引导旅游活动行为；对旅游行业进行宏观调控；为旅游行业的发展提供法律保障，创设良好的法律环境。

4. 我国旅行社行业管理的三大制度即旅行社业务经营许可证制度、旅行社质量保证金制度和旅行社业务年检制度。

5. 旅游安全事故处理程序：（1）事故报告；（2）保护现场和实施救援；（3）事故调查；（4）事故处理。

6.《中华人民共和国旅游法》中旅游者的基本权利包括7项，分别是自主选择权、拒绝强制交易权、知情权、要求旅游经营者履行约定权、维护尊严权、请求救助和保护权、依法获得赔偿权。

思考与练习

1. 简述旅游政策与旅游法规的关系。

2. 旅行社设立的条件有哪些？

3. 简述旅游交通事故的处理程序。

4.《中华人民共和国消费者权益保护法》中规定的消费者权利和《中华人民共和国旅游法》中规定的旅游者基本权利，它们有何异同点？

材料分析

游客被鱼咬伤维权事件①

连先生与妻子姜女士参加了旅行社的"7天6晚泰国普吉岛旅游团"，共交纳团费6757元。夫妇俩随团到达珊瑚岛参加深潜旅游项目时，姜女士的右脚被海鱼咬伤，导游协助连先生将妻子送到当地医院，二人未能参加后续旅游项目。随团回国后，连先生要求旅行社退还全部团费。

问题：

1. 旅游者哪些权利受到伤害？

2. 试阐述连先生寻求解决的最佳方案。

3. 根据相关法规条例，法院应如何判处旅行社责任？

（法院认为，旅行社没有证据证明其在海岛深潜项目中提示过游客，在该海域深潜可能受到有毒动物的攻击，未能完全尽到安全保障义务，承担主要责任。法院判决旅行社退还部分团费4426元。）

设计展示

因网络的发达，出现众多网约导游、私人向导等，其中众多人没有考取导游资格证书，缺乏导游证。围绕你"如何看待黑导？"问题完成一篇小论文。小论文需要从以下角度开展：

1. 从游客角度如何看待"黑导"？

2. 从行业管理角度如何看待"黑导"？

3. 从旅游业发展角度如何看待"黑导"？

4. 如何规范导游市场？

---

① 【旅游维权案例】涉高风险旅游维权案例2则［EB/OL］. 搜狐网，2022－03－15.

模块五

旅游可持续发展

学习重点

通过本模块学习，重点掌握以下知识要点：

➤ 可持续发展的概念。

➤ 中国旅游业的发展特点及未来发展趋势。

➤ 全域旅游概念及发展模式。

➤ 康养旅游概念及模式。

➤ 智慧旅游概念及功能。

➤ 红色旅游概念及特征。

➤ 低碳旅游概念及核心要素。

学习内容

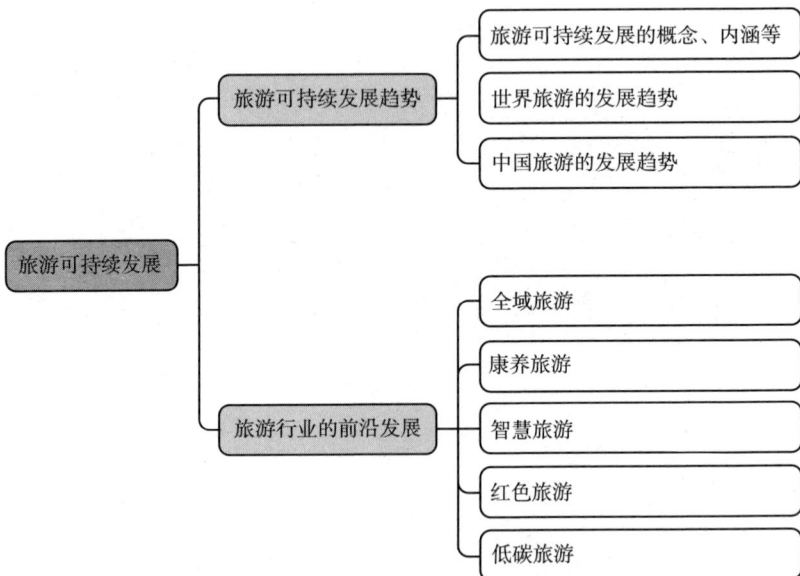

核心概念

➤ 可持续发展（sustainable development）

➤ 全域旅游（all-for-one tourism）

➢ 康养旅游（health tourism）

➢ 智慧旅游（smart tourism）

➢ 红色旅游（red tourism）

➢ 低碳旅游（low-carbon tourism）

项目一 旅游可持续发展趋势

学习目标

知识目标	★掌握可持续发展的基本概念。 ★熟悉旅游的发展模式。 ★了解世界旅游业的发展现状及趋势。 ★掌握中国旅游业的发展特点及未来发展趋势
能力目标	★能够结合世界旅游业的发展趋势及中国旅游业的发展特点分析中国旅游业未来发展的核心力。 ★能够运用发散思维，为未来旅游业的发展提出足够多的创意
素质目标	★帮助学生树立可持续旅游发展目标，增强环境保护意识和正确的旅游资源开发意识。 ★培养学生科学严谨的探索精神，形成良好的辩证思维、科学态度和科学精神，提升科学素养
价值目标	★培养学生的世界眼光，拓展国际视野，增强忧患意识和国际旅游竞争意识，培养学生为国家建设作贡献的意识与愿望。 ★通过旅游业未来发展趋势的学习，增强学生对旅游行业的热爱，激发学生对祖国大好河山及历史文化的自豪感

案例导入①

从 20 世纪 80 年代起的乱砍滥伐，致使森林植被大量减少，从而加剧了水土流失和石漠化的进程。早在 1992 年，国家建设部将黄果树、张家

---

① "土地癌症"：石头带来的灾难？——我国石漠化现状及其治理路径［N］. 中国国土资源报，2012 – 08 – 27.

界、九寨沟风景名胜区一起向联合国教科文组织推荐申报为世界自然遗产，黄果树风景名胜区终因森林植被少、人工痕迹重、环境质量差而落选。植被的贫瘠，使土地不能涵养水源，大雨时河水浑浊，天晴日久则水源枯竭，甚至出现瀑布断流现象。据沿河群众介绍，20 世纪 60 年代以前，黄果树瀑布无枯水现象，如今，瀑布不仅有明显的枯水期，而且呈逐年延长的趋势，目前枯水期竟长达半年之久。这是大自然向人们发出的危险信号。专家预言，若不下大力进行生态重建，50 年后黄果树作为风景名胜将不复存在。

★如何通过我们的努力，在对旅游资源进行开发的同时，进行有效的保护，使旅游资源真正实现可持续发展呢？

■ 项目设计

根据所了解的知识，思考如何让一个地方的旅游资源"永葆青春"，选定自己家乡或者自己去过的较为熟悉的一个景区作为研究对象。对该研究对象进行细致分析，找出其优势和劣势。结合其优势进行深挖，打造特色的可持续发展的旅游资源。方案设计要考虑其绿色和低碳要素。

任务一　可持续发展理念

旅游可持续发展是指不破坏当地自然环境，不损坏现有和潜在的旅游资源，及合理利用旅游资源，保护已开发的现有资源的情况下，在环境、社会、经济三效合一的基础上持续发展的旅游经济开发行为。

一、可持续发展的概念

可持续发展（sustainable development）概念的明确提出，最早可以追溯到 1980 年由世界自然保护联盟（IUCN）、联合国环境规划署（UNEP）、野生动物基金会（WWF）共同发表的《世界自然保护大纲》。1987 年以布伦特兰夫人为首的世界环境与发展委员会（WCED）发表了报告《我们共同的未来》。这份报告正式使用了可持续发展概念，并对之作出了比较系统的阐述，产生了广泛的影响。

　　有关可持续发展的定义有 100 多种，但被广泛接受、影响最大的仍是世界环境与发展委员会在《我们共同的未来》中的定义。该报告中，可持续发展被定义为："能满足当代人的需要，又不对后代人满足其需要的能力构成危害的发展。它包括两个重要概念：需要的概念，尤其是世界各国人民的基本需要，应将此放在特别优先的地位来考虑；限制的概念，技术状况和社会组织对环境满足眼前和将来需要的能力施加的限制。"

　　中国政府编制了《中国 21 世纪人口、环境与发展白皮书》，首次把可持续发展战略纳入我国经济和社会发展的长远规划。1997 年，党的十五大把可持续发展战略确定为我国"现代化建设中必须实施"的战略。可持续发展主要包括社会可持续发展、生态可持续发展、经济可持续发展。

二、可持续发展的原则

（一）公平性原则

　　可持续发展是一种机会、利益均等的发展。它既包括同代内区际间的均衡发展，即一个地区的发展不应以损害其他地区的发展为代价；也包括代际间的均衡发展，即既满足当代人的需要，又不损害后代的发展能力。该原则认为人类各代都处在同一生存空间，他们对这一空间中的自然资源和社会财富拥有同等享用权，他们应该拥有同等的生存权。因此，可持续发展把消除贫困作为重要问题提了出来，要予以优先解决，要给各国、各地区的人、世世代代的人以平等的发展权。

（二）持续性原则

　　人类经济和社会的发展不能超越资源和环境的承载能力。即在满足需要的同时必须有限制因素，即发展的概念中包含着制约的因素；在发展的概念中还包含着制约因素，因此，在满足人类需要的过程中，必然有限制因素的存在。主要限制因素有人口数量、环境、资源，以及技术状况和社会组织对环境满足眼前和将来需要能力施加的限制。最主要的限制因素是人类赖以生存的物质基础——自然资源与环境。因此，持续性原则的核心是人类的经济和社会发展不能超越资源与环境的承载能力，从而真正将人类的当前利益与长远利益有机结合。

（三）共同性原则

　　各国可持续发展的模式虽然不同，但公平性和持续性原则是共同的。

地球的整体性和相互依存性决定全球必须联合起来，认识我们的家园。可持续发展是超越文化与历史的障碍来看待全球问题的。它所讨论的问题是关系到全人类的问题，所要达到的目标是全人类的共同目标。虽然国情不同，实现可持续发展的具体模式不可能是唯一的，但是无论富国还是贫国，公平性原则、协调性原则、持续性原则是共同的，各个国家要实现可持续发展都需要适当调整其国内和国际政策。只有全人类共同努力，才能实现可持续发展的总目标，从而将人类的局部利益与整体利益结合起来。

三、旅游可持续发展

（一）可持续旅游概念的提出

可持续旅游的提出首先是直接受可持续理论的影响。可持续旅游实际上是可持续发展思想在旅游领域的具体运用，是可持续发展战略的组成部分之一，是可持续发展理论的自然延伸，同时，也是在大众旅游的浪潮中，旅游业急剧膨胀、繁荣背后引发的危机在一定时间后日益暴露出来的背景下，有越来越多的学者对旅游业是"无烟工业"的提法表示质疑的反应。

（二）可持续旅游的内涵

比较权威的可持续旅游的定义有两个：

（1）世界旅游组织的定义：1993年世界旅游组织出版了《旅游与环境》丛书，其中《旅游业可持续发展—地方旅游指南》一书对旅游可持续发展给出的定义是："指在维持文化完整、保持生态环境的同时，满足人们对经济、社会和审美的要求。它能为今天的主人和客人们提供生计，又能保护和增进后代人的利益并为其提供同样的机会。"这一定义是对旅游可持续理念的进一步总结，不仅指出了旅游业本身的特质，而且提出了"主人"和"客人"公平发展的思想，对旅游可持续发展的国际认定具有重要的指导意义。

（2）1995年《可持续旅游发展宪章》中所指出的："可持续旅游发展的实质，就是要求旅游与自然、文化和人类生存环境成为一个整体"，即旅游、资源、人类生存环境三者的统一，以形成一种旅游业与社会经济、资源、环境良性协调的发展模式。

可持续旅游发展是可持续发展理论在旅游业中的具体体现，与一般意义上的可持续发展理论具有本质上的一致性，主要有以下三层含义。

一是满足需要。发展旅游业首先是通过适度利用环境资源，实现经济创收，满足东道社区的基本需要，提高东道居民的生活水平；在此基础上，再满足旅游者对更高生活质量的渴望，满足其发展与享乐等高层次需要。

二是环境限制。资源满足人类目前和未来需要的能力是有限的，这种限制体现在旅游业中就是旅游环境承载力，即一定时期、一定条件下某地区环境所能承受人类活动作用的阈值。它是旅游环境系统本身具有的自我调节功能的度量，而可持续旅游的首要标志是旅游开发与环境的协调。因此，作为旅游环境系统与旅游开发中间环节的环境承载力，应当成为判断旅游业是否能够可持续发展的一个重要指标。

三是公平性。强调本代人之间、各代人之间公平分配有限的旅游资源，旅游需要的满足不能以旅游区环境的恶化为代价，当代人不能为满足自己的旅游需求与从旅游中获得利益而损害后代公平利用旅游资源的权利与利用水平。应牢记这样一个旅游发展理念，环境既是我们从先辈那里继承来的，也是我们从后代那里借来的；要把旅游看成这样一种活动：当代人为了保护好前代人遗留下来的环境，或是利用前代人留下的环境，为后代人创造更加优异环境的行动。

（三）可持续旅游的目标

1990 年，在加拿大温哥华召开的全球可持续发展大会旅游组行动策划委员会会议上，提出旅游业发展的目标。

（1）增进人们对旅游所产生的环境、经济效应的理解，强化其生态意识；

（2）促进旅游的公平发展；

（3）提高旅游接待地的生活质量；

（4）向旅游者提供高质量的旅游经历；

（5）保护上述目标所依赖的环境质量。

经典案例

乡村再造不仅是乡愁①
——旅游可持续发展案例

近些年，乡村旅游增长强劲，发展迅猛，成为夺目亮点。很多只重政绩不重运营的乡村模式面临着更加"空心化"的局面，但是也有很多实现转型，提质升级，实现旅游乡村、产业乡村，带动了乡村人口的回流和收入的大幅增加。其背后的经营管理模式＋创意越来越发挥着独特而显著的作用。

位于浙江省德清县的莫干山镇，距上海大约两个小时车程，翠竹山坞间，民宿产业星罗棋布。

来自官方的数据显示，2015 年，莫干山镇的精品民宿有近百家，实现直接营业收入 3.5 亿元。当地民宿动辄千元一晚的价格俨然成为标配，有些甚至达到三四千元一晚，旺季的时候还需要提前一个月预订。

与如今的火热相比，十多年前，莫干山镇却是另一副模样。虽然莫干山风景名胜区在其境内，但当地却没有享受到多少旅游经济带来的好处。作为水源保护地，莫干山地区所有产生污染的产业都被清退，除了小农耕作和零星的农家乐之外，几乎没有其他收入来源。

2004 年，南非商人高天成（Grant Horsfield）在游玩时发现，莫干山乡间的宁静非常适合都市人休闲度假，但档次偏低的农家乐无法满足这样的需求。高天成觉得这是一个商机，便在一个村里租下六间破败不堪的老房子，通过精心设计，改造成"洋家乐"。

高天成认为莫干山的农舍与当地自然、人文环境浑然一体，通过旧物利用和空间设计，就能满足中高端人群的休闲度假需求。之后，他又相继租用老屋，打造了"裸心乡"等一干既有设计美感，又保留了乡土元素的精品民宿，吸引了很多游客入住。

高天成的试验，为莫干山开启了一个新的产业，许多投资者纷纷效仿，在此打造精品民宿，曾经被空置或遗弃的破败老宅，重新焕发了生

---

① 乡村旅游"黑马"湖州莫干山：民宿如何做成顶流［N］. 东莞日报，2023 - 12 - 21.

机。而近年来在中高端消费群体中兴起的"逆城市化"生活方式，则让越来越多的人涌进莫干山。

在民宿产业的带动下，莫干山农房的租金以每年翻一倍的速度上涨。而当地村民除了房租收入，有的还在民宿做起了服务员。此外，村民栽种的蔬菜和水果，每年都会以略微高出市场的价格供应给民宿。

在整个民宿产业发展中，当地政府也一直扮演着积极的角色。

德清县政府认定精品民宿是乡村休闲旅游的发展方向之一，在旧屋改造上给予了相对宽松的政策。2015 年 5 月，德清县发布全国首部县级乡村民宿地方标准规范，有规划地引导民宿差异化发展，并通过成立莫干山民宿学院，为从业者提供专业化的民宿课程培训。

投资者、村民、当地政府，多方要素的有效组合，使莫干山民宿成为乡村创新发展的出色范本。2016 年 10 月，莫干山镇入选首批中国特色小镇名单。

任务二　世界旅游发展趋势

一、世界旅游业的发展现状

（一）全球旅游总人次及总收入

旅游经济集中在公共医疗水平较高的国家，旅游市场集中在中国及周边地区，产业资源集中在城市，旅游行为紧密集中，产业链集中掌握在旅游平台上，产业管理得到加强。2021 年，世界游客（国内和国际游客）达到 66 亿人次。世界旅游总收入（国内和国际旅游收入）达到 3.3 万亿美元。

（二）旅游总人次和总收入恢复情况

发达经济体旅游总收入的恢复要比新兴经济体好。新兴经济体旅游总人次恢复至 2019 年的比例为 53.3%，旅游总收入恢复至 2019 年的比例为 52.6%。2021 年，发达经济体旅游总人次恢复至 2019 年的 55.7%，总收入恢复至 2019 年的 58.9%。① 总的来说，新经济中旅游总人口的恢复要好

---

① 资料来源：《世界旅游经济趋势报告（2022）》。

于旅游总收入的恢复。

（三）全球五大区域旅游总人次及其占比

亚太仍然是全球五大区域中旅游人次最高的地区，2021 年亚太旅游总人次达 41.8 亿人次；其次美洲旅游总人次为 11.8 亿人次，欧洲旅游总人次为 10.2 亿人次，中东及非洲旅游总人次分别为 1.3 亿人次和 1 亿人次。[①]

（四）全球五大区域旅游总收入占比

2021 年，全球旅游总收入排名前三的区域分别是美洲、欧洲和亚太，占旅游总收入的比重分别为 35%、31%、30%；中东和非洲仅占比 2%。[②]

虽然世界旅游业是可再生的，但也正在发生重大变化。首先，技术变革。该行业的科技手段以前所未有的方式进行整合，数字化发展迅速。旅游业的中断在各地创造了新的市场空间。新媒体和新环境迅速更新了许多认知，全球范围内开始了新的调查期，市场再次认可了目的地和景点。全球碳减排活动对旅游业产生了严重影响，自疫情蔓延以来，可持续旅游业发生了变化。

推动世界旅游业迅速发展的关键因素有以下三个。

第一，各国经济快速增长及与其相关的国民收入稳步提高，使人们有能力支付价格不菲的旅行费用。例如，在欧洲，一个月收入为 4000～6000 欧元的中等收入家庭可非常容易地到亚洲、非洲旅行。每人每次旅行的平均费用大约为 2000 欧元，比月收入低。在欧美地区的一些家庭，每年出境旅游已成为习惯。

第二，交通运输技术的巨大进步，使长途旅行发生了革命性的变化，大大缩短了国家与国家之间的距离，使"地球村"的理念成为现实。

第三，劳动生产率的大幅度提高和人权、民生状况的不断改善，使人们可以有大量的闲暇时间用于旅游。休闲度假已成为现代社会人们的重要生活方式，休闲经济成为经济社会发展的重要经济形态。

二、世界旅游业的发展趋势

世界旅游业发展的趋势主要有以下几个方面。

---

①② 资料来源：《世界旅游经济趋势报告（2022）》。

（1）旅游业继续以较快速度持续发展。现代旅游发展持续性的特点在未来世界旅游发展中依然表现突出。

（2）世界旅游市场原有的分布格局出现量的改变。其变化的基本特点是旅游市场的向东转移。

（3）可持续旅游成为旅游业发展的潮流。旅游和旅游业的负面影响已经受到人们广泛的关注，所以坚持旅游业的可持续发展是未来全球旅游发展的趋势，可持续旅游发展将成为未来旅游发展的潮流。

（4）安全因素成为区域旅游业竞争力的关键因素。旅游业是一个比较脆弱的产业，其中安全的旅游环境对其影响很大。

（5）科技进步在旅游发展中扮演更为重要的角色。旅游发展史表明，每一次科技进步都给旅游业的发展带来了飞跃性的变化。当前计算机技术已经被应用于旅游业，可以预见随着计算机处理和网络技术的不断发展，未来旅游业的营销方式、旅游资源的开发技术等方面将出现巨大的飞跃。

（6）旅游活动向多样化、个性化方向发展。社会的进步和发展使越来越多的人获得了受教育的机会，因此未来的旅游者将更有知识、更加挑剔，兴趣和爱好也更加广泛，旅游者对旅游产品的要求越来越高。

（7）散客旅游与团体旅游竞相发展。

■ **知识活页**

五大旅游新发展趋势

旅游行业的科技变革正持续深化。新的工具、解决方案和专业知识、更方便的机场转机，以及轻装旅行这些话题都在不断登上头条新闻。

随着全球旅游行业逐渐回暖，企业和个人旅行者比以往更加希望获得顺畅的旅行体验。旅游行业也在迅速进化，以满足不断变化的需求。

－新的旅行渠道：元宇宙技术的发展让旅行者能够在到达前探索目的地，或在离开后重温美好回忆。

－更方便的座位预订技术：生物识别技术将使旅行支付体验更加顺畅。

－无行李旅行：酒店将为旅行者提供更多的便利设施，让他们可以更轻松地旅行。

－"漫游工作"："随处办公"逐渐常态化，远程工作者将采用游牧般的生活方式，迁移到不同的地方工作。

－团建式商务旅行：一种新的商务旅行类别将会出现，它专注于在办公室之外连接团队、建立关系和释放创造力。

"技术使我们能够在这种新的现实中实现这些目标。元宇宙、生物识别技术和旅行者对旅游业的期望正合力迅速改变这一格局。对于这个行业来说，这是一个令人无比兴奋的时刻。"

这是旅行，但已不是我们熟知的样子。

在未来的几年里，元宇宙将把旅行者的参与度提升到新的水平。旅行者将能够在网络世界中享受更深层次的文化体验，如虚拟音乐会和展览。这项技术还对旅行前的准备有很大的帮助，提供了"先试后买"的机会，提升了旅行期望。作为一种尝试高价项目的方式，如乘坐豪华邮轮度假等，元宇宙将会变得越来越受欢迎。

华特迪士尼公司（Walt Disney Co.）计划建立一个包含平行 3D 虚拟世界体验的真实世界的主题公园游乐设施，而首尔则计划在 2023 年前推出一个名为"元宇宙首尔"的平台。与此同时，卡塔尔航空公司（Qatar Airways）最近宣布推出 Qverse 平台，配备超人类客舱机组人员，为哈马德国际机场的旅游、导航和值机提供身临其境的体验。

（1）更便利顺畅的支付体验。

生物识别支付——如 ApplePay 和 GooglePay 这样的支付方式现在已成为零售和旅行支付的主流。但在未来几年，旅行可能会将生物识别支付提升到一个新的水平。机场已经使用生物识别技术来识别旅行证件，下一步应该是利用这种身份识别技术来检查旅行者在旅行中的任何付款项目。

（2）团建式的商务休闲模式。

商务旅行已变得有所不同。在过去几年中，许多公司采用了"随处办公"的工作方式，这对团队凝聚力和团队协作带来了挑战。因此，我们发现将团队聚在一起，加强彼此关系的"内部旅行"计划出现了小幅增长。

任务三　中国旅游发展趋势

近年来，中国旅游业发展迅速，旅游消费结构不断优化，旅游市场活跃度不断提升，旅游产业规模不断扩大。

一、中国旅游业发展的特点

（一）旅游消费结构不断优化

近年来，中国旅游消费结构不断优化，消费者对旅游服务的要求越来越高，消费者对旅游服务的满意度也越来越高。旅游消费结构的优化，使旅游消费更加多元化，消费者的消费偏好也更加多样化。

（二）旅游市场活跃度不断提升

近年来，中国旅游市场活跃度不断提升，旅游消费者的数量不断增加，旅游消费者的消费水平也不断提高。旅游市场的活跃度提升，使旅游消费者的消费需求更加多样化，旅游消费者的消费偏好也更加多元化。

（三）旅游产业规模不断扩大

近年来，中国旅游产业规模不断扩大，旅游产业的发展也不断加快。旅游产业的规模扩大，使旅游产业的发展更加多元化，旅游产业的发展也更加多样化。

未来，中国旅游业将继续保持高速发展，旅游消费结构将不断优化，旅游市场活跃度将不断提升，旅游产业规模将不断扩大。同时，中国旅游业将加快推进旅游智能化、移动化、互联网化发展，推动旅游业更加智慧化、智能化、科技化发展，推动旅游业更加绿色化、可持续发展。

二、中国旅游业未来发展的趋势

（一）中国未来出入境市场将不断升高

根据国家文化和旅游部公布的数据，2019 年，我国国内旅游人数达 60.06 亿人次，实现旅游收入 6.63 万亿元。入境旅游人数 1.45 亿人次，入境过夜人数 653 万人，出境旅游人数达 1.55 亿人次。[①] 由此可知，我国入境过夜人数和国际旅游收入总体呈增长态势。根据世界旅游组织公布的数据，我国已经成为世界重要的旅游目的地和客源国。缅甸、越南、韩国、俄罗斯、日本和美国等是我国重要的国际客源市场。

（二）旅游市场体系逐步健全，逐步从观光型旅游转向复合型旅游

我国旅游业经过几十年快速发展，正面临一个整体转型问题。到目前为止，旅游市场体系的结构还是比较单一的，即观光型旅游"一枝独秀"，无论是入境旅游、出境旅游还是国内旅游，观光型旅游都占主体地位。但这种状况正在发生变化，一个复合型的旅游市场体系正在快速形成，这个体系包括观光、休闲、商务旅游三大传统项目，还加上特色旅游，共四大板块。未来 10 年，观光旅游仍将保持第一位的市场份额。

小组讨论

千年历史人文积淀 皇城小镇创复合型旅游小镇新模式

凤凰山下、鼓楼上、官署里、坊巷间，皇城宋韵无处不在。南宋皇城小镇，作为继西湖、运河之后，杭州打造的第三张城市名片，致力于打造"以产促城，产城融合"的城市旅游、创造复合型旅游小镇新模式。

根据案例，分组讨论，复合型旅游建设中应注意哪些问题？

（三）旅游信息化含量越来越高

传统旅游业的服务模式会产生革命性改变，服务效率大幅提高。旅游业是信息密集型产业，信息是其得以生存和运转的根本，贯穿于旅游活动的全过程。随着数字化、网络化、智能化的深入发展，信息技术必然会渗透旅游业的各个环节，得到比在其他领域更加广泛的应用。信息技术可以大大改进旅游资源的开发和管理，加快旅游信息的传播速度，

---

① 资料来源：《世界旅游经济趋势报告（2022）》。

提高旅游市场服务的效率，是保证旅游业可持续发展的重要力量。目前，互联网已经超过了报纸、杂志、电视等传统媒体，成为旅游信息传播的第一媒体，也是公众获取旅游信息的重要渠道，未来这种趋势会进一步加强。

（四）旅游产业规模不断扩张，多元化发展

旅游业在国民经济中的地位日益重要，在国际竞争力方面很可能超越中国制造业。理论界普遍认为，现代旅游产业综合性强、关联度大、产业链长，已经极大地突破了传统旅游业的范围，广泛涉及并交叉渗透到许多相关行业和产业之中。据世界旅游组织统计，旅游产业的收入每增加 1 元，可带动相关产业收入增加 4.3 元。旅游产业能够影响、带动和促进与之相关联的 110 个行业发展，其中包括民航、铁路、公路、餐饮、住宿、商业、通信、会展、博览、娱乐、文化、体育等。随着众多新的旅游形态的出现，旅游又扩展到工业、农业、教育、医疗、科技、生态、环境、建筑、海洋等领域，催生出一批富有生命力的新业态。

（五）全域旅游成为未来发展趋势

1. 从"门票经济"到"产业经济"，打破景区内外的二元割裂

从"景点旅游"到"全域旅游"要实现几大转变，其中就包括从单一景点景区建设管理到综合目的地统筹发展的转变，从门票经济向产业经济转变等。发展模式的转变为未来的旅游产业发展提供了新思路。

2. 从"以点带面"到"以面育点"，促进旅游要素在全域旅游范围内流动

全域旅游是空间全景化的系统旅游，是跳出传统旅游，谋划现代旅游，跳出小旅游，谋划大旅游。应拆除景点景区管理围墙，实现多规合一，推进公共服务一体化，旅游监管全覆盖，实现产品营销与目的地推广的有效结合。

（六）旅游可持续化发展战略逐步得到落实

中国旅游业正在逐步向着"可持续旅游"迈进。旅游可持续发展的概念是在 1987 年世界环境与发展委员会发表的《我们共同的未来》的报告中提出的。1992 年在里约热内卢召开了联合国环境与发展大会，有 183 个国家和多个国际组织参加了这次会议，102 位国家元首或政府首脑到会，

会议通过了《里约环境与发展宣言网 21 世纪议程》等重要的纲领性文件，这标志着可持续发展由理论概念走向了实践。可持续发展的理念已经成为全球各个领域的哲学。可持续理念在旅游中也越来越受到关注，我国旅游区划中越来越重视可持续旅游开发与保护。20 世纪 80 年代的旅游区划多从经济利益出发来进行考虑；21 世纪旅游区划则综合考虑了经济效益、社会文化效益和环境效益，为我国的旅游业朝"可持续旅游"前进作出了一定的贡献。

🗓 思政元素

形成可持续旅游发展的中国方案

📱 项目小结

1. 可持续发展的原则包括：公平性原则、持续性原则及共同性原则。

2. 可持续旅游的目标有：（1）增进人们对旅游所产生的环境、经济效应的理解，强化其生态意识；（2）促进旅游的公平发展；（3）提高旅游接待地的生活质量；（4）向旅游者提供高质量的旅游经历；（5）保护上述目标所依赖的环境质量。

3. 推动世界旅游业迅速发展的关键因素有三个：第一，各国经济快速增长及与其相关的国民收入稳步提高，使人们有能力支付价格不菲的旅行费用。第二，交通运输技术的巨大进步。第三，劳动生产率的大幅度提高和人权、民生状况的不断改善，使人们可以有大量的闲暇时间用于旅游。

4. 我国旅游业发展呈现以下特点：第一，旅游消费结构不断优化；第二，旅游市场活跃度不断提升；第三，旅游产业规模不断扩大。

思考与练习

1. 我国未来旅游发展的类型会侧重于哪些方面?

2. 结合实际情况,举例说明如何借助高科技赋能新型旅游模式?

3. 当下康养旅游逐步被消费者喜爱,结合实际谈一下,你认为康养旅游可以开发的产品有哪些?

材料分析

袁家村:缺山少水但越做越大[①]

人口:62户286人,土地面积660亩。

1. 以村民为主体协调发展;

2. 以独具特色的关中"农家乐"特色旅游打开了一片发展的新天地;

3. 整体发展有一个多亿的投资,其中村集体和村民投入就有六七千万元,良好前景让外出打工的袁家村人纷纷回村;

4. 比较典型的市场导向。

礼泉县烟霞镇袁家村地处关中平原,全村共有62户286人,土地面积660亩。这里缺山少水,自然和人文条件均不突出,也不是政府重点扶持的"典型村"。但这个村的村干部们带领村民们想办法、出点子,齐心协力硬是以独具特色的关中"农家乐"特色旅游打开了一片发展的新天地。

袁家村持续发展的精髓是不断创新产业形态。在村干部的带动下,袁家村先是建起农民个体经营的"农家乐",后来又建了特色小吃街,引来特色餐饮、旅游商品等资源,提升了乡村旅游层次。随后又打造"月光下的袁家村",发展酒店住宿、酒吧等夜间经济,还通过成立股份公司、群众入股的方式,实现"全民参与、共同富裕"。

良好前景让外出打工的袁家村人纷纷回村。2007年,现在很多村民收入是打工时的10倍。据村干部介绍,现在每户村民能保证年入20万元,

---

① 乡村旅游成败案例剖析 [EB/OL]. 中国乡村发现,2017-09-27.

在外打工的 20 多名年轻人也几乎全部回村发展。袁家村还带动了周边 10 个村发展，吸纳了超过 2000 名外村民众来此就业。

根据上述材料完成一篇不少于 2500 字的分析报告，报告包含但不限于以下内容：

1. 你认为袁家村取得成功的原因有哪些？

2. 袁家村在进行建设中应尤其注意哪些方面，有什么样的意义？

3. 如何让一个旅游景点实现可持续发展？

■ **设计展示**

如何盘活龙头村？①

龙头村人口：846 户 3176 人，全村面积 35 平方千米，耕地 3900 亩；由政府主导快速推进；2012 年风光过一阵子之后，从 2013 年开始便逐渐冷清；旅游产业尚未做强，也未形成其他规模产业，农户们在土地流转后很难找到其他致富门路，青壮年劳动力基本在外打工；缺市场引领和产业带动，发展缓慢。

走进位于陕鄂渝交界处的安康市平利县龙头村，一眼望去，"白璧、青瓦、马头墙、格子窗"的徽派民居建筑群与青山秀水的美景相映成趣。龙头村距县城 5 千米，距离省会西安五六个小时的车程。

事实上，从三四年前开始，龙头村的发展就有政府主导因素。也正因此，龙头村很快就建起仿古一条街、秦楚农耕文化园、观光茶园等特色景观，基础设施和生活条件改善明显。

然而好景不长，在 2012 年风光过一阵子之后，从 2013 年开始龙头村便逐渐冷清：除重要节假日外，这里游客稀少，早先修建的酿酒、豆腐等 10 个具有当地特色的作坊，已有三四家关门停业，仿古一条街两侧的商铺也基本成为"摆设"。一位村民说，虽然建起了特色民居，但没有太多挣钱的路子，"带动不了经济发展"。据龙头村当地村民介绍，龙头村核心景区范围约 9 平方千米，涉及村民 550 户，其中约 90% 的农户都

---

① 北京大兴：经济生态齐飞 打造乡村振兴的"龙头样板"［EB/OL］. 首都文明网，2022 - 08 - 29.

将土地流转了，流转土地面积达 2000 亩，目前流转费用约为每亩 750 元。但是，由于旅游产业尚未做强，同时村上也未形成其他规模产业，农户们在土地流转后很难找到其他致富门路，青壮年劳动力基本在外打工。村民姜宏伟感叹道："政府打造一个好的环境，如果人都出去了，就失去意义了。"

根据上述情况，学生 5~6 人一组，进行盘活龙头村旅游景点的设计。（可采用休闲旅游及康养旅游等主题）

项目二　旅游行业的前沿发展

📊 学习目标

知识目标	★掌握全域旅游、康养旅游、智慧旅游、红色旅游等旅游新业态概念。 ★了解全域旅游、康养旅游等发展模式。 ★了解智慧旅游功能。 ★熟悉红色旅游特征、低碳旅游的核心要素
能力目标	★能够结合旅游行业新模式，开展旅游新业态方案设计，提升学生规划及开发能力
素质目标	★关注旅游行业前沿动态，能够通过对旅游新模式开发和规划，培养当代文旅从业者引领潮流、勇于创造的创新意识和创新精神
价值目标	★引导学生用发展的眼光看旅游行业变革，激发学生热爱祖国，增强文化自信，顺应旅游高质量发展和社会和谐发展

📊 案例导入[①]

旅游行业近年来不断涌现出各种不同的旅游业态与新业态。这些业态的出现不仅为旅游者提供更多选择和体验的机会，也为旅游行业带来了新

---

① 解密旅游行业的旅游业态与新业态［EB/OL］.百度文库，2023－12－15.

的发展机遇。本案例将解密旅游行业的旅游业态与新业态，探讨其背后的潜力和发展趋势。

（1）住宿业态升级。

随着旅游业的发展，住宿业态也在不断升级和创新。传统的酒店业态仍然起到重要的作用，但随着共享经济的崛起，民宿和短租业务也成为旅游行业的新兴力量。民宿提供了独特的居住体验，能够使旅游者更好地融入当地文化和生活方式中。而短租业务则通过在线平台将房屋闲置资源转化为住宿服务，不仅降低了旅游成本，也丰富了旅游者的选择。

（2）交通业态创新。

在旅游行业中，交通方式一直是关键环节之一。随着科技的不断进步，新的交通业态也应运而生。共享单车和共享汽车的出现使旅游者出行更加方便，无须担心交通拥堵和停车问题。同时，无人驾驶技术的发展也为旅游行业带来了巨大的变革潜力。未来，我们有理由相信无人驾驶汽车将成为旅游交通的新宠，为旅游者提供更安全、便捷的出行方式。

（3）旅游体验业态兴起。

旅游不仅是走马观花，越来越多的旅游者追求独特、深度的旅游体验。因此，旅游体验业态也随之兴起。例如，农家乐和生态农场提供了与自然亲近的体验；主题公园和娱乐场所则通过创意的游乐设施和表演为游客带来了不同寻常的娱乐体验。这些旅游体验业态满足了旅游者对于丰富多样的体验需求，推动了旅游行业的创新和发展。

（4）文化创意业态发展。

旅游与文化之间有着密不可分的关系。而文化创意业态的发展为旅游行业注入了新的活力。例如，文化艺术展览和文化街区为旅游者提供了与艺术、历史和人文交流的机会；传统手工艺和文化产品也成为旅游者购买纪念品的首选。这些文化创意业态的发展不仅提供了经济增长点，还推动了旅游文化的传承和发展。

（5）智慧旅游业态引领未来。

随着科技的飞速发展，智慧旅游业态逐渐引领旅游行业的未来。智慧旅游通过运用大数据、人工智能等技术，提供个性化、定制化的旅游服务。例如，智能导览系统可以帮助游客快速了解景点的历史和文化背景；智能酒店则通过智能设备提供更便捷的居住体验。智慧旅游业态的发展不仅提升了旅游者的体验和满意度，也推动了旅游行业向更智能化、高效率的方向发展。

旅游行业的旅游业态与新业态呈现出多样化的发展趋势。住宿业态的升级、交通业态的创新、旅游体验业态的兴起、文化创意业态的发展和智慧旅游业态的引领，都为旅游行业带来了更广阔的发展空间。随着时代的进步和旅游需求的不断变化，我们有理由相信旅游行业将持续创新，为旅游者提供更多、更好的旅游选择。

■ 项目设计

根据所学知识，选定区域，结合当地旅游业发展现状，设计一份旅游新模式（全域旅游、康养旅游、智慧旅游、红色旅游、低碳旅游）的实施方案，能够推动该区域旅游行业高质量发展。

任务一　全 域 旅 游

一、全域旅游相关概念

随着我国经济进入新常态，旅游产业改革成为消费驱动有效举措，全域旅游概念的提出也随之引发网络关注。截至 2022 年，通过百度搜索引擎，全域旅游的内涵搜索结果有 2000 万余条，但目前外界没有形成统一的定义。不同学者从不同角度分析全域旅游的内涵，见解各不相同。

在国家旅游局（现文化和旅游部）下发的《关于开展"国家全域旅游示范区"创建工作的通知》中，对全域旅游的概念界定为：全域旅游是指在一定的行政区域内，以旅游业为优势主导产业，实现区域资源有机整合、产业深度融合发展和全社会共同参与，通过旅游业带动乃至统领经济社会发展的一种新的区域旅游发展理念和模式。

石培华（2016）认为，全域旅游是一种发展新模式新战略、一种旅游目的地新形态新品牌、一种新的综合改革平台和载体、一种新的复合型空间和新的发展趋势和方向。

杨振之（2016）认为，全域旅游的核心内涵是在旅游资源富集地区，以旅游产业为主导或引导，在空间和产业层面合理高效优化配置生产要素，以旅游产业来统筹引领区域经济发展，持续增强区域竞争能力的创新模式。

从上述全域旅游的内涵可以总结出：全域旅游要有一定区域且以旅游为优势产业，在目的地要进行统一的规划布局、公共服务、统筹管理、营销推广，从而促进旅游业从单一景点景区建设管理到综合目的地统筹发展转变；从门票经济向产业经济转变；从导游必须由旅行社委派的封闭式管理体制向导游自由有序流动的开放式管理转变；从粗放低效旅游向精细高效旅游转变；从封闭的旅游自循环向开放的"旅游＋"融合发展方式转变；从旅游企业单打独享到社会共建共享转变；从景点景区内部的"民团式"治安管理向全社会依法治理转变；从部门行为向党政统筹推进转变；从仅是景点景区接待国际游客和狭窄的国际合作向全域接待国际游客、全方位、多层次国际交流合作转变。实现从小旅游向大旅游、从低效旅游向高效旅游、从低层次旅游向高层次旅游的转变，这就是全域旅游的本质，也是传统旅游业与新型旅游业的根本区别。

二、全域旅游发展现状

全域旅游自提出后，已经成为符合国情的重大战略和国策，成为指导全国旅游工作的重要方针，以及指导和加快旅游目的地建设、促进旅游业转型升级的重要指导依据。目前，全国上下也形成了百花齐放的建设格局，基本搭建了完整的全域旅游体系。

2015 年，国家旅游局下发《关于申报创建全域旅游示范区的通知》，正式启动全域旅游示范区创建工作。截至 2017 年，国家全域旅游示范区 500 家创立单位中，从空间上来看，主要集中分布在东部沿海地区、中部地区和西部的四川、云南、新疆等地区，与我国旅游热点区域基本吻合。全域旅游示范区分布情况如表 5 - 1 所示。

表 5 - 1 2017 年全域旅游示范区的分布情况

地区	总数	省平均数（个）	总面积（万平方千米）	总人口（万人）
东部地区	132	13	19.4	9341
中部地区	142	12	27.6	7727
西部地区	170	14	12022.0	720222
东北地区	56	9	30.0	272022

资料来源：前瞻产业研究院整理。

与此同时，全域旅游逐步完成新的空间形态和载体的构建。在全域旅游新型复合空间内，生态、农业、文化、产业等其他功能和价值都在其原始基础上，附加了旅游消费体验等新功能，使一个区域成为一个复合型新空间。不仅实现旅游管理和服务设施的全覆盖，还要实现产业融合方面产业链的延伸，从而构建集"点""线""面""网""链"于一体的全域旅游发展框架模型，形成"以点成线，以线带面"的空间发展格局。全域旅游发展格局如图 5 - 1 所示。

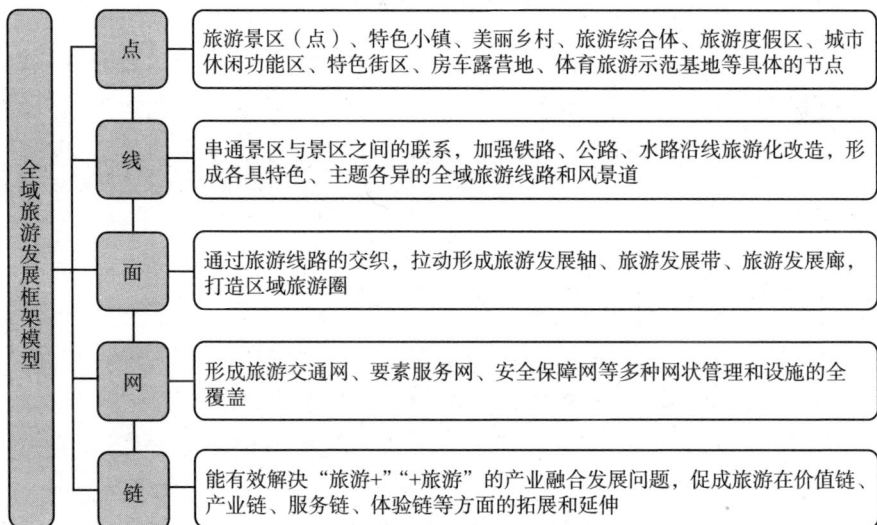

图 5 - 1　全域旅游发展格局

在综合管理机制方面，全域旅游也取得了新突破，截至 2017 年，全国已有 24 个省（区、市）、155 个地市成立了旅游发展委员会，分别占全国的 74% 和 55%；已设立旅游警察机构 131 家、旅游工商分局 77 家、旅游巡回法庭 221 家；发展机制取得了新突破，各地形成党政统筹、部门联动的发展机制。

旅游局发布的《2019 全域旅游发展报告》显示，我国全域旅游取得显著效果，2019 年我国旅游收入与接待游客数量均得到快速增长，2018 年，旅游业对我国 GDP 贡献达 9.94 万亿元，中国旅游业对全球 GDP 的综合贡献高达 10.3566 万亿元。受疫情影响，旅游业整体下滑，但 2022 年，我国国内、入境和出境旅游三大市场旅游人数达 47 亿人次，旅游消费规模 5.5 万亿元。全国旅游业实际完成投资 12997 亿元，同比增长 29%，比第三产业和固定资产投资增速分别高 18 个百分点和 21 个百分点，比房地产投资增速高 22 个百分点。①

■ **知识活页**

全域旅游的政策制度

2015 年 8 月，在黄山召开的全国旅游工作研讨会上正式提出全域旅游的概念。

2015 年 9 月，国家旅游局下发《关于申报创建全域旅游示范区的通知》，正式启动全域旅游示范区创建工作。

2016 年 7 月，习近平总书记在宁夏考察工作时指出，"发展全域旅游，路子是对的，要坚持走下去"。同年 12 月，国务院《"十三五"旅游业发展规划》指导思想中要求"以推动全域旅游发展为主线"。

2017 年 3 月，举办的第十二届全国人民代表大会第五次会议开幕式上，李克强总理在 2017 年政府工作报告中明确提出，要"完善旅游设施和服务，大力发展乡村、休闲、全域旅游"，全域旅游首次写入政府工作报告。同年 8 月，国家旅游局公布了《全域旅游发展报告 2017》，对全域

---

① 资料来源：根据中国文化和旅游部、前瞻产业研究院相关数据整理所得。

旅游发展进行了阶段性总结。

2018 年 3 月，国务院办公厅印发《关于促进全域旅游发展的指导意见》，就加快推动旅游业转型升级、提质增效，全面优化旅游发展环境，走全域旅游发展的新路子作出部署。

2019 年 9 月，依据《国家全域旅游示范区验收、认定和管理实施办法（试行)》《国家全域旅游示范区验收标准（试行)》，文化和旅游部开展了首批国家全域旅游示范区验收认定工作。决定将北京市延庆区等 71 家单位认定为国家全域旅游示范区。

2020 年 5 月，文化和旅游部办公厅关于修订印发《国家全域旅游示范区验收、认定和管理实施办法（试行)》和《国家全域旅游示范区验收标准（试行)》，进一步规范国家全域旅游示范区验收、认定和管理工作。

三、全域旅游发展模式

（一）龙头景区带动型

依托龙头景区作为吸引核和动力源，按照发展全域旅游的要求，围绕龙头景区部署基础设施和公共服务设施，围绕龙头景区配置旅游产品和景区，调整各部门服务旅游、优化环境的职责，全域旅游以龙头景区带动地方旅游业一体化发展，以龙头景区推动旅游业与相关产业融合，以龙头景区带动地方经济社会发展，形成"景城一体化发展"。其典型代表有：湖南张家界、四川都江堰。

（二）城市全域辐射型

以城市旅游目的地为主体，依托旅游城市知名旅游品牌、优越的旅游产品、便利的旅游交通、完善的配套服务，以都市旅游辐射和带动全域旅游，推动旅游规划、城乡规划、土地利用规划、环境保护规划等"多规合一"；促进城乡旅游互动和城乡一体化发展，以旅游引领新型城镇化，形成城乡互补、优势互动的城乡旅游大市场。其典型代表有：辽宁大连、福建厦门等地。

（三）全域景区发展型

把整个区域看作一个大景区来规划、建设、管理和营销。按照全地域覆盖、全资源整合、全领域互动、全社会参与的原则，深入开展全域旅游建设，推进旅游城镇、旅游村落、风景庭院、风景园区、风景厂矿、风景道等建设，实现"处处有景、时时见景"的城乡旅游风貌。其典型代表有：浙江桐庐、河南栾川、宁夏中卫等地。

（四）特色资源驱动型

以区域内普遍存在的高品质自然及人文旅游资源为基础，特色鲜明的民族、民俗文化为灵魂，以旅游综合开发为路径，推动自然资源与民族文化资源相结合，与大众健康、文化、科技、体育等相关产业共生共荣，谋划一批健康养生、避暑休闲、度假疗养、山地体育、汽车露营等旅游新业态，带动区域旅游业发展，形成特色旅游目的地。其典型代表有：重庆武隆、云南抚仙湖、贵州花溪等。

（五）产业深度融合型

以"旅游+"和"+旅游"为途径，构建全产业链联动的全域旅游新模式。大力推进旅游业与一二三次产业的融合，规划开发出一批文化休闲、生态观光、商务会展、休闲度假、乡村旅游等跨界产品，推动全域旅游要素深度整合，进一步提升区域旅游业整体实力和竞争力。其典型代表有：南京江宁区、北京昌平区。

任务二　康 养 旅 游

一、康养旅游的概念

随着近年来中国老龄化日趋严重，庞大的养老群体需要新型旅居养老方式的产生，疾病、亚健康等社会问题也激发了人们对休闲康养度假的需求，社会上不同群体的康养需求催生了康养旅游的产生和发展。

康养旅游从字面上理解为通过旅游获得健康的一种方式，国际上称为医疗健康旅游，是物质条件已经满足的条件下而衍生出来的精神层面的深度体验，乃至享受；与休闲旅游比，康养旅游已经不是生活质量提高问题，而是生命健康质量提升问题。

康养旅游作为新型旅游方式，国内对康养旅游的学术研究相对较少，学术界对此还没有一个较完整的概念。2016年1月，国家旅游局在发布的《国家康养旅游示范基地标准》（以下简称《标准》）中提出，康养旅游是指通过养颜健体、营养膳食、修心养性、关爱环境等各种手段，使人在身体、心智和精神上都能达到自然和谐的优良状态的各种旅游活动的总和。

徐红罡（2016）认为，康养旅游就是健康和养生旅游，简称康养旅游。任宣羽（2016）认为，康养旅游是以良好的物质条件为基础，以旅游的形式促进游客的身心健康，增强游客快乐，达到幸福为目的的专项度假旅游。

所谓康养旅游，是建立在自然生态和人文环境基础上，结合风景观赏、文化娱乐、身体检测、医学治疗、春观花、夏避暑、秋赏月、冬泡泉等形式，以达到放松身心、怡情养性、祛邪扶正、延年益寿等目的的深度旅游体验活动。

聚焦国内康养旅游业，中国康养旅游人数和消费金额均排名全球前列，但与欧美等康养旅游业起步较早的国家还有一定差距，整体还处于起步阶段。从总体布局来看，目前国内康养旅游发展主要分布在西南、长三角、山东及东北等区域；从人群看，主要是老龄人为主，这部分消费者更注重旅游品质，且具有较高的消费能力；从旅游产品看，健康旅游产品的供给还很充分，但整个行业处于初级阶段，健康服务品质有待提升，存在很大的发展空间。

在"健康中国"国家战略背景下，健康产业已经成为新常态下经济增长的重要引擎，大力发展康养旅游逐渐成为新常态下旅游经济的新亮点。作为将旅游业和"大健康"产业结合的康养旅游，是发展空间巨大的蓝海市场。而受新冠疫情影响，大众对健康、幸福的需求和休闲娱乐生活的追求，也为康养+旅游迎来黄金发展期。2015～2020年，我国康养旅游的市场规模将呈现快速增长的态势，年复合增长率（CAGR）约20%，2020年市场规模超过1000亿元。2015～2020年康养旅游市场规划如图5-2所示。

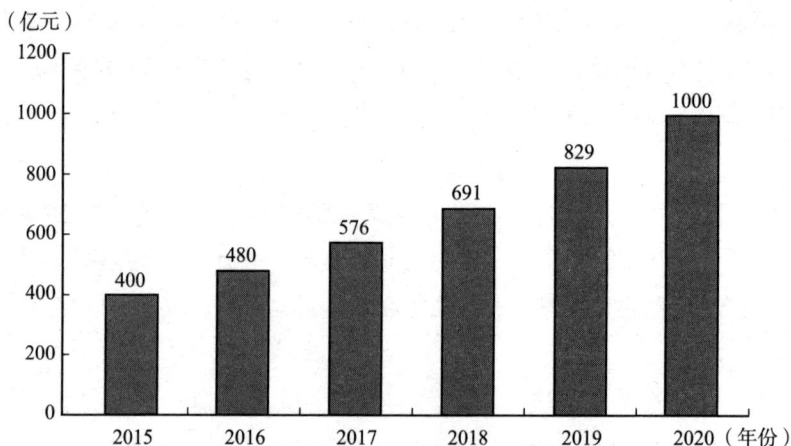

图 5-2　中国康养旅游市场规模（2015~2020年）

资料来源：前瞻产业研究院。

现如今，康养旅游不仅被社会和市场广泛认同，国家也相继出台了关于康养旅游融合的支持性、引导性政策，将康养旅游纳入我国旅游发展战略。从中央到地方，已经为康养旅游发展构建了完善的政策体系支撑。

2015年，文化和旅游部发布的《2015年全国旅游工作会议报告》首次提出旅游"新六要素"，其后又拓展为"文、商、养、学、闲、情、奇"旅游发展七要素，其中"养"就是指康养旅游。

2016年1月，国家旅游局颁布了首个康养旅游规范性文件《国家康养旅游示范基地标准》，在康养旅游的政策上予以了保障，并确定了首批5个"国家康养旅游示范基地"。同年，国务院发布的《"健康中国2030"规划纲要》中指出，要"积极促进健康与养老、旅游、互联网、健身休闲、食品融合，催生健康新产业、新业态、新模式"。

2017年5月，《关于促进健康旅游发展的指导意见》提出：建设一批各具特色的健康旅游基地，形成一批健康旅游特色品牌，推广一批适应不同区域特点的健康旅游发展模式和典型经验，打造一批国际健康旅游目的地。

2018年，《中共中央、国务院关于实施乡村振兴战略的意见》提出，实施休闲农业和乡村旅游精品工程，建设一批设施完备、功能多样的休闲观光园区、森林人家、康养基地、乡村民宿、特色小镇；加快发展森林草原旅游、河湖湿地观光、冰雪海上运动、野生动物驯养观赏等产业，积极开发观光农业、游憩休闲、健康养生、生态教育等服务；创建一批特色生态旅游示范村镇和精品线路，打造绿色生态环保的乡村生态旅游产业链。

此后，全国各省市都相继出台政策支持康养旅游发展，2018年山东第一个健康产业规划《山东省医养健康产业发展规划（2018－2022年）》提出康养旅游的创建目标：到2022年，建设60家省级康养旅游示范基地；建成20个左右产业特色鲜明、文化底蕴浓厚、生态环境优美、富有生机活力、示范效应明显的医养健康特色小镇。2020年，为推动旅游产业和医养健康产业融合发展，打造康养山东产品体系，省文化和旅游厅联合省卫生健康委依据《康养旅游示范基地建设指南》，公布济南房干森林康养旅游基地等18家申报单位为首批省级康养旅游示范基地，为打造山东康养品牌，切实发挥示范引领作用。2021年，甘肃省出台《全省"十四五"文化旅游康养产业链工作方案》，计划到2025年，建成10个左右的文化旅游康养小镇；引导培育拓展50个以上文化旅游康养业态；评选命名100种以上甘肃文化旅游康养特色推荐产品；扶持培育200种以上畅销文化旅游康养特色商品；培育100家以上各类文化旅游康养产业链骨干企业，逐步形成特色化、系列化、品牌化、规模化的文化旅游康养产品及商品营销体系。2022年8月，黑龙江省为贯彻落实《黑龙江省产业振兴行动计划（2022－2026年）》提出的"坚持全域全季发展定位，推动旅游康养高质量发展"的任务要求，公布《黑龙江省康养旅游高质量发展行动方案（2022－2026年）》落地实施康养旅游产业。

■ **知识活页**

国家森林康养基地（第一批）名单[①]

以县为单位申报的森林康养基地

序号	省份	基地名称
1	内蒙古	牙克石市
2	黑龙江	漠河市

---

① 国家林业和草原局办公室 民政部办公厅 国家卫生健康委员会办公厅 国家中医药管理局办公室关于公布国家森林康养基地（第一批）名单的通知［EB/OL］. 国家林业和草原局，2020－06－05.

续表

序号	省份	基地名称
3	安徽	广德县
4	福建	福州市晋安区
5		武平县
6		将乐县
7		顺昌县
8	江西	婺源县
9		大余县
10		资溪县
11	河南	鄢陵县
12	广东	广宁县
13		连山瑶族壮族自治县
14		平远县
15	重庆	石柱土家族自治县
16		綦江区横山镇
17	四川	邛崃市
18	云南	墨江哈尼族自治县
19		普洱市思茅区
20		腾冲市
21	陕西	宁陕县

以经营主体为单位申报的国家森林康养基地

序号	省份	基地名称及建设主体
22	天津	九龙山森林康养基地 ——天津九龙山国家森林公园
23	河北	仙台山森林康养基地 ——石家庄万邦达旅游开发有限公司
24		奥伦达部落·丰宁森林康养小镇 ——承德居易旅游开发有限公司

序号	省份	基地名称及建设主体
25	山西	历山森林康养基地 ——山西省中条山国有林管理局
26		左权龙泉森林康养基地 ——左权龙泉国家森林公园（左权县万景旅游开发有限公司）
27		太行洪谷森林康养基地 ——山西太行洪谷国家森林公园管理处
28	内蒙古	拓跋鲜卑历史文化园 ——鄂伦春自治旗乌力楞文化旅游投资有限公司
29		林胡古塞森林康养基地 ——内蒙古白桦林生态旅游有限公司
30	吉林	四平市云翠谷森林康养基地 ——四平市明银休闲度假村有限公司
31		长春莲花山森林康养基地 ——长春悦翊房地产开发有限公司
32		吉林森工仙人桥森林温泉康养基地 ——吉林森工森林康养发展集团有限责任公司
33		临江溪谷森林康养基地 ——临江溪谷森林公园旅游度假有限公司
34	黑龙江	伊春西岭森林医养度假基地 ——伊春市宝宇龙花酒店有限公司
35		绥阳双桥森林康养游基地 ——黑龙江省绥阳林业局有限公司
36		伊春桃山玉温泉森林康养基地 ——伊春沐心旅游发展有限责任公司
37		鹤北林业局森林康养基地 ——黑龙江省鹤北重点国有林管理局

序号	省份	基地名称及建设主体
38	江苏	东台黄海海滨国家森林公园 ——东台黄海海滨国家森林公园管理中心
39		云台山国家森林公园 ——云台山国家森林公园管委会
40	浙江	桐庐天子地森林康养基地 ——桐庐天子地旅游开发有限公司
41		千岛湖龙川湾森林康养基地 ——浙江千岛湖西南景区旅游有限公司
42		永嘉书院森林康养基地 ——浙江省永嘉文化书院有限公司
43		丽水白云国家森林公园 ——丽水白云森林公园管理处
44		衢州柯城区灵鹫山森林康养基地 ——衢州市柯城区绿创森林运动有限责任公司
45	安徽	霍山县陡沙河温泉森林康养基地 ——华强大别山国际旅游度假区开发集团有限公司
46		天柱山森林康养基地 ——潜山市天柱山国家森林公园
47		石台西黄山富硒农旅度假区森林康养基地 ——石台县西黄山茶叶实业有限公司
48		金寨县茶西河谷森林康养基地 ——金寨县映山红农业发展有限公司
49		巨石山森林康养基地 ——安徽省小龙山生态旅游发展有限公司
50	福建	梅花山森林康养基地 ——福建省梅花山旅游发展有限公司
51		邵武市二都森林康养基地 ——福建省邵武市国有林场二都场

续表

序号	省份	基地名称及建设主体
52	福建	三元格氏栲森林康养基地 ——三明市三元格氏栲森林旅游公司
53		岁昌森林康养基地 ——福建岁昌生态农业开发有限公司
54		匡山生态景区（一期项目建设工程） ——浦城县旅游投资开发有限公司
55	江西	萍乡市麓林湖养生公馆 ——萍乡市都市农庄生态园开发有限公司
56		新光山庄 ——江西省新光山水开发有限公司
57		南昌市茶园山生态实验林场森林康养基地 ——南昌市林业科学研究所
58	山东	桃花岗森林康养基地 ——泗水县泗张镇人民政府
59		寿光林发集团森林康养基地 ——寿光林业生态发展集团有限公司
60		牛郎山森林康养基地 ——山东牛郎山旅游开发有限公司
61		获鹿山谷 ——安丘峰山文化发展有限公司
62	河南	竹林长寿山森林康养基地 ——河南竹林长寿山文旅集团有限公司
63		龙峪湾国家森林公园 ——洛阳龙峪湾森林养生避暑度假有限公司
64	湖北	五道峡景区横冲森林康养基地 ——湖北荆山楚源生态文化旅游开发有限公司
65		大口国家森林公园 ——钟祥市大口国家森林公园管理处

序号	省份	基地名称及建设主体
66	湖北	燕儿谷森林康养基地 ——湖北省罗田县燕儿谷生态观光农业有限公司
67		通城县药姑山森林康养基地 ——湖北省国有通城县岳姑林场
68	湖南	涟源龙山森林康养基地 ——湖南涟源龙山国家森林公园管理处
69		灰汤温泉森林康养基地 ——湖南省总工会灰汤温泉职工疗养院
70		方家桥森林康养基地 ——湖南天堂山国家森林公园管理处
71		幕阜山森林康养基地 ——湖南幕阜山国家森林公园管理处
72		九观湖森林康养基地 ——华夏湘江股份有限公司
73	广东	河源市野趣沟森林康养基地 ——河源市野趣沟旅游区有限公司
74		安墩水美森林康养基地 ——惠东县大川投资有限公司
75	广西	大明山森林康养基地 ——广西大明山国家级自然保护区管理局
76		六万大山森林康养基地 ——广西壮族自治区国有六万林场
77		拉浪森林康养基地 ——广西壮族自治区拉浪林场
78		东兰红水河森林公园 ——东兰县林业局

续表

序号	省份	基地名称及建设主体
79	海南	乐东永涛花梨谷森林康养基地 ——乐东佳源农林发展有限公司
80		南岛森林康养基地 ——海南融盛置业有限公司
81		仁帝山雨林康养基地 ——五指山仁商基业有限公司
82		霸王岭森林康养基地 ——海南省霸王岭林业局
83	重庆	武隆区仙女山森林康养基地 ——重庆市武隆喀斯特旅游产业（集团）有限公司
84		永川区茶山竹海森林康养基地 ——重庆茶山竹海旅游开发有限公司
85		巴南区彩色森林康养基地 ——重庆邦天农业发展有限公司
86	四川	洪雅县玉屏山森林康养基地 ——四川玉屏山旅游资源开发有限公司
87		南江县米仓山森林康养基地 ——南江县米仓山国家森林公园管理局
88		海螺沟森林康养基地 ——四川省甘孜藏族自治州海螺沟景区管理局
89		雅安市海子山森林康养基地 ——雅安世外乡村旅游开发有限责任公司
90	贵州	六盘水娘娘山森林康养基地 ——六盘水娘娘山国家湿地公园管理处
91		桃源河景区森林康养基地 ——贵阳旅文旅游产业发展股份有限公司
92		开阳县水东乡舍森林康养基地 ——贵州水东乡舍旅游发展有限公司
93		翠芽 27 度森林康养基地 ——贵州月出江南景区运营管理有限公司
94		麻江县蓝梦谷蓝莓森林康养基地 ——麻江县农业文化旅游管理委员会

序号	省份	基地名称及建设主体
95	云南	龙韵养生谷 ——红河龙韵休闲旅游开发有限公司
96		昆明潘茂野趣庄园森林康养基地 ——云南德茂生物科技有限公司
97	青海	互助县北山林场森林康养基地 ——互助土族自治县北山林场
98		莫河骆驼场森林康养基地 ——青海省柴达木农垦莫河骆驼场有限公司
99	陕西	黄陵国家森林公园森林康养基地 ——陕西黄陵国家森林公园有限公司
100		天竺山森林康养基地 ——山阳县天竺山国家森林公园管理委员会
101		黄龙山国有林管理局森林康养基地 ——延安市黄龙山国有林管理局
102		陕西省楼观台森林康养基地 ——陕西省楼观台国有生态实验林场
103	新疆	阿勒泰市克兰河峡谷森林康养基地 ——新疆维吾尔自治区阿勒泰市人民政府
104		乌苏佛山国家森林公园 ——新疆维吾尔自治区天山东部国有林管理局乌苏分局
105		奇台江布拉克国家森林公园 ——新疆维吾尔自治区天山东部国有林管理局奇台分局
106		白哈巴森林公园 ——新疆维吾尔自治区阿勒泰山国有林管理局哈巴河分局
107	中国林科院	中国林业科学研究院热带林业研究所试验站森林康养基地 ——中国林业科学研究院热带林业研究所试验站

二、康养旅游中国模式

国际上以治疗为主要目的的"康"旅游（即医疗＋旅游），及侧重于维持或强化个人的健康元素"养"旅游（即养生＋旅游），成为康养旅游的两大发展模式。康养旅游的各个环节围绕"康"和"养"展开，并以"游"作为载体，丰富活动体验及业态形式。我国基于以上康养旅游发展模式，结合我国旅游资源和区域特色，形成了康养旅游新模式。

（一）田园康养模式

田园康养是指以乡村为生活空间，以休闲农业产业资源和自然田园景观为基础，以住农家田园、感农事乐趣、品农家美食为主要内容，以回归自然、度假休闲、享受生活为目的的新型康养模式。这种模式主要面向久居城市，注重精神享受，同时追求返璞归真的田园生活、友善的邻里氛围的群体，并且驻足时间较长，很少受季节性约束。

（二）森林康养模式

森林康养旅游依托丰富的森林资源，结合中医和现代医学技术，配备休闲养生、医疗康体现代化设备，集强身健体、休闲养生、养老于一体的森林旅游活动，强调养生、养老、保健、体验等特质。这一模式的实施需要旅游目的地拥有丰富的森林景观、优质的生态环境，如有"天然氧吧"之称的黑龙江省大兴安岭地区，区域内各级森林公园、风景名胜区、国有林场等为康养旅游发展奠定了坚实的基础，该地深挖旅游资源，串联区域内多个景点，形成旅游矩阵，积极引导森林养生、森林疗养、森林休闲、森林避暑等产业发展，建设森林康养基地、森林康养步道和旅游路线，提供森林食疗、森林药疗、森林健身等特色森林康养旅游产品，打造区域特色品牌。

（三）阳光康养模式

阳光康养发展依托充沛的阳光资源，以丰富的物产、优质的生态资源和舒适的气候，以健身、运动、休闲、度假功能为核心。例如，四川省攀枝花市依靠阳光、气候、产业等条件，发展"康养＋医疗"模式，积极与医疗机构合作，引进高端医疗器械、康复器具，构建康复护理体系；发展"康养＋运动"模式，引进高档健身器材、完善健身设施、建设运动场所，打造阳光运动品牌。在此基础上，攀枝花的阳光康养旅游迅速发展。

（四）温泉康养模式

温泉康养是以温泉资源为基础，通过运动健身、营养膳食、康体教育、文化活动等方式，形成健康、养生、休闲娱乐等温泉养生特色的旅游模式。例如，贵州省石阡县、浙江省武义县、福建省漳州市等地都是以温泉为核心资源，打造养生度假区、温泉度假区等，发展康复疗养、生态养生。

（五）文化康养模式

文化康养主打"以文养心"，中国文化绵延数千年，具有浓厚的文化底蕴，将"文化"与"康养"相结合，根据地区特色发展文化康养旅游，成为许多地区推动经济发展的主要方式。文化与康养融合的关键在于资源的交融、共享及互补，将优美的自然环境与独特浓厚的文化相结合，在科技的加持下，打造特色旅游产业链。例如，南岳衡山素有"五岳独秀""宗教圣地""中华寿岳"之美誉，其充分利用特色文化资源和自然资源，将文化和康养旅游有机结合起来，打造集康养度假、休闲娱乐、商业服务于一体的文旅康养综合体，围绕养德、养心、养生、养气、药疗、食疗等主题，举办文旅节会活动，打响"寿岳"康养品牌，打造区域医养中心和国际知名康养胜地。

任务三　智慧旅游

一、智慧旅游

智慧旅游来源于智慧地球（smarter planet）及其在实践中的智慧城市（smarter cities）。从 2008 年国际商业机器公司（IBM）首次提出智慧地球概念后，逐步落地成为智慧城市范畴。而随着旅游业的建设和发展，依托智慧城市搭建以信息技术为纽带的旅游产业体系成为必然，智慧旅游应运而生。

近年来，我国尝试进行智慧旅游建设，许多地方已经存在成熟案例，但智慧旅游研究文献却较为少见，对智慧旅游的概念众说纷纭，没有统一、标准、科学的定义。

马勇（2011）指出，智慧旅游是物联网、云计算、下一代通信网络、高性能信息处理、智慧数据挖掘在旅游中的应用。叶铁伟、黄超和李云（2011）认为，智慧旅游是利用云计算、物联网等新技术，通过互联网或移动互联网，借助便携的终端上网设备，主要感知旅游资源、经济、活动和旅游者等方面的信息并及时发布，让人们能够及时了解这些信息，及时安排和调整工作与旅游计划，从而达到对各类旅游信息的智能感知、方便利用的效果，通过便利的手段实现更加优质的服务。邓爱民（2022）指出，智慧旅游是基于新一代信息技术，以提升旅游服务、改善旅游体验、创新旅游管理、优化旅游资源利用为目标，充分满足旅游者个性化需求、提高旅游企业经济效益和提升旅游行政监管水平，带来新的服务模式、商务模式和政务模式的智能集成系统，是智慧地球及智慧城市的一部分。

综上所述，智慧旅游是充分利用大智移物云等终端设备，感知旅游资源、旅游活动、旅游者等信息内容并及时发布，能够引导旅游者优化调整旅游行为，从而达到智能、方便、快捷的旅游效果。智慧旅游的实施将提升游客在食、住、行、游、购、娱每个旅游消费环节中的附加值；旅游者在旅游前、旅游中、旅游后都能够轻松地获取资讯、规划出行、预订票务、安排食宿、消费支出等，极大改善旅游体验。智慧旅游是一个系统概念，是基于智慧城市、智慧景区建设基础，涉及旅游管理者、景区、旅行社、酒店等多个旅游相关主体。智慧景区多业态呈现如图 5 – 3 所示。

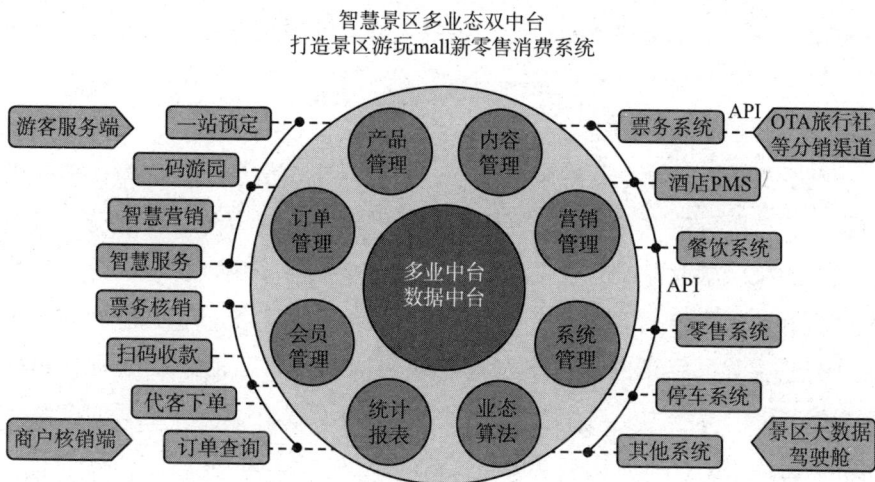

图 5 – 3　智慧景区多业态呈现

二、智慧旅游的特点

（一）全面物联

智能传感设备将旅游景点、文物古迹、城市公共设施物联成网，从而实现数据信息的即时交互，对旅游产业链上下游运行的核心系统实时感测。

（二）充分整合

实现全市景区、景点、酒店、交通等设施的物联网与互联网系统完全连接和融合，将数据整合为旅游资源核心数据库，提供智慧的旅游服务基础设施。通过这样一个网络，能够连接所有的物体，在任何时候、地点，可以使它们通信。在此根底上，人类可以以更加精细和动态的方式管理生产和生活，实现智能化，提高资源利用率和生产力水平。换句话说，未来的传感网络、物联网在任何时间（anytime）、任何人（anyone）、任何地点（anywhere）的根底上，又拓展到了任何物体（anything）。

（三）协同运作

基于智慧的旅游服务基础设施，实现旅游产业链上下游各个关键系统和谐高效地协作，达成城市旅游系统运行的最佳状态。像通过云计算（cloud puting）把多个相对较低的计算实体整合成一个具有强大计算能力的完美系统。云计算的一个核心理念就是通过不断提高"云"的处理能力，进而减少用户终端的处理负担，最终使用户终端简化成一个单纯的输入输出设备，并能按需享受"云"的强大计算处理能力！

三、智慧旅游的功能

智慧旅游是一种全新的旅游业态，以智能化、信息化技术为支撑，可以提高旅游服务效率、提升游客体验、促进旅游业转型升级和推动区域经济发展，是旅游业发展的重要趋势之一。对于政府来说，智慧旅游可以帮助其更好地规划和管理旅游产业，推动区域经济发展。对于旅游企业来说，智慧旅游可以帮助他们更好地管理资源和客户，提高服务质量和效率，增强综合竞争力。对于游客来说，智慧旅游提供了一种全新的旅游方式和旅游体验，让旅游更加便捷和高效。

（一）提高景区管理水平和工作效率

通过建设智慧旅游平台，景区可以实现全面、透彻、及时地感知了解，及时调度与现场管理，从而提高游客接待量，提升企业工作效率，同时，降低成本形成企业竞争力，促进旅游服务升级。智慧旅游通过智能终端设备为游客提供个性化、便捷的旅游服务，提高游客满意度。例如，游客可以通过手机 App、微信公众号等方式获取景点信息、预订门票、安排行程等。

（二）实现精准营销和精细服务

智慧旅游可以利用大数据分析和精准营销策略，为旅游企业提供更加有效的营销手段。例如，通过分析游客的行为和偏好，可以精准推送个性化的旅游产品和服务，提高转化率和用户黏性。

（三）优化游客旅游体验和旅游方式

通过智能终端设备和互联网技术，游客可以更加方便快捷地获取景点信息、了解旅游线路、预订旅游服务、评价旅游体验等，从而更好地规划行程、安排时间、提高旅游效率。同时，智慧旅游也可以为游客提供更加个性化、多样化的旅游服务，如智能导游、智能导览等，让游客更加深入地了解景点文化、历史背景和特色风情，增强旅游的趣味性和互动性。

（四）助推文旅产业新路径和新模式

智慧旅游作为新一代信息技术与旅游产业的融合产物，可以为文旅行业带来新的发展思路和模式，促进文旅行业的创新升级。同时，智慧旅游也可以为文旅行业提供新的经济增长点，推动文旅行业的可持续发展。

■ **知识活页**

西安城墙以高体验感智慧服务获网友点赞[①]

经久的历史风霜岁月，给西安城墙留下了丰厚积淀。时代发展，理念更新，"古老"城墙从文物保护到更细致的观众服务，融入了更多智慧化服务理念，让西安城墙焕发新生，持续守望城市发展。西安城墙采用互联网和通信交互技术，在服务细节、体验感提升、个性化智慧推荐等方面使西安城墙游览、娱乐和购物更加智慧化。

（一）完善服务细节让游览智慧化

西安城墙为方便观众出行，利用自有的新媒体矩阵，积极发布参观攻略和出行路线，给观众提供智慧交通的多条服务选择。观众只需要在微信

---

① 西安城墙以高体验感智慧服务获网友点赞［EB/OL］. 数字展示在线，2023 – 01 – 13.

上搜索"西安城墙"小程序，便可以实现在线购票、在线云游、活动资讯、文创商城等内容，无须排队，轻松实现在线购票，免去观众无效等待时间。对首次登上城墙不认识路的观众，西安城墙推荐打开高德地图，搜索"西安城墙"点击"一键智慧游"，进入智慧导览场景页面，便可轻松参观西安城墙。智慧城墙搜索如图5-4所示。

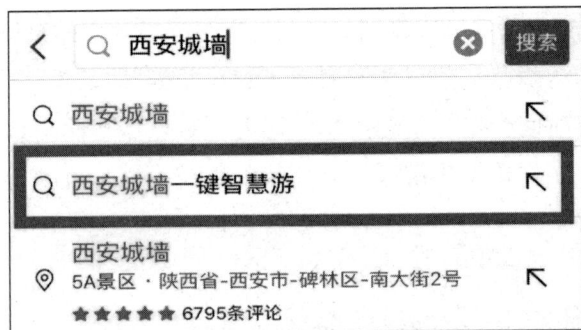

图5-4 高德地图搜索西安城墙示例

因西安城墙景区面积较大，全长13.74千米，为了让观众丰富参观体验，有效减少体力消耗，所以在城墙上规划了多处单车停车点，观众只要拿着手机，用手指轻轻一点，单车停放点、卫生间、景点推荐、玩法攻略、电子导航等各类导览服务应有尽有。考虑人员聚集，西安城墙在景区入口设置有客流统计和人脸识别系统，在节假日及多次大型活动中，人脸识别还多次在景区内帮助走失家人的观众找到他们的亲属。

为了满足自驾游来的观众，西安城墙响应西安市"互联网+停车"便民服务项目建设，在南门地下停车场实施了"智慧停车"服务，通过微信就可实现自助缴费，实时出入。如果遇到停车位不够的情况，西安城墙把南门周边2000多个停车信息也一并帮观众找到了，观众可以在"遇见城墙"微信公众号，智能导览和高德地图智慧游，轻松查看景点、停车场、售票处等景区基础设施分布位置。

此外，为满足游客当日多次往返景区的游览需求，西安城墙还与西安市大数据资源管理局开展深度合作，使城墙票务系统和西安一码通融合，满足游客当日多次往返景区，真正实现"一票在手，全天畅游"。

（二）提升体验感让娱乐智慧化

据西安城墙负责人介绍，为了让观众在虚拟现实之中体验新奇感知，西安城墙在智慧景区建设中，结合景区唐文化主题特点，打造出特有的智慧娱乐体验产品。例如，在实景演出中增加科技和灯光元素，让剧目达到空前的壮观和震撼；运用投影技术让丝绸之路场景生动起来；城墙交互体验项目，既增加了趣味性、体验性，也突出了西安城墙特有的城墙文化。

不仅如此，为了丰富游客的游览体验，西安城墙基于智慧平台数据资源借助5G通信技术，打造"无人机＋VR沉浸式"云游览项目，通过云平台远程控制无人机，实现实时高清图传，打造三维立体景区游览模式，使游客实现空中游览古城的愿景。

西安城墙有城门18个，到底从哪个门进入？登上城墙后怎么听讲解？这些西安城墙都帮观众想到了，观众只需线上关注"西安城墙 or 城里城外"订阅号，点击自定义菜单【游·城】－【电子地图】，便可享受语音导览服务。此外，西安城墙还研发出含光门数字博物馆和H5游戏项目，让游客通过博物馆全景云游览和H5小游戏，加深对文物历史文化了解。还打造了国内最大的唐长安城智慧沙盘，融合声、光、电、数字投影技术，让游客感受唐长安的雄伟和震撼。

（三）"城墙故事"进行个性化智慧推荐

服务无止境，西安城墙不断通过智慧化服务提升旅游生态，实力宠粉，为每一位观众提供暖心之旅。在游客服务中心，给观众准备了免费饮水机、出行指南、充电宝、免费Wi-Fi、实体邮箱、医药箱、小武士免费集章卡等一系列设置，在景区的很多显眼位置，都设置有景区服务咨询热线和金钥匙服务电话，满足观众出行的各种需求，把服务细节做到极致。

为了让购物更加智慧化，降低传统导游导购中的诱购、劝购和强购因素，让观众在轻松氛围中选购城墙文创礼品，西安城墙设置有无人贩售柜机"城墙故事"，这些柜机可以智能地抓住观众个性化的喜好特点，对文创礼品进行推荐，观众通过二维码扫描，实现对"城墙故事"的了解，并对同类文创礼品进行对比，自行选择个性化的导购服务，方便的同时省去了排队的时间。

除了线下设置无人售卖柜机服务，西安城墙积极探索文化遗产传承的数字产业发展，应用区块链技术，精心打造线上数字产品。于 2021 年至今相继推出了西安城墙小武士、西安城墙四季插画、西安城墙数字时装等 17 大系列共 51 款数字藏品，推动"文化遗产 + 数字文旅 + 科技"发展，受到游客和文化遗产爱好者的好评。西安城墙把智慧景区建设的理念纳入科学化、标准化和规范化的轨道当中来，打造国家西部中心城市文化旅游服务标杆，树立中国西部地区文化遗产传承发展典范。

任务四　红色旅游

一、红色旅游的概念界定

2004 年 12 月是现代红色旅游概念界定的一个重要的时点。中共中央办公厅、国务院办公厅印发《2004 – 2010 年全国红色旅游发展规划纲要》（以下简称《纲要》），《纲要》中界定了红色旅游的内涵是"以中国共产党领导人民在革命和战争时期建树丰功伟绩所形成的纪念地、标志物为载体，以其所承载的革命历史、革命事迹和革命精神为内涵，组织接待旅游者开展缅怀学习、参观游览的主题性旅游活动"。

这一概念界定引发了学术界的讨论，部分学者认为这是对红色旅游的狭义定义，并相对提出了广义的红色旅游资源概念——顺应历史潮流、弘扬爱国精神的，由革命活动遗留下来的人文景观及其精神。甚至广义的年代区间下限下移，上限上延，认为中国共产党的奋斗史是红色旅游的主体，时间外延可拓展到民主革命时期。《2011 – 2015 年全国红色旅游发展规划纲要》对红色旅游的外延又作了拓展，范围拓展为自 1840 年鸦片战争以来的革命遗址遗迹和新中国成立后社会主义革命和建设，以及改革开放新时期以来的纪念地、标志物为基础开发的旅游产品和进行的旅游活动，都是红色旅游的内容。

二、红色旅游的发展历程

从最初的革命传统教育活动到现在的综合性旅游产品，红色旅游在中国的发展经历了从无到有、从小到大的过程，成为中华文化的重要组成部分和中华民族精神的典型。中国红色旅游共经历了以下几个阶段。

孕育阶段（1949～1978 年）：新中国成立后，延安、井冈山、遵义、韶山等革命圣地和纪念地成为革命传统教育和思想政治教育的重要场所，受到广泛关注和向往。国家非常重视这些革命遗址的保护和利用，提出保护革命文物和遗址的要求，并有多处被列为全国重点文物保护单位。

萌芽阶段（1979～1994 年）：这一时期，红色旅游主要以政治学习和公费接待为主。红色旅游景区的概念开始产生，红色旅游活动开始举行，关注度大幅提升。

起步阶段（1995～2004 年）：红色旅游开始向市场化运作转变，全国各地红色旅游活动开始举行，红色旅游产品趋向综合化开发。红色旅游开始在经济上产生效益，社会和环境效益也逐渐显现。

全面发展阶段（2005 年至今）：红色旅游在国家层面进入人们视野，开始从注重经济效益向注重社会效益转变。红色旅游产品不断丰富，包括红绿结合、红古结合、综合开发等多种模式，红色旅游的社会效益和经济效益进一步提升。

三、红色旅游的特征

（一）具有一定的学习性

红色旅游的学习性，主要是指以学习中国革命史为目的，以旅游为手段，学习和旅游互为表里。但是，这种学习不宜搞成灌输式的"现场报告会"，而应营造出自我启发的教育氛围，达到"游中学、学中游"，寓教于游、润心无声的境界。我国红色旅游与红色文化教育紧密相连在一起，开展的红色旅游，是传承革命精神，弘扬红色文化的体现，它归类于修学的大类，设有红色专题旅游、红色研学旅游等，列入学校、机关、企事业单位、党团工会组织的爱国主义教育的序列。

（二）具有很强的故事性

故事性是红色旅游较为独有的特征，以记录丰功伟绩所形成的纪念地、标志物为载体本身就具有故事性和传承性。要让红色旅游健康发展，使之成为有强烈吸引力的、大众愿意自费购买的旅游产品，需要妥善处理红色教育与常规旅游的辩证关系，其中的关键是以小见大、以人说史。历史典故往往形象、生动、有趣，容易让英雄走下圣坛，贴近群众和生活，产生亲和力。因此，要深入发掘红色旅游中的历史人物故事，既要反映领袖、英雄等"大人物"在历史中的重要作用，更要通过"小人物"的故事，揭示人民群众创造历史的真谛，使历史鲜活和丰满起来。

（三）红色资源的整合性

与一般旅游资源不同，红色旅游资源分布上的零散性和地域性，决定了发展红色旅游必须实行相关自然与人文旅游资源的整合，实行不同行政区域的旅游合作，延长红色旅游的产品链，红色旅游资源具有的可融合性、延展性，旅游资源的整合有利于增强红色旅游的吸引力，有利于实现红色旅游资源的相对完整性，也有利于更好地发展经济的功能。

四、红色旅游高质量发展

（一）加快推进区域协调融合

协调是推动红色文旅融合内部结构和外部联系的重要手段。革命老区相互连接，红色旅游资源分布广泛，跨行政区域的特征比较明显。要强化省际、市际、县际之间的区域联动、协作发展，构建红色资源共享、客源互换、互利共赢"三位一体"的协同发展新格局。在布局上力求统分结合、环环相扣、融为一体。对同一主题下的红色旅游产品，各区域可共同开发和营销，形成联动效应，降低成本、提高效率、增强市场竞争力。

（二）加快推进红色+绿色融合

绿色是寻找生态环境保护与红色文化旅游资源共同发展的突破口。要利用绿色生态环境优势与丰富红色文化资源禀赋，探索各具特色的红色文旅融合发展之路。要强化红色旅游与生态文明建设、乡村振兴战略的内在关联，以市场为导向，加快革命老区旅游基地建设，通过文旅融合打造"快进慢游深体验"的旅游产品，促进红色旅游与周边乡村旅游、生态旅游、康养旅游、休闲度假旅游有机融合。加强对红色餐饮、红色民宿、红色交通、红色文创、红色演艺、红色研学等旅游产品的创意开发。通过"红色+绿色""红色+农村""红色+农业""红色+研学""红色+科技""红色+文化"等形式推动与生态乡村、研学等相结合，把红色景点与自然风光串联起来加以融合。

（三）加快推进开放交流融合

开放是扩大革命老区红色文旅融合影响力，提升革命老区知名度、美誉度的平台。在推进革命老区红色文旅区域融合高质量发展中，通过创新宣传方式，加强宣传推介，扩大老区影响。精心策划有影响力、有分量的红色文化旅游产品推介活动，创作一批体现革命老区红色历史、地方特点和老区新貌的红色文艺作品，并通过影视、网络平台、社交媒体等传播途径，不断提升革命老区文旅品牌的美誉度。在推动数字文化产业高质量发展中，探索建设革命老区红色文旅产教联盟，与有关高等院校合作，开展线上红色文旅行业职工技能培训；加强与相关科技公司合作，建设红色文旅资源数据库、红色文旅文创数字中心、红色文旅文创数字实验室等，逐步完善革命老区红色文旅品牌标识和品牌体系。

（四）加快推进共享服务融合

共享是推进红色文旅融合高质量发展的公益性和增强民生福祉的重要体现。要持续推进红色文化公共服务与红色旅游公共服务协同联动。以游客体验为中心，全面推进落实标准化、规范化、现代化服务，满足个性化、差异化需求，推动红色文化与红色旅游产业服务质量提质升级。

■ **知识活页**

经典红色旅游线路（重温红色历史、传承奋斗精神)[①]

1. "伟大征程·历史见证"精品线路

天安门广场—人民英雄纪念碑—毛主席纪念堂—人民大会堂—中国国家博物馆—新文化运动纪念馆—李大钊故居—中国人民革命军事博物馆—中国人民抗日战争纪念馆—宛平城—卢沟桥—长辛店"二七"纪念馆

2. "平津战役·走向胜利"精品线路

天津市和平区中共中央北方局旧址纪念馆—中共天津历史纪念馆—河北区金汤桥会师公园（平津战役胜利会师地）—平津战役纪念馆—周恩来邓颖超纪念馆

3. "不忘初心·进京赶考"精品线路

河北省石家庄市西柏坡红色旅游系列景区—保定市淑吕村毛泽东住宿

---

① 文化和旅游部、中央宣传部、中央党史和文献研究院、国家发展改革委联合发布"建党百年红色旅游百条精品线路"［EB/OL］.中华人民共和国文化和旅游部，2021－05－14.

旧址—颐和园益寿堂（毛泽东带领党中央到达北平的第一个落脚点）—北京香山双清别墅—北京香山革命纪念馆

4. "烽火太行·抗战脊梁"精品线路

山西省长治市屯留区抗大一分校旧址—长治市潞城区神头岭伏击战遗址公园—长治市黎城县黄崖洞兵工厂旧址—长治市黎城县"北方局黎城会议纪念馆"—长治市武乡县八路军太行纪念馆—长治市武乡县王家峪八路军总部旧址景区—晋中市左权县麻田八路军纪念馆、八路军总部旧址—晋中市左权县晋冀鲁豫边区临时参议会旧址—河北省邢台市信都区前南峪抗大纪念馆—邯郸市武安市晋冀鲁豫中央局旧址

5. "勠力同心·共同抗敌"精品线路

内蒙古自治区鄂伦春自治旗团结抗战胜利纪念碑—呼伦贝尔市世界反法西斯战争海拉尔纪念园—满洲里市红色国际秘密交通线教育基地—多伦县察哈尔抗战遗址—武川县大青山抗日根据地旧址

6. "革命烽火·红色草原"精品线路

内蒙古自治区锡林浩特市中共锡察巴乌工委驻地旧址—乌兰浩特市内蒙古民族解放纪念馆—乌兰浩特市内蒙古自治区政府成立纪念地—中国共产党内蒙古工作委员会办公旧址—乌兰牧骑宫—科右前旗兴安盟农村第一党支部纪念馆

7. "不忘国耻·英勇抗战"精品线路

辽宁省沈阳市"九一八"历史博物馆—抚顺市三块石革命文物片区—本溪市本溪县东北抗联史实陈列馆—本溪市抗联第一路军西征会议遗址—本溪市桓仁县东北抗日义勇军纪念馆—大连市旅顺口区苏军烈士陵园、苏军烈士纪念塔

8. "辽沈枪声·解放号角"精品线路

辽宁省沈阳市秀水河子战役纪念馆—锦州市辽沈战役纪念馆—解放锦州烈士陵园—凌海市牤牛屯村（辽沈战役东北野战军锦州前线指挥所所在地）—葫芦岛市塔山阻击战纪念馆—锦州市黑山阻击战纪念馆

9. "抗美援朝·保家卫国"精品线路

辽宁省沈阳市抗美援朝烈士陵园—丹东市抗美援朝纪念馆—丹东市鸭绿江断桥景区—丹东市中国人民志愿军空军青椅山机场旧址—吉林省集安

市鸭绿江国境铁路大桥

10. "英雄吉林·精神永存"精品线路

吉林省长春市东北沦陷史陈列馆—吉林市革命烈士陵园、纪念园—吉林市丰满劳工纪念馆—通化市杨靖宇烈士陵园—延边朝鲜族革命纪念馆—珲春市大荒沟抗日根据地遗址—长白山老黑河遗址—四平市塔子山战斗遗址—四平战役纪念馆—四平烈士陵园—四平市三道林子战斗遗址—四平市东北民主联军四平保卫战指挥部旧址

11. "红色龙江·英雄不朽"精品线路

黑龙江省哈尔滨市东北烈士纪念馆—哈尔滨市东北抗联博物馆—哈尔滨市侵华日军第七三一部队罪证陈列馆—尚志市革命烈士陵园—牡丹江市八女投江革命烈士陵园—牡丹江市海林市杨子荣烈士墓及剿匪遗址—牡丹江市绥芬河秘密交通线纪念馆

12. "从北大荒到北大仓"精品线路

黑龙江省鸡西市密山市北大荒开发建设纪念馆—双鸭山市友谊县友谊农场—鸡西市密山北大荒书法长廊景区—虎林市第一把荒火地850农场—虎林市现代大农业856农场—虎林市云山湖红色旅游度假景区—虎林市北大荒农机博览园

13. "走近铁人·感受拼搏"精品线路

黑龙江省大庆市铁人王进喜纪念馆—大庆市石油科技馆—大庆市大庆油田历史陈列馆—大庆市大庆石油馆—齐齐哈尔市中国第一重型机械厂（"一五"期间156项重点建设项目之一）

14. "开天辟地·革命启航"精品线路

上海市中共一大发起组成立地—上海市中共一大代表宿舍旧址—上海市中共一大会址纪念馆—浙江嘉兴南湖红船—浙江嘉兴南湖革命纪念馆

15. "致敬新四军·不忘革命路"精品线路

江苏省镇江市句容市茅山新四军纪念馆—常州市中共苏皖区一大会址—常熟市沙家浜革命历史纪念馆—泰州市泰兴新四军黄桥战役纪念馆—南通市海安苏中七战七捷纪念馆—盐城新四军纪念馆—盐城新四军重建军部旧址—盐城阜宁中共中央华中局第一次扩大会议旧址—宿迁市雪枫公园（彭雪枫将军纪念地）—淮安市淮阴区八十二烈士陵园

16. "淮海战役·伟大胜利"精品线路

江苏省徐州市淮海战役纪念馆—徐州市淮海战役碾庄圩战斗纪念馆—徐州市贾汪起义纪念馆—新沂市窑湾战斗纪念馆—徐州市吕梁狼山阻击战纪念碑—安徽省淮北市濉溪县淮海战役双堆集烈士陵园—淮北市中共淮海战役总前委旧址—淮北市小李家指挥部—宿州市萧县蔡洼淮海战役总前委会议暨华东野战军指挥部旧址

17. "铭记历史·砥砺前行"精品线路

江苏省南京市中山陵—雨花台烈士陵园—中共代表团梅园新村纪念馆—侵华日军南京大屠杀遇难同胞纪念馆—中国近代史遗址博物馆

18. "水乡抗战·红色浙江"精品线路

浙江省湖州市新四军苏浙军区旧址群—宁波市浙东（四明山）抗日根据地旧址—丽水市浙西南革命根据地旧址群—温州市浙南（平阳）抗日根据地旧址—温州市洞头先锋女子民兵连纪念馆

19. "初心如磐·不屈军魂"精品线路

安徽省黄山市红军北上抗日先遣队陈列馆—黄山市岩寺新四军军部旧址—宣城市泾县皖南事变烈士陵园及新四军军部旧址—六安市皖西烈士陵园—裕安区独山革命旧址群—舒城县新四军第四支队纪念馆—合肥市庐江县新四军江北指挥部旧址—滁州市来安县新四军二师师部旧址

20. "百万雄师过大江"精品线路

安徽省蚌埠市渡江战役总前委孙家圩子旧址—合肥市渡江战役纪念馆—合肥市肥东县渡江战役总前委旧址—芜湖市板子矶渡江战役第一船登陆点纪念碑—江苏省南京市渡江胜利纪念馆

21. "小岗精神·改革序幕"精品线路

安徽省滁州市凤阳县小岗村"大包干"纪念馆—滁州市凤阳县沈浩同志先进事迹陈列馆—滁州市凤阳县当年农家（大包干前后农村生产生活场景）—滁州市凤阳县小岗村培训中心—滁州市凤阳县工坊一条街

22. "闽西苏区·红色福建"精品线路

福建省龙岩市上杭县古田会议旧址及纪念馆—龙岩市上杭县毛泽东才溪乡调查纪念馆—龙岩市松毛岭战地遗址—龙岩市长汀县红色旧址群—龙岩市连城县新泉红四军"新泉整训"旧址群—龙岩市永定区中央红色交通线旧址

群—三明市宁化县革命纪念园—三明市清流县红军标语遗址—三明市明溪县革命纪念园—三明市尤溪县坂面闽中红军旧址—三明市建宁县红一方面军总司令部、总前委、总政治部旧址—三明市泰宁县红军街—南平市武夷山市大安红色首府旧址—南平市邵武市中共苏区闽赣省委旧址、东方县委旧址

23. "井冈之路·星火燎原"精品线路

江西省吉安市井冈山会师纪念馆—茅坪八角楼毛泽东故居—黄洋界哨口—五龙潭红军洞—小井红军烈士墓—小井中国红军第四军医院旧址—大井朱毛旧居—北山革命烈士陵园—茨坪革命旧址群—遂川县工农兵政府旧址—井冈山革命博物馆

24. "英雄城·红色城"精品线路

江西省南昌八一起义纪念馆—南昌起义总指挥部旧址—新四军军部旧址（陈列馆）—二十军指挥部旧址—江西革命烈士纪念堂—朱德军官教育团旧址—方志敏纪念馆—南昌市新建区小平小道陈列馆

25. "红色摇篮·革命赣南"精品线路

江西省瑞金市叶坪革命旧址群—沙洲坝革命旧址群—瑞金共和国摇篮景区—中华苏维埃共和国中央革命军事委员会旧址—于都县中央红军长征集结出发地纪念园—安远县天心整军旧址—寻乌县毛泽东寻乌调查纪念馆—大余县大余整编旧址—崇义县上堡整训旧址—兴国县苏区干部好作风纪念园—宁都县中央苏区反"围剿"战争纪念馆

26. "弘扬沂蒙精神"精品线路

山东省临沂市沂南县沂蒙红嫂纪念馆—沂南县沂蒙红色影视基地—蒙阴县、沂南县沂蒙山孟良崮战役遗址—费县沂蒙山小调活态博物馆—大青山胜利突围纪念馆—莒南县八路军一一五师司令部—沂蒙革命纪念馆（华东革命烈士陵园）—临沂市华东野战军总部旧址暨新四军军部旧址纪念馆

27. "改天换地·中原奇迹"精品线路

河南省安阳市林州市红旗渠—安阳马氏庄园（刘邓大军指挥部旧址）—开封市兰考县四面红旗展览馆—兰考县张庄村（焦裕禄工作联系点）—兰考县展览馆—兰考县焦裕禄烈士陵园

28. "革命大别山·红色鄂豫皖"精品线路

河南省信阳市息县刘邓大军渡淮纪念馆—信阳市新县鄂豫皖苏区首府

革命博物馆—信阳市浉河区四望山新四军第五师师部旧址—信阳市王大湾会议会址纪念馆—信阳市商城县金刚台红军洞群—安徽省六安市金寨县红二十五军军政机构旧址—六安市金寨县革命烈士陵园—六安市金寨县革命博物馆—湖北省黄冈市麻城烈士陵园—黄冈市红安县黄麻起义和鄂豫皖苏区烈士陵园—黄冈市麻城市乘马会馆

29. "红色武汉·英雄城市"精品线路

湖北省武汉市中国共产党纪律建设历史陈列馆—中共五大会址纪念馆—武昌区毛泽东旧居及中央农民运动讲习所旧址纪念馆—江岸区八七会议会址纪念馆—武汉中共中央机关旧址纪念馆—八路军武汉办事处旧址纪念馆—汉口新四军军部旧址纪念馆—江岸区武汉二七纪念馆

30. "湘鄂边苏区"精品线路

湖北省恩施州宣恩县板栗园大捷遗址—恩施州咸丰大村会议遗址—咸丰忠堡大捷遗址及烈士陵园—来凤县张富清先进事迹展馆—湘鄂边苏区革命烈士陵园—湘鄂边苏区革命文物陈列馆—五里坪革命旧址群—红二军团总指挥部旧址—锣鼓山三十二烈士殉难处—中营镇红岩坪红三军军部旧址—段德昌囚居处旧址—工农革命军邬阳关收编"神兵"旧址—巴东县金果坪红三军烈士陵园—贺龙旧居—红三军枪炮局—段德昌烈士墓—建始官店照京坪革命历史陈列馆

31. "跟着毛主席去游学"精品线路

湖南省长沙市橘子洲景区—岳麓山—湖南第一师范学校旧址—中共湘区委员会旧址暨毛泽东、杨开慧故居—湘潭市韶山市毛泽东故居和纪念馆—湘潭市湘乡东山学校旧址

32. "红色旗帜·潇湘火种"精品线路

湖南省郴州市汝城县沙洲村—郴州市宜章县湘南暴动指挥部旧址—郴州市苏仙区郴县苏维埃政府旧址—耒阳市湘南起义旧址—永州市道县陈树湘烈士纪念园—怀化市通道县湖南通道转兵纪念馆—湘西州永顺县湘鄂川黔革命根据地旧址—张家界市刘家坪红二方面军长征出发地

33. "秋收起义·湘赣红旗"精品线路

江西省九江市修水县秋收起义修水纪念馆—宜春市铜鼓县秋收起义铜鼓纪念馆—萍乡市秋收起义广场—萍乡市莲花县莲花一枝枪纪念馆—吉安

市永新三湾改编旧址—湖南省株洲市炎陵县毛泽东水口连队建党旧址—株洲市炎陵红军标语博物馆—浏阳市文家市秋收起义会师旧址纪念馆

34."红色广州·革命之城"精品线路

广东省广州市黄花岗七十二烈士墓—黄埔陆军军官学校旧址—中共三大会址纪念馆—毛泽东同志主办农民运动讲习所旧址—广州起义纪念馆和烈士陵园

35."百色起义·红色广西"精品线路

广西壮族自治区百色市田东县红军亭—百色市田东县右江工农民主政府旧址—百色市百色起义纪念馆—百色市红七军军部旧址（百色市右江区粤东会馆）—百色市右江百色起义纪念碑园—百色市乐业县红七军和红八军会师地旧址

36."血战湘江·突破包围"精品线路

广西壮族自治区桂林市全州县红军长征湘江战役纪念馆—桂林市全州县湘江战役大坪渡口—桂林市全州县湘江战役全州觉山铺阻击旧址—桂林市兴安县千家寺红军标语楼—桂林市兴安县红军长征湘江战役界首渡口遗址、界首红军堂、界首红军街—桂林市兴安县光华铺烈士墓—桂林市兴安县红军长征突破湘江烈士纪念碑园—桂林市灌阳县湘江战役灌阳新圩阻击战旧址

37."天涯海角·红色椰岛"精品线路

海南省海口市龙华区海南革命烈士纪念碑—海口市琼山区琼崖工农红军云龙改编旧址—定安县母瑞山革命根据地纪念园—琼海市红色娘子军纪念园—万宁市六连岭革命遗址—五指山市五指山革命根据地纪念园—三亚市梅山老区革命烈士陵园

38."踏寻红岩足迹·感悟红岩精神"精品线路

重庆市渝中区《新华日报》营业部旧址—渝中区周公馆—渝中区桂园（1945年，毛泽东、周恩来等在国共两党谈判期间的主要活动场所）—渝中区化龙桥街道红岩村（红岩革命纪念馆、八路军重庆办事处旧址、"沁园春·雪"广场）—渝中区中国民主党派历史陈列馆—渝中区特园（抗战时期中共及各民主党派活动的重要场所）—沙坪坝区渣滓洞集中营—沙坪坝区白公馆监狱旧址—沙坪坝区蒋家院子（叶挺将军被囚处旧址）—重庆

歌乐山烈士陵园—沙坪坝区红岩魂广场及陈列馆

39. "红军不怕远征难"精品线路

四川省雅安市宝兴县夹金山红军纪念碑—阿坝州小金县达维会师遗址—阿坝州小金县两河口会议旧址—阿坝州松潘县川主寺红军长征纪念碑园—阿坝州松潘县毛尔盖会议遗址—阿坝州若尔盖县巴西会议旧址—阿坝州若尔盖县包座战役遗址—阿坝州红原县瓦切红军长征纪念遗址—马尔康市卓克基会议旧址—阿坝州黑水县芦花会议会址—甘孜州泸定县红军飞夺泸定桥纪念馆—甘孜州泸定县磨西镇毛泽东住地旧址—雅安市石棉县安顺场红军强渡大渡河纪念地—凉山州会理县会理会议遗址—凉山州会理县皎平渡红军渡江遗址—凉山州冕宁县彝海结盟遗址、红军长征纪念馆

40. "奇兵入川·铁血丹心"精品线路

四川省达州市红军文化陈列馆—达州市宣汉县红三十三军纪念馆—达州市万源市万源保卫战战史陈列馆—巴中市平昌县中国工农红军石刻标语园—巴中市通江县红四方面军总指挥部旧址纪念馆—巴中市通江县川陕革命根据地红军烈士陵园—巴中市巴州区川陕革命根据地博物馆—巴中市川陕苏区将帅碑林—巴中市南江县巴山游击队纪念馆—广元市剑阁县红军攻克剑门关遗址—广元市苍溪县红军渡纪念地—广元市旺苍县红军街—广元市旺苍县木门军事会议会址

41. "汶川抗震·众志成城"精品线路

四川省成都市"万众一心、众志成城"抗震救灾主题展览馆—都江堰市虹口深溪沟地震遗址纪念地—阿坝州汶川县映秀镇汶川地震震中纪念地—阿坝州汶川县水磨古镇（被联合国评为全球灾后重建最佳范例）—绵阳市北川羌城地震遗址博物馆—绵阳市北川县永昌镇（北川新县城）

42. "红色贵州·雄关漫漫"精品线路

贵州省黔东南州黎平县黎平会议旧址—遵义市红军山烈士陵园—遵义市遵义会议纪念馆—遵义市娄山关景区—遵义市乌江渡景区—习水县青杠坡战役遗址—习水县四渡赤水纪念馆—赤水市丙安红一军团陈列馆—赤水市赤水红军烈士陵园—遵义市苟坝会议旧址—毕节市金沙县钱壮飞烈士陵园—中央红军四渡赤水南渡乌江渡口—贵阳市息烽集中营革命历史纪念馆

43. "彩云之南·红色热土"精品线路

云南省昭通市威信县扎西会议纪念馆—曲靖市会泽县水城红军扩军旧址—昆明市禄劝县皎平渡—昆明市寻甸县红军长征柯渡纪念馆—楚雄州元谋县龙街红军横渡金沙江渡口—丽江市玉龙县石鼓红军渡口—迪庆藏族自治州香格里拉市独克宗古城红军长征纪念馆

44. 弘扬"老西藏精神""两路精神"精品线路

西藏自治区昌都市江达县西藏解放第一村（十八军碉堡、十八军作战猫耳洞、十八军渡江口、十八军战斗遗址）—江达县岗托红旗广场（十八军军营旧址展览馆）—江达县十八军徒步翻越矮拉山遗迹—江达县同普洒咧营地—江达县邓柯十八军渡江遗址（十八军渡江索桥）—拉萨市青藏铁路拉萨站—拉萨市烈士陵园—拉萨市中央人民政府驻藏代表楼旧址

45. "红色陕西·圣地延安"精品线路

陕西省西安市"西安事变"纪念馆—西安市八路军西安办事处纪念馆—铜川市陕甘边照金革命根据地旧址—照金薛家寨革命旧址—延安市南泥湾革命旧址—延安革命纪念地景区—延安市吴起县中央红军长征胜利纪念园—延安市甘泉县中央红军和陕北红军会师地旧址—延安市安塞区王家湾革命旧址—延安市延川县永坪镇革命旧址—延安市子长市瓦窑堡会议旧址

46. "红军会师·征途在前"精品线路

甘肃省甘南州迭部县俄界会议旧址和茨日那毛主席旧居—甘南州迭部县腊子口战役遗址—白银市会宁县红军长征会师旧址—定西市岷州会议纪念馆—定西市通渭县榜罗镇革命遗址—陇南市宕昌县哈达铺红军长征纪念馆—平凉市静宁县中国工农红军长征界石铺纪念园—庆阳市华池县红色南梁大景区

47. "壮怀激烈·初心不改"精品线路

甘肃省武威市古浪县红军西路军古浪战役遗址—金昌市永昌县红西路军永昌战役纪念馆—张掖市高台县高台烈士陵园—高台县中国工农红军西路军血战高台场景复原地—临泽县梨园口战役纪念馆

48. "雪域高原·红色青海"精品线路

青海省西宁市中国工农红军西路军纪念馆—果洛州班玛县红军沟革命

遗址—果洛州班玛县红二、四方面军临时指挥所—果洛州班玛县红军墓—果洛州班玛县红军亭

49. "红旗漫卷六盘山"精品线路

宁夏回族自治区固原市隆德县六盘山长征纪念馆—固原市西吉县兴隆镇单家集红军长征遗址—固原市西吉县中国工农红军长征将台堡会师纪念碑—固原市青石嘴战斗遗址—吴忠市同心县红军西征纪念园—吴忠市盐池县革命烈士纪念馆

50. "革命记忆·新疆足迹"精品线路

新疆维吾尔自治区乌鲁木齐市八路军驻新疆办事处纪念馆—乌鲁木齐市革命烈士陵园—新疆维吾尔自治区博物馆—中国工农红军西路军总支队纪念馆—昌吉州新疆新辉红色记忆博物馆

51. "爱国守边·青春无悔"精品线路

新疆维吾尔自治区伊犁州昭苏县灯塔知青馆—博尔塔拉蒙古自治州博物馆—博尔塔拉纪念园—塔城地区裕民县161团小白杨哨所—塔城市红楼博物馆—克拉玛依一号井—克拉玛依展览馆—阿勒泰地区吉木乃县186团吉木乃口岸—阿勒泰地区哈巴河县西北边境第一连

52. "屯垦戍边·红色兵团"精品线路

新疆维吾尔自治区阿克苏地区阿克苏人民英雄纪念碑—阿克苏博物馆—阿拉尔三五九旅屯垦纪念馆—石河子市新疆生产建设兵团军垦博物馆—石河子市军垦文化广场—石河子市军垦第一连—五家渠市新疆兵团第六师五家渠市博物馆

任务五 低碳旅游

一、低碳旅游的概念界定

低碳旅游（low-carbon tourism），是指以低能耗、低污染为基础，尽量减少二氧化碳排放的新兴旅游方式。是环保旅游的深层次表现，是在低碳经济背景下产生的一种新的旅游形式。低碳旅游最早见诸世界旅游组织（UNWTO）、世界气象组织（WMO）、联合国环境规划署（UNEP）以及哈佛大学联合出版的《气候变化与旅游业：应对全球挑战》的报告中，首次提

出了走向低碳旅游（towards low-carbon tourism）的旅游应对气候变化的战略。2009年5月，世界经济论坛发布的《走向低碳的旅行及旅游业》报告正式提出了"低碳旅游"的概念。此后，低碳旅游的概念逐渐被业界所认知。

很多专家及学者从不同角度给出了低碳旅游的定义。大体有三种观点：一是认为低碳旅游就是节能减排旅游，这种观点强调在旅游的各环节、各要素实施节能减排，从而达到旅游全过程的低碳化；二是认为低碳旅游是通过不必要的消费行为，实现低碳发展；三是认为低碳旅游是对生态旅游、绿色旅游的延伸和实践。

刘啸（2020）认为，所谓低碳旅游，就是借用低碳经济的理念，以低能耗、低污染为基础的绿色旅游。它不仅对旅游资源的规划开发提出了新要求，而且对旅游者和旅游全过程提出了明确要求。它要求通过食、住、行、游、购、娱的每一个环节来体现节约能源、降低污染，以行动来诠释和谐社会、节约社会和文明社会的建设。邓爱民（2022）认为，低碳旅游是为了保障气候安全，旅游行业在不牺牲消费体验和质量的前提下，综合利用节能、可再生能源、碳汇等多种途径实现控制及减少温室气体排放的发展方式。

综上所述，低碳旅游是一种低碳经济理念影响下的旅游新业态。它是一种降低"碳排量"的旅游，是旅游过程中以各环节低能耗、低污染、低排放为基础的旅游活动。

二、低碳旅游的核心要素

（一）低碳旅游设施

1. 低碳交通设施

低碳交通设施是减少旅游过程中碳排放的关键。包括但不限于电动观光车、自行车租赁系统、公共交通优化和推广使用新能源汽车等。

2. 低碳环境设施

低碳环境设施关注于旅游区域的生态环境保护与改善。包括垃圾分类回收系统、生态污水处理设施、绿色植被覆盖和生态公厕等。

3. 低碳能源供应

低碳能源供应是低碳旅游设施的重要支撑。通过利用太阳能、风能、地热能等可再生能源，为旅游区域提供清洁、高效的能源供应。太阳能路灯、风力发电站、地源热泵系统等设施的应用，有效降低了对传统化石能源的依赖，减少了碳排放。

4. 低碳生活设施

低碳生活设施旨在推广低碳、环保的生活方式。在旅游住宿方面，推广绿色建筑、节能家电和节水器具的使用；在餐饮服务上，鼓励使用可降解餐具，减少一次性用品的消耗；同时，提供环保购物袋和节水淋浴设施等，引导游客在日常生活中实践低碳理念。

5. 低碳娱乐购物

低碳娱乐购物是低碳旅游的重要组成部分。通过推广环保旅游商品、举办低碳主题活动和鼓励绿色消费等方式，提升游客的环保意识。

（二）低碳旅游吸引物

1. 自然低碳景观

海洋、森林、湿地等高自然碳汇资源：这些自然景观本身具有强大的碳汇能力，如茂密的森林、广袤的湿地和丰富的海洋生态系统，它们能够吸收并储存大量的二氧化碳，对缓解气候变化具有重要作用。

2. 人工低碳设施与景观

低碳建筑设施：包括使用低碳材料和技术建造的旅游接待设施，如绿色建筑、生态旅馆等，这些建筑在设计、施工和运营过程中都注重节能减排和环保。低碳旅游社区与港区：在不破坏生态环境的前提下，建设的低碳旅游社区和港区，通过优化能源利用、推广清洁能源和节能设备等措施，实现旅游区域的低碳化。这些区域不仅为游客提供了独特的旅游体验，还展示了低碳生活的美好愿景。

3. 低碳旅游活动与产品

低碳旅游活动：如徒步、骑行、游船等低碳出行方式，以及海上冲浪、海钓、潜水等低碳体育活动。这些活动不仅能让游客充分体验旅游的乐趣，还能减少旅游过程中的碳排放量。低碳旅游产品：包括环保旅游商品、低碳主题活动和绿色消费体验等。

4. 新能源体验设施

新能源展示区：如潮汐电站、风力发电站、光伏发电站等新能源设施的展示区，让游客在参观过程中了解新能源的工作原理和应用前景，增强对可再生能源的认识和兴趣。新能源体验项目：如太阳能热水器应用体验、地热能示范工程等，让游客亲身体验新能源的便利和环保优势，激发他们对低碳生活的向往和追求。

（三）低碳旅游服务与管理

低碳旅游服务与管理，作为应对全球气候变化、推动旅游业可持续发展的重要途径，其内涵丰富而深远。它不仅关乎旅游活动的低碳化转型，更涉及整个旅游产业链的绿色发展。主要涉及：如门票全部采用基于射频识别技术（RFID）的新型门票系统，客房取电卡设置能源统计装置，鼓励自备洁具与寝具；配置出售寝具与洁具的商店，制定节能的优惠价格，主张垃圾分类等。

（四）低碳旅游消费方式

低碳旅游消费方式是指旅游者在旅游消费的过程中，通过各种方式和途径来减少旅游者的个人旅游碳足迹。倡导低碳旅游消费方式，主要包括：

（1）旅游者在进行旅游交通方式的选择中，应尽量选择低碳旅游交通方式和个人旅游碳足迹相对少的旅游线路（在诸多交通工具中，人均每千米需要的燃料：飞机 > 小轿车 > 客车 > 火车）。

（2）旅游者在选择旅游住宿餐饮服务时，尽量选择带有绿色标签的旅游酒店，在选择餐饮食物时应量力而行，避免剩余，并优先考虑各种绿色食品、生态食品，不使用一次性餐饮工具。

（3）旅游者在选择旅游活动时，应优先选择低碳旅游活动。

■ **知识活页**

国内五大低碳旅游地初体验[①]

随着低碳文化逐渐深入寻常百姓家，越来越多的年轻人也开始加入低碳的行列，并将其视为一种时尚生活。随着旅游产品的创新和人们对低碳

[①] 国内五大低碳旅游地初体验［EB/OL］．中国新闻网，2010 – 05 – 26．

生活新风尚的追求，低碳旅游的概念将日益丰富起来。

以下是我们推荐的国内五大"低碳"旅游地，先亲身体验一番吧。

燕子沟

推荐理由：《2012》拯救全人类的诺亚方舟拍摄地，有良好的低碳形象。景区高调倡导低碳旅游。

在以往的川西旅游地中，很少有人提到燕子沟，近些年才热起来。自《2012》放映后，燕子沟就更具吸引力了。冰川、雪峰、彩林、温泉这些川西该有的景色它都有，但最吸引人的是长达30多千米的红石滩，红石的"身世"至今还是个谜。景区已尽量减少了观光车的使用，连扩建的步游道也是在以前山民采药时留下的道路上铺设的。景区内还停售一次性雨衣，提供免费雨具。

峨嵋山

推荐理由：老牌"低碳景区"，旅游低碳的先行者。

早在12年前，景区就实行了统一乘坐旅游交通大巴的方式，景区还在酒店和农民旅店饭店大力推行节能措施。通过数字化峨嵋山建设，对景区的空气和水源质量、植被实行监控，实现景区与交通运输、宾馆酒店、餐饮娱乐、旅行社的共同协调发展。多年来，峨嵋山的森林覆盖率一直维持在95%以上。3~6月是峨嵋山观赏杜鹃花的最佳时节，从报国寺到万佛顶，各类杜鹃次第开放。春到峨嵋还可体验采春茶、挖苦笋等乐趣。

张家界

推荐理由：以混合动力巴士和电瓶车用于景区交通，野生动植物与游客和谐相处。

热门影片《阿凡达》中原生态的哈利路亚山想必给你留下了深刻印象吧，它的拍摄原型就是张家界的袁家界景区内的乾坤柱，目前它已成为张家界中人气最旺的景点。张家界由于核心景区禁止机动车进入，改以混合动力巴士和电瓶车代替，景区的空气十分清新，金鞭溪峡谷中有野生猕猴出没，与游客和平相处，怡然自得。

香格里拉

推荐理由："低碳"的生态环境是香格里拉的生命线，它的持久美丽离不开"低碳"。

香格里拉地处青藏高原东南边缘、"三江并流"之腹地，有融雪山、峡谷、草原、高山湖泊、原始森林为一体的景观，"日照金山"的梅里雪山更是中国低碳旅游的象征，具有巨大的观赏价值和科学考察、探险价值。香格里拉腹地有梅里雪山、白茫雪山等北半球纬度最低的雪山群。澜沧江大峡谷、虎跳峡和碧壤翁水大峡谷以深、险、奇、峻闻名于世。而神女千湖山、碧塔海等高山湖泊是亚洲大陆最纯净的淡水湖泊群。

大兴安岭

推荐理由：中国最大的氧吧，《国家地理》评选出的中国三大低碳旅游景区。

大兴安岭有中国面积最大的林区，低碳效果超强。总面积 8.46 万平方千米，相当于 1 个奥地利或 137 个新加坡。林木蓄积量 5.01 亿立方米，占全国总蓄积量的 7.8%。大兴安岭山脉繁衍生息着 400 多种野生动物和 1000 余种野生植物。春夏季，这里山高谷阔，林木葱郁，非常适合踏青、探险、避暑等各种旅游活动。

项目小结

1. 全域旅游发展模式有龙头景区带动型、城市全域辐射型、全域景区发展型、特色资源驱动型、产业深度融合型。

2. 康养旅游中国模式是田园康养模式、森林康养模式、阳光康养模式、温泉康养模式、文化康养模式。

3. 智慧旅游的特点是全面物联、充分整合、协同运作。

4. 红色旅游的特征是具有一定的学习性、具有很强的故事性、红色资源的整合性。

5. 低碳旅游的核心要素包括低碳旅游设施、低碳旅游吸引物、低碳旅游服务与管理、低碳旅游消费方式。

思考与练习

1. 结合实际情况，谈谈你对我国全域旅游发展现状的看法。

2. 试述红色旅游的概念并由此引发红色旅游高质量发展的思路。

3. 试述智慧旅游的功能。

材料分析

贵州全域旅游规划开发模式

　　贵州省是我国率先提出旅游扶贫的省份之一，把发展旅游作为农民增收致富途径，取得了显著成效，成为旅游开发模式的长期观测点，并称为"贵州模式"。

　　一、贵州贞丰民族文化旅游试验区概况

　　贞丰民族文化旅游扶贫试验区于 2015 年 12 月 31 日经贵州省人民政府批复成立，是全省首个民族文化旅游扶贫试验区。位于黔西南州贞丰县东北部，核心区以双乳峰、三岔河和北盘江大峡谷为中心，共 20 平方千米。贞丰民族文化旅游扶贫试验区的目标是以山地旅游为主导，大力整合旅游资源，紧密结合扶贫开发，推进民族文化与旅游深度融合，以健康养生、农业观光、休闲度假、户外运动、会议会展等领域为重点，大力打造文化旅游产品，加快旅游基础设施建设和试验区生态环境建设，促进旅游产业成为引领贞丰县扶贫开发的主导产业。到 2020 年，发展成为国际知名、全国一流的山地文化旅游休闲养生胜地。

　　二、贵州贞丰民族文化旅游扶贫试验区总体实施规划要点介绍

　　（一）规划的总体思路

　　发挥对接黔中地区核心旅游资源的门户优势，引领区域旅游的联动发展，依托独特旅游资源，结合民族文化特色，打造全域乡村旅游以及核心旅游景区、节点，形成以旅游产业为引领的扶贫开发建设。

　　（二）核心旅游资源与特色

　　贞丰县地貌多样、布依族文化较为浓郁，最具代表性的双乳峰、北盘江大峡谷、三岔河、必克和岩鱼布依古寨均位于试验区内。

　　1. 双乳峰

　　双乳峰是喀斯特地貌的峰林绝品，被布依族群众当作"大地母亲"和

"生命之源"崇拜，已建成 AAAA 级旅游景区。

2. 北盘江大峡谷

北盘江大峡谷位于贞丰县北部与关岭县接壤处，有峰林、溶洞、怪石、瀑布、伏流、花滩、旋塘和原始森林植被等，两岸山势几乎垂直挺立，既秀丽险峻，又雄奇壮美。位于北盘江镇的一段峡谷被称作花江峡谷，有花江铁索桥及崖画等人文历史资源，著名电视连续剧《西游记》曾在此取景拍摄。从花江峡谷至打邦河汇入北盘江董菁水库处的这段河道，可以通行船只游览。是靠近黄果树瀑布，与之一水相连的重要峡谷景观。

3. 布依族文化

以必克和岩鱼为代表的布依古寨，有 600 多年的历史，是中国较大的布依古寨之一。这里有部级非物质文化遗产"布依铜鼓十二调"，有被誉为"天籁之音"的布依八音古乐、布依勒尤，还有原生态布依歌舞。民族歌舞良好的参与体验性，结合布依族民俗节庆活动和特色手工艺品，使布依古寨成为民族文化与旅游深入结合的重要场所。

4. 休闲度假水库

三岔河部级水利风景区毗邻者相镇和双乳峰景区，自然景观优美、基础设施条件较好，是开展民族歌舞表演，举办露营、康体运动等户外休闲活动，发展养生度假等特色项目的理想场所。七星湖水库处于深丘峰林旁，紧靠贞丰县城和布依族村寨，是一处具有商务会议、休闲度假等功能的城市生态公园。

（三）总体空间布局

1. 空间结构

规划区形成"一带、一环、三核、两区、多节点"的总体空间结构。"一带"是纵向贯穿试验区，连接周边高等级旅游资源，引领区域旅游联动的旅游发展带。"一环"是将规划区内主要景区节点和重要发展区域串联起来的环状旅游线路，是旅游发展的核心骨架。"三核"是在旅游中起核心作用的发展节点：北盘江大峡谷、双乳峰景区和七星湖片区。"两区"是结合旅游资源特色形成的两个差异化发展片区。北片区依托北盘江大峡谷的独特自然条件，打造以水上运动、极限运动、大众运动为核心的旅游产品，形成"乐游山水、悦动激情"的旅游主题。南片区以双乳峰景区为核心，以双乳峰母亲文化园、三岔河露营康养度假基地、者相镇民族文化体验园、必克和岩鱼布依风情古寨、七星湖商务休闲度假公园、破烂云户外休闲运动基地作为重点内容，形成多种主题互动、与旅游深入融合的全域旅游发展区域。

2. 旅游道路规划

规划区形成以旅游主环线为骨架、乡村道路网状连通的旅游道路系统。旅游主环线由国道、省道和旅游公路构成，实现快速交通连接。乡村道路主要是结合旅游需要的县乡道路，满足游客对旅游的深度游览和体验需求。

3. 旅游线路设计

规划设置包括：旅游体验、布依文化体验、三国文化体验、挑战文化体验、山水观光、山地运动等多种主题的游线，满足不同的旅游客群需求。

三、具体规划措施

（一）规划要融合于区域旅游主题，并协同区域旅游资源进行发展

旅游发展具有强烈的地域性特征，依托于核心旅游资源，往往不局限于单个行政区域内。而扶贫工作是由政府主导的公众事业，受到政府行政范围的影响，往往局限在单个行政区域内。针对旅游发展与扶贫工作在空间范围上的差异，旅游扶贫规划的编制必须立足旅游发展要求，从跨行政区划的层面进行统筹谋划，再对目标行政区划内的具体发展进行安排。规划案例所在的黔西南州，是贵州省山地旅游发展主题的代表性地区，是国际山地旅游大会永久性会址的所在地。一方面，基于对这种区域性旅游主题的融合与深入扩展，规划提出以山地运动、极限运动等作为旅游内容的具体方向。另一方面，积极对接周边高等级旅游资源"黄果树瀑布"，凭借距离上的邻近优势，通过发展紧扣"水"主题的、将山水观光与山水体验结合的旅游项目，引导旅游热点向规划区延伸，并通过规划区进一步扩展至周边区域，形成串联式的旅游发展格局。

（二）规划要着力塑造全域旅游发展

旅游发展以核心旅游资源为依托，旅游资源的品质和特征在很大程度

上决定了旅游发展的特点和影响力的大小。旅游资源在空间上的不均衡分布使旅游业的带动作用也存在空间不均衡。处于景区景点附近、旅游线路沿途的地区，更容易获得旅游业的带动发展。但是，贫困更容易发生在经济发展落后、基础条件欠缺的地方，这往往不是景区景点及旅游线路附近的地方。因此，旅游资源分布与贫困分布的空间不对称，需要通过全域旅游的发展进行平衡。规划案例以地区旅游发展的骨架线路和乡村道路网络为基础，以景区景点为基点，带动广大农村地区的旅游发展，形成全域旅游的发展局面，从而扩大旅游扶贫影响范围。

讨论：为什么旅游新模式的开发可以促进乡村振兴的建设和发展？如何利用旅游优势拓宽乡村振兴的富民之路？

■ 设计展示

"旅游+"实施建设方案

精品旅游产业推动了"旅游+"新业态融合发展，在全国各地不断涌现出"旅游+"的深度融合模式，打造新业态、呈现新亮点，探索旅游高质量发展之路。但如何推陈出新，如何求同存异，我们需要做创新规划和设计，请结合你的家乡或者你熟悉的城市，做一个"旅游+"新业态实施建设方案，具体要求如下：

1. 呈现形式为"旅游+"新业态实施方案。

2. 方案设计中要目的清晰，规划明确，要有具体城市、地点、项目、景区的设计，有针对性进行规划。

参考设计：乐清市智慧旅游建设方案